北京商务年鉴

（2014）

北京市商务委员会　编

中国商务出版社

图书在版编目（CIP）数据

北京商务年鉴. 2014 / 北京市商务委员会编. — 北京 ：中国商务出版社，2014.12

ISBN 978-7-5103-1215-1

Ⅰ. ①北… Ⅱ. ①北… Ⅲ. ①商务—北京市—2014—年鉴 Ⅳ. ①F727.1—54

中国版本图书馆 CIP 数据核字（2014）第 305949 号

北京商务年鉴（2014）

BEIJING SHANGWU NIANJIAN (2014)

北京市商务委员会　编

出　　版：中国商务出版社
发　　行：北京中商图出版物发行有限责任公司
社　　址：北京市东城区安定门外大街东后巷 28 号
邮　　编：100710
电　　话：010—64515141（编辑三室）
　　　　　010—64283818（发行部）
网　　址：www.cctpress.com
邮　　箱：cctp@cctpress.com
照　　排：金奥都科技发展中心
印　　刷：北京今日兴华印刷有限公司
开　　本：880×1230　1/16
印　　张：24.25　　字　数：516 千字
版　　次：2014 年 12 月第 1 版　　2014 年 12 月第 1 次印刷
书　　号：ISBN 978-7-5103-1215-1
定　　价：150.00 元

《北京商务年鉴（2014）》编辑委员会

《北京商务年鉴（2014）》编辑部

2013年8月国家质检总局局长支树平（左二）和北京市委副书记、市长王安顺（左一）共同到北京地区出口汽车产品质量安全示范区调研

2013年6月北京市副市长程红调研京东商城，见证首张电子发票诞生

2013年9月北京市副市长程红对国庆节前市场供应和安全生产工作进行检查

2013年8月北京市商务委员会主任卢彦调研商务举报投诉中心

2013年5月北京市商务委员会领导检查政府储备粮库防火防汛安全工作

2013年5月北京市商务委员会领导赴京港地铁调研

2013年5月北京市商务委员会领导陪同联合国贸发会议货物和服务国际贸易及商品司司长瓦雷斯在第二届京交会上巡场

2013年6月北京市商务委员会领导参加意大利进口商品购物节

2013年2月北京市商务委员会领导参加纯电动物流车示范运营项目推进会

2013年5月北京市商务委员会领导调研平谷陆港

2013年5月北京市商务委员会领导为电子商务产业联盟揭牌

2013年12月北京市人民政府口岸办公室主任检查首都机场口岸APEC参会代表通关环节

2013年11月北京市粮食局局长到双河农场考察稻谷收割情况

2013年12月北京市商务委员会领导巡查北京市援外承建项目特多五条河中学工地

2013年7月北京市商务委员会领导督查东城区药品安全生产工作

2013年9月北京市商务委员会领导在海外华文传媒合作组织年会上讲话

2013年7月北京市商务委员会领导看望离休干部

2013年9月北京市商务委员会领导参加京味婚庆文化消费节启动仪式

2013年8月北京市商务委员会领导进行商务执法检查

2013年9月北京市商务委员会党组理论中心组调研北汽集团

2013年9月北京市商务委员会党组理论中心组调研天竺保税区

编 辑 说 明

一、《北京商务年鉴（2014）》（以下简称《年鉴》）由北京市商务委员会《年鉴》编辑委员会编纂，是本市商务领域唯一的权威性、综合性年鉴。该书的前身——《北京商务概览》创刊于2003年，2004年分为外经贸卷和内贸卷。2005年将两卷合一，更名为《北京商务年鉴》，并由内部刊印改为公开出版发行。

二、《年鉴》全面、系统地记述了上年北京市商务领域的基本情况和取得的成就。封面年号“2014”表示本期《年鉴》于2014年出版，主要包括2013年1月1日至12月31日期间的工作成果、相关数据和工作照片，并在重要文献中涉及2014年全市商务工作安排。

三、《年鉴》的内容由商务部门各单位提供，内容广泛，资料详实，数据准确，逐年出版，具有宝贵的文献保存价值。

四、《年鉴》不仅能为政府机关领导决策提供参考依据，也可为国内外商务领域和其他各界人士提供相关的法规、政策和数据资料，对本市商务领域的发展具有现实指导意义，对商务领域的各项工作也具有专业指导作用。

五、《年鉴》创刊以来，承蒙商务部门各单位领导的大力支持和撰稿人的积极参与，受到有关人士的欢迎和鼓励，在此谨致谢意，并希望继续得到各界人士的关心和支持。

《北京商务年鉴》编辑委员会

二〇一四年十一月

Editor's Notes

Ⅰ. *Beijing Commercial Yearbook* (2014) (hereinafter abbreviated as the *Yearbook*), compiled by the editorial committee of the Yearbook of Beijing Municipal Commission of Commerce, is the only authoritative and comprehensive yearbook in the commercial field in Beijing. The predecessor of the *Yearbook* is *Beijing Commercial Review* started publication in 2003. In 2004, the book was divided into two volume—Foreign Economy & Trade Volume and Domestic Trade Volume. In 2005, the two volumes were combined together as one book with the name *Beijing Commercial Yearbook*, which changed from a periodical for restricted circulation into a publicly published one.

Ⅱ. The *Yearbook* gives a comprehensive and systematic record of the basic situation and achievements in the commercial field in Beijing. "2014" in the cover means the *Yearbook* is published in 2014. The *Yearbook* mainly includes the achievements of work, the related data and work photos from January 1 to December 31, 2013, and involves the commercial work arrangement of Beijing in 2014 in some important documents.

Ⅲ. The contents of the *Yearbook* come from various authorities of Commerce. With rich material, wide coverage and accurate data, the *Yearbook* is a valuable document.

Ⅳ. The *Yearbook* can not only provide reference for the leaders of government authorities to make decision but also provide the related materials of laws, regulations, policies and data for domestic and overseas personnel in the commercial field as well as other fields. It can offer practical directions to the development of the commerce in Beijing and professional directions to specific work in the commercial field.

Ⅴ. We are deeply appreciative of the great support from Beijing Municipal Commission of Commerce, the active participation of the writers, and the enthusiastic encouragement of the related personnel since the publication of the *Yearbook*. We hope we would be concerned and supported continuously in the future.

Editorial Committee of *Beijing Commercial Yearbook*

Nov. 2014

目　录

第一部分　重要文献

第二部分　法规、文件选编

第三部分　主要业务

第四部分　海关、检验检疫

第五部分 开发区、区县商务

第六部分　统计资料

第七部分 大 事 记

第八部分 附 录

CONTENTS

Part Ⅰ　Important Documents

Part Ⅱ　Selection of Rules, Regulations and Documents

Part Ⅲ Main Work

Part Ⅳ Customs, Inspcction and Quarantine

Part Ⅴ Commercial Affairs of Development Area, Districts and Counties

Part Ⅵ Statistical Materials

Part Ⅶ Record of Major Events

Part Ⅷ Appendix

第一部分

重　要　文　献

程红副市长在2014年全市商务工作会议上的讲话

（2014年2月18日）

同志们：

刚才，卢彦同志回顾了2013年全市商务工作，并对2014年工作进行了部署，请大家认真落实。借此机会，我再强调两点意见。

一、关于2013年商务工作

过去一年，在市委、市政府的正确领导下，全市商务系统迎难而上，在统筹推进保增长、扎扎实实惠民生、创新方式调结构、认认真真转作风等方面扎实工作，取得了三个方面的明显成效：

（一）服务大局，扎实工作，惠民生保增长实现了新发展。从纵向看，主要指标持续增长。在国际市场较为低迷、国内经济下行压力加大、本市消费市场结构深度调整的形势下，社会消费品零售总额仍然保持了8.7%的增长；对外贸易总额超过5 000亿美元；国际双向投资超过100亿美元，特别是对外直接投资首次达到30亿美元，增长一倍以上；对外承包工程新签合同额超过50亿美元。从横向看，竞争力、所占份额得到了巩固。社会消费品零售总额连续6年居全国主要城市之首，货物贸易位次不变，服务贸易保持全国前列，对外投资从全国第9位上升到第4位。最终消费率连续7年超过投资率，消费拉动型经济格局日益巩固。同时，民生商务不断发展，七项商业便民基本服务功能全覆盖的城市社区累计达1900多个，覆盖率达70%。“菜篮子负责制”进一步落实，菜价总体保持平稳。进一步强化了对食用盐、乳制品等基本生活必需品供给的分类管理，确保供应稳定。

（二）创新工作，突破政策，优化环境方面推出了新举措。一是全国首张电子发票在本市诞生。2013年6月27日，内地首张电子发票在京开出。在试点基础上，市有关部门发布了《关于推广电子发票应用试点若干事项的公告》，今年起将在电子商务经营领域扩大电子发票试点工作，标志着电子发票应用进入新阶段，本市电子商务整体发展环境将得到进一步提升。二是创建全国首个国家级出口汽车产品质量安全示范区。目前入区企业已达41家，企业在完善内部质量安全保证体系并经认定后，产品出口时将不再另行申报检验，有效节省了时间和经济成本。此外，本市还创建了平谷出口食品农产品质量安全示范区。三是跨境电子商务试点以及跨境电商收付汇业务走在全国前列。本市跨境电子商务试点工作初见成效，首批2家试点企业已开展相关业务，4家支付机构获得全国首批跨境电子商务收付汇试点资格，试点后，货物贸易收付汇时间约20分钟，国际汇款到账时间约5个小时，资金结算效率大大提高。

（三）转变发展方式，调整结构，转型升级取得了新进展。从外贸看，服务贸易占比是全国平均水平的2倍。通讯、保险、金融、文化等新兴领域服务贸易快速增长，反映出本市发挥首都科技文化优势、促进外贸产业结构升级取得了新进展。从投资看，投资方式日趋多元化，跨国并购成为重要方式，出现了参股、股权置换、联合经营等新模式。如对外承包工程以往基本是土建工程，以劳务服务为主，现在出现了通过投资带动承包工程的新模式。从利用外资看，内涵式增长趋势明显，实际利用外资80％以上投向服务业，合同外资90％集中在服务业。从消费看，消费理念逐步回归理性，消费市场的增长基础更加坚实、结构更加合理、层次更加多元。如，高端百货、高端餐饮企业主动调整经营业态、菜品，满足大众消费需求；传统商业企业积极适应市民消费习惯变化，探索开展网上经营等。

一年来，全市商务发展步伐不断加快，质量和水平不断提高，为全市经济社会发展做出了新贡献。这是各区县政府、各委办局共同努力的结果，是全体商务工作者、商贸企业干部职工和相关协会努力拼搏的结果。在此，受安顺同志委托，我代表市政府，对大家的辛勤工作表示衷心感谢！

二、关于2014年商务工作

2014年是贯彻落实党的十八届三中全会精神、全面深化改革的重要一年，也是“十二五”规划加快推进落实的重要一年，APEC会议和第三届京交会等重大活动将在京举行，全市商务改革发展任务十分繁重。1月底，习近平总书记对北京工作做出重要批示，提出了殷切希望。我们要认真学习贯彻总书记一系列重要批示、指示精神，贯彻落实好市委十一届三次、四次全会以及市“两会”的各项工作部署，高标准、大尺度、深层次地谋划好今年工作。要以改革的视角审视商务工作，积极推动商务改革，牢牢把握服务和保障民生这一永恒主题，站在京津冀协同发展的高度更好地推进商务工作。

（一）围绕定位抓升级。

1. 提升生活性服务业水平，增强服务保障能力。

生活性服务业与城市运行和百姓生活密切相关，其发展水平直接影响城市品质。客观看，目前本市生活性服务业发展还存在一些问题，需要加快升级赶上城市发展步伐，满足市民需要。要按照“四化”（即规范化、现代化、特色化、国际化）要求加快生活性服务业升级。

规范化方面，要促进行业在安全生产、食品安全、能源消耗、服务标准、消费者权益保护等方面形成统一规范。要结合全市环境建设、节能降耗要求，对商场和超市的能耗限额出指南、做指导，引导生活性服务业企业不仅考虑自身经营，还要考虑能源消耗、减少排放。只要事关公共利益、涉及消费者权益保护等内容，都要在行业内严格规范。

现代化方面，核心是连锁化，要用连锁企业去替代“小散乱”等低端业态，区县商务部门一定要把这项工作做好。去年本市拆除了1 261万平方米违法建设，这些违法建设中存在的低端业态被清理腾退后，要用更加规范的连锁化便民服务来替代。社区便民服务体系建设也要用连锁化方式来推进，不断提高具备七项商业便民基本服务功能的城市社区覆盖率。

特色化方面，要持续推进特色商业街

区、“老字号”企业以及其他商业聚集区发展。特色商业街和“老字号”是一个城市引以为荣的珍贵资源，要坚持传承与创新，把特色品牌做“亮”。特别是“老字号”企业，党和国家领导人给予了殷切期望，市民及国内外游客广泛关注，应抓住机遇加快发展。要利用 APEC 会议等一系列重大活动在京举办的机遇，商旅结合，把地方特色打得更响。

国际化方面，要学习借鉴国际先进业态、先进模式。据有关部门测算，2013 年我国网络销售额约 1.8 万亿元，成为世界第一大网络零售市场。电子商务是我国与国际水平差距最小、可以一比高低的新业态。2012、2013 年本市网上贸易额增速分别是 99%和 50%，目前总量已超过 900 亿元，增长态势迅猛。要瞄准国际水平，着力培育电子商务聚集区，加快本市电子商务发展。

在产业升级过程中，还要注意切实减少生活性服务业给城市环境带来的负面影响。特大型城市在人口资源环境方面遇到了很多新挑战。每个产业发展都要考虑对人口资源环境的影响，按照城市战略定位要求，对业态发展进行取和舍，积极推动低端业态调整升级。城市中心区调整批发市场等业态，商务部门要在市场外迁、业态升级以及产业替代等方面积极研究相关政策。物流行业要积极探索绿色物流，采取提高货运车辆排放标准、推广应用新能源车辆等措施，推进节能减排。

2. 落实总部经济政策，引领产业转型升级。

总部经济是首都经济的重要特征，也是国际城市竞争力的重要标志。2009 年以来，通过政策引导，本市总部经济发展不断加快。按照最新统计数据，全市共有一级总部企业1 533家，一、二级总部企业总共近8 000家。总部企业以占全市 0.4%的单位数，创造全市近一半的增加值、近六成的税收。总部经济有助于产业升级，提高本市影响力、聚集力、辐射力，是最符合首都城市战略定位的经济类型。打造国际活动聚集之都、世界高端企业总部聚集之都、世界高端人才聚集之都，都与总部经济发展密切相关，发展总部经济是我们坚定不移的方向。在推进总部经济发展方面，既要扩大增量，吸引更多国内外总部企业落地，也要服务好已在京发展的企业。去年市政府印发了《关于加快总部企业在京发展的工作意见》，在“有政策”基础上，今年再提“三个有”：

一是有措施。落实政策要有具体举措。各类总部需要解决的问题都不相同，结算类总部对融资环境和外汇结汇要求最高，要为他们积极争取国家外汇管理改革试点；研发类总部人才稳定性很重要，要关注他们在京的科研条件、生活环境等问题。今年由市商务委牵头，相关区县和部门在兑现总部政策的同时，要全面加强分类服务，做到每个总部企业都有相应的委办局和区县对口联系。在投资绿色通道和高管的居住、就业、出入境便利等方面要认真研究。二是有机制。要建立健全总部企业重大项目投资发现机制和服务跟进机制，完善本市发展总部经济工作部门联席会议制度。发展总部经济，各部门要积极配合，行业协会、中介组织要广泛参与，特别是区县要做好政策衔接和服务工作。三是有成果。要吸引更多企业，发展增量，明确新引进外资总部企业、国内总部企业的数量目标。

3. 高水平办好第三届京交会，带动服务业发展方式转变。

京交会是本市承担的一项全国性重要工作，商务部门责任重大。前两届京交会，两任总理都出席并作主题演讲，展示了我国服务业开放的坚定决心和巨大商机，京交会的国际影响力日益增强。目前，京交会已逐渐成为我国服务贸易开放的风向标，我国服务业与国际市场深度融合的重要平台。去年，全市清理、精简会展活动，京交会作为重点会展活动予以保留，并要求进一步做大做强。安顺同志在市委十一届三次全会提到本市发展的五个有利条件时指出，举办APEC、京交会等重大国际活动有利于提升本市国际影响力，有利于在更高层次上参与国际竞争与合作。同时《政府工作报告》也提出，要发挥京交会的作用，提升服务贸易和开放型经济水平。所以，必须继续把第三届京交会办好。要与国际著名机构联合推进相关活动，丰富内容，提升专业化、规范化、市场化水平，打造“北京服务”品牌，为全国服务贸易“走出去”、加强国际合作做出贡献。

（二）促进消费稳增长。

进一步增强消费对经济增长的拉动作用仍是今年商务工作的重要任务。市十四届人大二次会议已经批准全市经济增长7.5%左右的预期目标。实现这个目标，社会消费品零售总额预期要增长9%左右，总量达到9 000亿元以上，完成这个任务并不容易。从有利因素看，经济增长、收入增长、社会保障改善等均呈现良好态势。但挑战也较多：一是基数较大。去年社会消费品零售总额是8 300余亿元，按9%的预期增长目标，今年需新增750亿元以上，相当于要多实现去年一个月的零售额。二是消费领域一些限制性政策还会进一步起作用，如小客车配置指标在原有基础上又进一步压缩等。三是新的消费热点还未完全形成。

今年的消费工作，大家重点注意三个方面，第一是便民消费，第二是新兴消费，第三是消费环境。

1. 立足便民利民，夯实消费基础。

民生消费是城市消费的大头，稳固民生消费，消费增长就有了基础保障。要从老百姓关心的身边事抓起，特别要抓好“菜篮子”和“米袋子”。去年市政府发布了《北京市蔬菜零售网点建设管理办法》，基本思想是各级政府都要推进“菜篮子”责任落实，确立了“市抓批发、区抓零售”的工作体制。今年“市抓批发”的核心是要在农产品批发市场的基础设施建设上取得实质性进展，开工建设北京鲜活农产品流通中心，与新发地市场形成“双核”保障供应格局。“区抓零售”的重点是落实区县责任，加强网点建设。《管理办法》给区县政府在增加网点、服务市民方面提供了依据，希望大家切实负起责任，通过多种方式调动区域资源，提高蔬菜零售网点建设水平，满足市民需求。这是事关千家万户的公益性工作，市政府将以适当方式对区县“菜篮子负责制”落实情况进行考核。再有就是便民商业服务体系建设，今年要在完成为群众拟办重要实事确定的“建成200个‘一刻钟社区服务圈’示范点”基础上，力争90%的社区实现七项商业便民基本服务功能全覆盖。这项任务难度非常大，区县要多想办法，加强工作对接，积极探索功能搭载、功能整合等新模式。

2. 促进新兴消费，增强消费活力。

适应消费者的消费偏好是做好消费工作的根本出发点。要抓住服务消费、网络消费、信息消费、刷卡消费、信用消费等新兴消费热点，扩大消费规模，增强消费活力。

3. 加强消费环境建设，营造放心消费环境。

要从整体上加快推进消费环境建设。消费环境涉及基础设施建设、行业的市场供给能力和消费者权益保护等问题，近年来本市消费增长快，但消费环境还有很多不尽如人意的地方。要进一步建立健全商业企业诚信经营体系。目前本市企业信用信息体系集成了55个部门的信息系统，累计汇集了3 500余万条信息，不管是对部门、商业单位还是个人都很有价值。此外，要更好地发挥行业协会的作用，支持协会组织开展商业品牌评选、商业服务技能竞赛等活动，树立行业品牌，提高从业者素质，改善消费环境。

（三）转变职能优环境。

商务工作联系国内外两个市场、两种资源，处在改革开放的前沿。要进一步增强改革的自觉性和紧迫性，具体提三点要求：

1. 提高行政效能。

简政放权、提高效能，是新一届政府工作的基本要求。从全市看，去年两次开展行政审批事项清理，市级审批事项由1 562项减少至940项，减少了39.8%；投资项目审批时限从300多个工作日缩短到109个工作日。从商务领域看，外资“三法”（外资企业法、中外合资经营企业法、中外合作经营企业法）修订正式启动，境外投资将由审批制转换为备案制，外商投资年检制度将转变为信息申报共享公示制度。商务部还将陆续部署相关涉外管理和市场监管的改革举措。全市商务系统要按照改革开放的总要求，认真落实各项改革部署，加快职能转变，营造稳定、透明、可预期的投资环境。

2. 创新治理机制。

核心是政府腾出空间，让更多市场主体、行业协会和其他社会组织发挥作用。商务部门主要做好三件事：一是公益性流通基础设施的投资、建设和管理；二是市场秩序建设，包括保护消费者权益、保护知识产权等；三是及时研究出台规划、政策、标准，引导行业发展。使市场在资源配置中起决定性作用和更好发挥政府作用，才能使市场更加繁荣，市场主体不断迸发新的活力。

3. 寻求重点突破。

今年是全面深化改革之年，希望大家继续发扬改革创新精神，努力再实现几项新的突破。服务贸易是我国开放格局中的一件大事，事关贸易增长方式转变。世界进出口贸易中有20%左右是服务贸易，中国只有10%。加入WTO后我国货物贸易居全球第一，但服务贸易还很落后。去年我国服务业增加值占GDP比重接近50%，首次超过制造业占比。通过国际合作带动服务业发展是国家的大方针，在一些新兴领域，特别是医疗、养老、教育等方面，可以结合实际，积极向国家争取优先扩大开放试点。在“走出去”方式上，希望几大优势企业积极推动设计咨询、文化、品牌等优势资源与资本结合共同“走出去”，以一种更高形态开拓国际市场。要继续抓好“双自主”企业品牌培育和发展，争取今年“双自主”企业达1000家，占比达到14%左右，真正实现货物贸易内涵式增长。希望大家深入调研，切实以创新精神实现政策突破，促进改革和开放进一步发展。

同志们，在新的发展阶段，全面深化改革、推动科学发展是我们肩负的历史责任，让我们始终保持干事创业的热情、动真碰硬的豪情、奋发有为的激情，扎实工作，努力拼搏，为推动首都经济社会持续健康发展做出新的贡献！

2014年北京市商务工作报告

——稳中求进 改革创新 推动新时期商务发展再创佳绩

北京市商务委员会主任　卢　彦

（2014 年 2 月 18 日）

同志们：

今天召开全市商务工作会议，总结 2013 年商务工作，部署 2014 年重点工作任务。

一、2013 年工作回顾

2013 年，面对国际经济持续低迷、国内经济下行压力加大、我市消费市场结构调整加快的形势，全市商务系统在市委、市政府的正确领导下，坚持稳中求进，聚焦提高商务发展质量和优化商务发展环境，着力转方式、调结构、惠民生，较好地完成了全年各项任务，商务工作继续保持健康发展的良好态势，北京国际商贸中心建设取得新成绩。

（一）巩固发展民生商务，生活必需品市场保供能力明显增强

深化农产品流通体系建设，增强居民“菜篮子”保供能力。《北京市蔬菜零售网点建设管理办法》正式发布，弥补本市农产品流通立法空白，确立了“市抓批发、区抓零售”工作体制。北京鲜活农产品流通中心建设各项筹备工作稳步推进。全市蔬菜直营直供店和车载蔬菜直销社区数量实现“双过百”，6 类 12 种蔬菜零售新模式网点超过 300 个，为稳定蔬菜零售终端价格发挥积极作用。开展肉菜流通追溯体系试点建设，猪肉追溯已覆盖本市 11 家生猪定点屠宰企业、8 家大型批发市场、21 家大中型连锁超市、城六区 111 家规范化菜市场等流通节点，基本实现从屠宰到批发、零售环节可追溯；蔬菜追溯在 1 家批发市场、2 家连锁超市及石景山区主要零售终端完成试点建设。

加快便民商业体系建设，提高市民生活便利度。七项商业便民基本服务功能全覆盖的城市社区累计 1 900 多个，覆盖率达到 70%。早餐惠民工程有序推进，在东城、西城两区完成 100 家固定早餐门店新建或改造试点。组织 400 余家企业参与春节家政市场保供，惠及 3 万多个家庭。丰台、房山等区县积极推进再生资源回收站点建设，全市新建规范化站点 200 个。城市物流末端共同配送网点对接电子商务、冷链配送等各类企业 36 家，日均配送量 4 万余单，服务社区居民超过 500 万人。农村市场联合采购平台引入更多的供应商和零售店铺加盟，采购规模达到 6.9 亿元。

强化保障调控体系建设，提高应急反应能力。推动批发市场、连锁超市、直营直供企业与主产地对接，稳定蔬菜货源。连续两年扩大蔬菜政府储备规模，提高应急保障能

力。深化生活必需品保供联动机制建设，鼓励引导骨干企业增加商业库存，有效应对个别时段出现的牛羊肉、低价牛奶供应临时性短缺问题。应急商品数据库监测扩大到4大类31种商品。在国庆重大纪念活动中，商务系统应急保障反应时间缩短至2小时以内。

（二）深入推进转型升级，商务发展质量稳步提升

对接消费需求，促转型稳增长。出台零售（餐饮）业、批发业、信用消费和家具以旧换新等4项促消费政策，统筹开展3大系列8项全市性主题促消费活动。适应消费需求变化，引导高端餐饮企业、百货商场创新经营模式，拓展服务方式。家具以旧换新政策实施期间，11家参与企业累计销售4类家具13.1亿元，带动全市各类家具销售增长13.5%。积极培育新型消费模式，12家参与信用消费活动的企业全年实现信用消费额67.9亿元，增长164.2%。新批准外资零售店铺529家，营业面积60万平方米，市场品牌丰富度进一步提高。出台《关于促进电子商务健康发展的意见》，全年实现网上零售额926.8亿元，增长44.3%，占全市社会消费品零售总额的11.1%，对社零额增量的贡献度达42.4%，电子商务成为拉动我市消费市场增长的新引擎。启动跨境电子商务试点，4家支付机构获得全国首批跨境电子商务收付汇试点资格。

增强市场竞争力，强品牌扩规模。巩固出口品牌优势，建成全国首个国家级出口汽车产品质量安全示范区，入区企业已达41家，涵盖北京地区汽车产业上下游的代表性企业，12家企业获国家整车出口资质。利用政策、展会等资源扶持“双自主”企业发展，全市“双自主”企业出口76.6亿美元，占出口总值的12.1%，同比提高2.1个百分点。对外直接投资30.8亿美元，增长159%。对外承包工程在环境、通信等领域实现新拓展，营业额增长28.9%。通信、保险等服务贸易新兴领域出口增长27.7%，占服务贸易出口总额的82.5%。全市核心文化产品进出口总额9.1亿美元，增长51%，60家企业、37个项目入选全国文化出口重点企业和重点项目。

推动产业高端发展，促聚集提能级。出台商务与中关村、商务与文化融合发展意见，认定8个总部经济集聚区、4个总部经济发展新区和6个商务服务业集聚区，总部经济集聚区总部企业数量占全市的61%，商务服务业集聚区入驻企业超过4 500家。外资跨国公司总部企业和研发机构达714家。加强会展品牌建设，全市七大主要场馆举办大型国际展会111个，增长9.9%。石景山区国家服务业综合改革试点扎实推进，顺义空港、马驹桥物流基地纳入中关村现代服务业综合试点范围，四大物流基地实现营业收入757亿元，增长6.3%。通州区、大兴区国家电子商务示范基地建设加快，12家电子商务示范企业获得商务部认定，数量位居全国首位。全市离岸服务外包执行额达48.3亿美元，增长35.6%，其中朝阳、海淀、昌平等6个服务外包示范区占比达85.3%，集聚效应明显。

（三）坚持创新与规范并重，商务发展环境进一步优化

注重政策首创，优化企业发展环境。2013年6月27日，中国内地首张电子发票在京诞生，试点企业当年开具电子发票达到280万张，有效降低了运营成本。出台促进

总部企业在京发展工作意见，给予外资跨国公司地区总部、在京央企、市属国企和民营企业公平发展的市场主体地位。总部企业以占全市0.4%的单位数、25%左右的就业人数，创造全市近一半的增加值，实现近六成的收入和税收，成为全市经济的重要支撑。

发挥口岸功能，贸易环境持续改善。全国唯一的空港型整车进口口岸——首都国际机场汽车整车进口口岸投入运行。新机场口岸筹建工作全面启动，丰台货运口岸铁路专用线恢复整车业务运营。天竺综合保税区实现进出口733.5亿美元，其中保税功能区进出口增长41.1%。亦庄保税物流中心货物吞吐量增长2倍，平谷国际陆港外贸集装箱吞吐量突破4万标箱。

加强市场监管，保障行业运行平稳。2013年5月，本市“12312”商务举报投诉热线正式开通，全年共受理商业预付卡、零供交易等举报投诉319件，接受家政等业务咨询3 386次。严厉打击侵权假冒违法行为，全市共办结侵权假冒案件2 296件，捣毁制售假冒产品窝点61个。产业损害预警体系逐步完善。全面加强行业安全生产工作，扎实开展安全生产大检查，行业安全生产形势保持稳定。

（四）搭建开放合作平台，商贸中心枢纽功能不断强化

加强区域合作，推动国内市场互动对接。与河北、山西等省签订区域商务合作协议，对接11省区持续开展春节期间首都市场蔬菜保供联合行动，服务产区菜农、服务首都市民，活动期间蔬菜上市总量较日常增长10%。门头沟、密云等区县扩大“农餐对接”范围，积极引导大型餐饮连锁企业对接本市及外埠农产品生产基地，延庆、怀柔等区县深化“农超对接”，使外埠优质果蔬农产品进入超市销售渠道，丰富市场供应。全市12家开展“农超对接”的超市全年销售果蔬农产品17.8万吨，同比增长15%。

搭建发展平台，促进国内外市场有效衔接。成功举办第二届京交会，1 900余家中外企业参展，比首届增长10.4%；来自117个国家和地区的到会客商及代表累计达13.8万人次，达成意向签约金额786.9亿美元，比首届增长30.9%；组委会与联合国贸发会议共同发布的《北京宣言》，提高了发展中国家的话语权。完善外贸转型升级示范基地梯次建设，首次开展综合型、企业型基地认定，新增8个市级外贸转型升级示范基地。加强出口信用保险政策宣传培训，全市出口信用保险覆盖面达到71%，有效帮助企业规避收汇风险。打造商务服务业集聚发展平台，重点培育19座商务主题示范楼宇。开展内外贸结合商品市场培育试点，创新推出加拿大、意大利、英国3期“进口商品购物节”，成功举办第三届北京台湾名品博览会。

壮大市场主体，提升北京商务影响力。目前全市已有48家世界500强企业总部，首次位居全球城市第一。全市大宗商品现货市场实现交易额4 900亿元，同比增长2倍，其中全国棉花市场和北京石油交易所双双突破2 000亿元交易规模。全国规模最大的9家自营B2C企业中，有5家北京企业，交易规模占全国的67.1%。4家服务外包企业进入全国10强，行业实力国内领先。商业品牌零售企业境外投资实现新突破，王府井国际商业发展有限公司收购中国春天百货集团近40%股份，成为近年来本市零售业投资额最大的境外收购项目。

2013年，在极为错综复杂的形势下，全市商务系统坚定信心，迎难而上，各项主要指标不断刷新。全年实现社会消费品零售额8 375.1亿元，增长8.7%，连续6年位居全国城市之首。货物贸易进出口额4291亿美元，增长5.1%，在全国排名保持第四位；服务贸易进出口额突破1100亿美元，继续保持国内领先。双向投资持续攀升，实际利用外资完成85.2亿美元，增长6%，连续12年保持增长；对外承包工程新签合同额迈上50亿美元台阶，境外直接投资额首次跨过30亿美元大关。北京口岸货物监管量162.3万吨，增长5.2%。首都国际机场年旅客吞吐量8 371.2万人次，增长2.2%，稳居全球第二位，72小时过境免签人员接近1.4万人次。“十二五”以来，北京国际商贸中心建设加快推进，规划涉及的17个主要预期指标中，3个指标已提前达到目标值，其余指标进度好于或符合预期，北京商务“便民利民、促进发展，服务全国、辐射世界”的能力明显增强。

以上成绩的取得，归功于市委、市政府的正确领导，归功于各区县、各部门的共同努力和大力支持，更有赖于全市商务战线广大企业、相关行业协会全体干部职工的努力拼搏和创新开拓。在此，我谨代表北京市商务委员会，向各级领导、各单位和同志们表示衷心感谢！

二、2014年工作思路

2014年是贯彻落实十八届三中全会精神、全面深化改革的第一年。我市商务工作要以习近平总书记对北京工作的重要指示精神为指引，深入贯彻十八届三中全会、中央经济工作会议、中央城镇化工作会议精神，认真落实全国商务工作会议和市委十一届三次、四次全会部署，牢固树立首都意识，切实把握首都发展的阶段性特征和首都工作特点，按照“高标准、大尺度、深层次”的工作要求，坚持问题导向、改革牵引、民生优先、协同发展，着力细化落实商务领域的各项改革措施，着力夯实商务便民利民基础，着力巩固消费在经济增长中的基础性作用，着力发展与首都城市性质功能定位相适应的产业，着力在更大尺度上推进区域商务合作，全面提升首都商务系统履行“四个服务”职责的能力。

2014年商务发展的主要预期目标是：社会消费品零售额增长9%左右，货物贸易超过4 500亿美元，服务贸易增幅高于10%，实际利用外资85亿美元以上，对外直接投资额增长10%以上。重点抓好以下工作：

（一）以开放促改革，释放商务发展活力

积极争取国家支持，扩大重点领域开放，细化事权在地方的各项改革措施，以高水平开放促进深层次改革，力求在重要领域和关键环节取得突破。

创新管理模式。规范招商引资工作，建立全市招商引资活动工作机制，出台《北京市招商引资活动管理暂行规定》。完善投资促进机制，鼓励跨国公司在京设立地区总部、研发中心、采购中心、财务管理中心等功能性机构。改革本市服务外包及软件出口合同登记管理模式，实现管理关口前移。创新加工贸易监管模式，形成有利于产业集群发展的体制机制。探索雅宝路市场国际贸易综合改革试点，挖掘外贸增长潜力。

拓展业务领域。优化引资结构，鼓励外资投向科技、医疗、养老等服务领域。抓住建设通州城市副中心、新机场、CBD国际传媒走廊等机遇，发掘利用外资新增长点。积极推动跨境人民币投资、股权投资等利用外资新方式，继续推进跨国公司外汇管理改革扩大试点范围。深入开展出口产品质量安全示范区创建工作，不断扩大示范区影响力，促进出口优势产业加快发展。提高金融、计算机和信息等新兴领域的服务贸易出口比重，促进文化贸易快速发展。深化、拓宽与国际机构及跨国企业的合作，推出服务外包行业成长性指数，引导服务外包向提供行业解决方案服务等高端业务拓展，挖掘服务外包潜力，加强人才培养，巩固全国服务外包领军城市地位，服务外包执行额增长15%以上。

搭建高端平台。在更高水平上搭建“京交会”平台，继续坚持“务实、合作、诚信、俭朴”的办会理念和部市合作的组织体系，全力办好第三届京交会，促进服务贸易特别是新兴服务贸易发展，塑造“北京服务”品牌。加大对外贸转型升级示范基地的政策扶持力度，推动建立市、区（县）两级共同支持的政策体系，促进示范基地优势企业集聚和产业水平提升。

提升服务水平。强化“规范、高效”的服务理念，提高审批效率，将外资格式化审批推广到全市试行。落实中央放宽对外投资审批的各项政策，进一步优化重大对外投资合作项目备案流程，做好协调和服务工作，支持企业“走出去”。提高口岸功能区的服务水平和运行效率，进一步增强海关特殊监管区对本市外贸的带动作用。稳妥推进产业损害预警机制建设，服务重点产业发展。

（二）夯实便民利民基础，进一步提高商务服务保障民生的能力和水平

服务和保障民生，是商务工作永恒的主题。要坚持便民利民，在完善体系建设的同时，突出便民商业的转型升级，提高便民服务的质量和水平。

坚持做细末端，提升城乡便民商业体系建设水平。做好市政府为群众办实事项目，完成200个“一刻钟社区服务圈”示范点建设。推动连锁企业进入社区，鼓励发展专业店、24小时便利店、社区商业便民服务综合体等多种服务模式，加快生活服务业业态升级步伐，满足居民多元化消费需求。力争全市90%的社区实现商业便民服务七项基本功能全覆盖。积极探索社区电子商务发展模式，不断提高社区商业服务水平。推进早餐服务体系建设，新建或改造100家固定早餐门店，支持2家主食加工配送中心建设、40家连锁便利店搭载早餐服务，为消费者提供安全、放心、实惠、便利的早餐服务。继续推进城市物流末端共同配送体系建设，全年业务量增长50%。

坚持做实平台，创新农产品流通体系。落实《北京市蔬菜零售网点建设管理办法》，完善“市抓批发、区抓零售”工作体制。加强批发环节顶层设计，推进公益性农产品流通体系建设，加快以生鲜日配为主营方向的北京鲜活农产品流通中心建设。强化零售环节任务落地，推进多元化蔬菜零售网点建设和区县政府绩效考核评价。进一步完善肉菜流通追溯体系建设，提升农产品流通安全水平。

坚持筑牢底线，完善应急储备体系。进一步加强产销合作，强化联合保供等工作机制，保障货源有效供给，确保淡季蔬菜等生活必需品市场供应稳定。调整完善政府储备商品品种及规模，切实加强政府储备管理，夯实应急保障基础。完善市场监测体系，加

强应急和风险防范管理，不断提高工作预见性和主动性，提高应急响应工作水平。

（三）发挥市场主体积极性，巩固消费在经济增长中的基础性作用

进一步改善消费环境，更好地发挥各类市场主体的主动性和积极性，激发市场活力，增强消费对经济增长的拉动力。

创新促消费机制。调整促消费方式，从政府主导、一线操作模式向政府统筹谋划、协会协调组织、企业自主开展、消费者自愿参与转变，创新北京购物季、北京拍卖季、国际美食盛典等活动组织形式，指导和支持各区县、各行业协会发挥自身优势，针对特定区域、特定时点和特定消费群体需求，开展购物节、品牌消费季等主题促消费活动，为市民提供丰富便利的消费体验和个性化的消费选择。强化部门联动共促消费，联合旅游部门扩大外来消费，联合文化部门培育文化消费，联合农业部门搭建直供直销渠道。

改善消费环境。调整促消费政策导向，从激励企业销售增长为主转向着重改善消费环境，支持各类社会主体建设行业交流、服务创新、消费导航等公共服务平台，鼓励和引导行业协会推出全市商务统一促销平台，引导大众消费。按照“规范化、现代化、特色化、国际化”发展目标，加强市级特色商业街动态管理服务，继续推进五道营、南新仓南延北扩、高碑店国粹艺术商街等特色商业街升级改造。支持行业组织开展年度“北京十大商业品牌”评选活动、商业服务业技能竞赛活动，树立商业品牌形象，宣传岗位典型，提高商业服务水平和质量。加强企业诚信经营监管，让市民安全放心消费。

促进新兴消费。扩大电子发票试点工作，深化电子发票试点应用，推进电子发票及电子会计档案综合试点工作。扩大民生服务领域的电子商务应用，引导传统商业与电子商务龙头企业融合发展，推动传统商业转型。举办中国（北京）电子商务大会，搭建国内外行业交流平台，引导电子商务集聚发展。打造“点击消费”北京网购促消费品牌，组织各大电商企业开展规范促销活动。推进跨境电子商务产业园建设，扩大跨境电子商务试点企业范围。力争实现网上零售额1 100亿元，占社会消费品零售额比重达到12%左右。鼓励企业针对消费者开展信用消费，培育养老消费。

弘扬“老字号”品牌。推动“老字号”传承保护和创新发展，发挥特色品牌优势，开展“寻找原汁原味北京老字号”活动，保护传统工艺，打造整体形象。支持行业协会组织“北京老字号博览会”等系列活动，争取将更多“老字号”商品纳入“北京礼物”销售渠道，提升品牌影响力。

（四）推动与首都城市性质功能相适应的产业提速发展，增强商务发展实力

适应新时期首都城市战略定位要求，突出抓好产业高端发展、聚集发展，为首都可持续发展做出贡献。

加快发展总部经济。全面落实我市《关于加快总部企业在京发展的工作意见》，建立健全总部企业重大项目投资发现机制和跟进服务机制，搭建总部企业市场服务平台，鼓励和支持总部企业在京开展实体化经营。促进总部经济集聚区加快发展，提升公共服务能力。新认定外资跨国公司地区总部 15 家左右，新引进民营总部企业 20 家左右。

提升商务服务业影响力。探索促进商务服务业集聚区发展的有效措施，完善服务功能，打造集聚示范区。将主题商务楼宇升级

改造纳入公共服务平台建设，升级改造主题商务楼宇10座左右。引导会展业品牌化、国际化、规模化发展，力争在引进国际知名展会永久落户北京上取得突破，促进本市会展业企业到国外参展办展，征集评定品牌展会名录，提升品质、扩大影响，打造国际会展之都。

推动优势产业拓展发展空间。加快培育“双自主”企业，争取认定企业总数超过1 000家，进一步提高“双自主”企业在本市外贸出口中的比重。建立政府部门、投资企业与工程企业间的联系合作机制，搭建企业境外项目投融资平台、协会平台和境外项目信息平台，拓宽“走出去”模式。推动设计咨询、文化、品牌等拓展国际市场，支持对外投资带动承包工程、中国工程技术标准“走出去”和企业联合“走出去”，争取对外承包工程营业额增长10%。支持企业利用“技术代差”优势，增强参与国际竞争的能力，促进产能转移。

（五）融入首都经济圈发展，扎实推动区域商务合作

围绕京津同城化、京津冀一体化，更加主动地融入首都经济圈发展，在更大范围、更宽领域定位北京商务工作，在区域合作中实现共赢发展。

主动开放市场。发挥首都市场的窗口作用，畅通渠道搭建平台，更好地促进京外企业和品牌在北京发展。强化部门合作，引导电商龙头企业开展网上商品大集，利用新兴业态或实体店继续开展各地商品大集活动，搭建外地品牌商品进入首都市场的网络平台。

完善口岸功能。进一步深化口岸区域合作，加紧推进京津、京冀口岸合作协议签署，重点推动京津冀通关一体化，优化口岸通关环境，提升贸易便利化水平。研究制定新机场口岸建设方案，加紧推进新机场口岸开放可行性研究。

促进联动发展。加强京津冀商务合作，积极推进相关产业功能疏解。进一步健全机制，把区域商务合作落实到项目、落实到企业，促进优势互补。利用北京流通中心和贸易枢纽功能优势，促进区域物流、国际物流体系建设，强化物流产业与周边地区联动发展，增强服务全国的能力和水平。

（六）服务首都发展大局，建设法治化营商环境

今年，亚太经合组织领导人非正式会议将在北京召开，要加强商务领域市场监管和执法力度，维护良好的市场秩序，做好服务保障工作，展示北京商务发展水平。

强化监管规范秩序。加强对大宗商品现货市场的监督、检查和指导，逐步建立大宗商品现货市场发展促进机制，防范市场风险。规范零售商、供应商交易行为，引导诚信经营，推进商务领域信用体系建设，维护消费者权益。落实《机电产品国际招投标实施办法》，做好项目监管。建立覆盖全市的打击侵权假冒工作机制，强化行政执法和刑事司法衔接，营造竞争有序的市场环境。完善行业安全生产管理机制，加强宣传培训和隐患排查，落实行业部门监管责任和企业主体责任，推动企业标准化建设。

推动商务领域实现可持续发展。严格落实北京市清洁空气行动计划年度任务，研究制定商业和服务业燃煤设施清洁能源改造方案并启动实施，组织供应符合第六阶段排放标准的车用燃油，积极促进出租车、货运车结构调整及节能减排。大力发展绿色物流，

推进物流基地使用第三阶段及以上排放标准车辆进行货物运输，总结纯电动车示范运行情况，探索新能源货运车推广应用机制。制定并推行《北京市商场超市能源消耗限额》和《北京市商场超市合理用能指南》，推进流通领域节能降耗。结合北京城市总体规划修编，研究制定本市商业设施布局规划，引导流通业态升级，修订流通业发展指导目录，配合有关区县和部门推动低端业态调整升级。鼓励外资企业为治理大气污染、交通拥堵等“城市病”提供解决方案和产品技术支持。

三、巩固发展教育实践活动成果，全面加强商务部门自身建设

过去一年，商务部门认真落实党的群众路线教育实践活动部署，严格遵守中央八项规定和北京市15条实施意见，努力把“为民、务实、清廉”贯彻到商务工作的具体实践中。2013年，市商务委组织的行业类会议、活动同比下降10.8%，调研同比增加33.3%。对109件行政规范性文件进行清理，废止38件。采取取消、下放和调整等措施，将原来的60项行政审批事项缩减为32项。通过教育实践活动，进一步增强了便民利民服务群众的使命感，增强了主动服务企业的自觉性，在转变作风、改进服务等方面取得明显成果。

新的一年，我们将始终坚持踏石留印、抓铁有痕的劲头，齐心协力，持续用劲，继续抓好各项整改措施的落实。一是加快转变政府职能，推动改革深化。全面准确履行部门工作职责，落实国家取消和下放行政审批事项的各项部署，进一步推动管理规范化、服务便利化，更好地服务社会、服务企业。二是坚持市、区联动，形成合力。充分发挥市、区两级的积极性，支持区县商务工作特色发展，支持基层深化便民利民工作，以落实到基层的整改效果检验活动成效。三是进一步转变作风，取信于民。紧紧围绕关系全市商务发展、关系群众生活的问题，加强调查研究，察实情、出实招、办实事。市商务委各处室、各单位，要结合区县商务委正在开展的教育实践活动，主动对接工作，积极帮助基层解决问题。

同志们，在新的发展阶段，全面深化改革、推动创新发展责任重大，使命光荣。我们要在市委、市政府的坚强领导下，锐意进取，攻坚克难，加快推动形成中国特色、首都特点、时代特征的北京商务发展新格局，打造国际商贸中心“升级版”，为谱写实现中华民族伟大复兴中国梦的首都篇章做出新贡献！

第二部分

法规、文件选编

2013年国家制修订的部分法律、法规目录

序　号	名　　称	文　　号
1	中华人民共和国旅游法 2013.04.25	主席令第3号
2	中华人民共和国特种设备安全法 2013.06.29	主席令第4号
3	中华人民共和国煤炭法（2013修正）2013.06.29	主席令第5号
4	中华人民共和国进出口商品检验法（2013修正）2013.06.29	主席令第5号
5	中华人民共和国文物保护法（2013修正）2013.06.29	主席令第5号
6	中华人民共和国海关法（2013修正）2013.06.29	主席令第5号
7	中华人民共和国税收征收管理法（2013修正）2013.06.29	主席令第5号
8	中华人民共和国证券法（2013修正）2013.06.29	主席令第5号
9	中华人民共和国商标法（2013修正）2013.08.30	主席令第6号
10	中华人民共和国消费者权益保护法（2013修正）2013.10.25	主席令第7号
11	中华人民共和国烟草专卖法（2013修正）2013.12.28	主席令第8号
12	中华人民共和国公司法（2013修正）2013.12.28	主席令第8号
13	中华人民共和国海关法（2013第二次修正）2013.12.28	主席令第8号
14	中华人民共和国药品管理法（2013修正）2013.12.28	主席令第8号
15	中华人民共和国海洋环境保护法（2013修正）2013.12.28	主席令第8号
16	征信业管理条例 2013.01.21	国务院令第631号
17	中华人民共和国外国人入境出境管理条例 2013.07.12	国务院令第637号
18	国务院关于废止和修改部分行政法规的决定（2013）2013.07.18	国务院令第638号
19	长江三峡水利枢纽安全保卫条例 2013.09.09	国务院令第640号
20	国务院关于修改部分行政法规的决定 2013.12.07	国务院令第645号
21	全国年节及纪念日放假办法（2013修订）2013.12.11	国务院令第644号

（供稿人：梅　焱）

2013年商务部规章、部分公告目录

序　号	名　　　称	文　　号
1	执行世界贸易组织贸易救济争端裁决暂行规则 2013.07.29	商务部令 2013 年第 2 号
2	旧电器电子产品流通管理办法 2013.03.15	商务部令 2013 年第 1 号
3	商品现货市场交易特别规定（试行）2014.01.01	商务部、中国人民银行、中国证券监督管理委员会令 2013 第 3 号
4	商务部、海关总署公告 2013 年第 96 号——关于公布 2014 年出口许可证管理货物目录的公告 2013.12.31	商务部、海关总署公告 2013 年第 96 号
5	商务部、海关总署、国家质量监督检验检疫总局公告 2013 年第 97 号——关于公布 2014 年进口许可证管理货物目录的公告 2013.12.31	商务部、海关总署、国家质量监督检验检疫总局公告 2013 年第 97 号
6	关于公布《2014 年出口许可证管理货物分级发证目录》的公告 2013.12.31	商务部公告 2013 年第 100 号
7	关于终止对美部分进口汽车产品双反措施的公告 2013.12.13	商务部公告 2013 年第 85 号
8	关于跨境人民币直接投资有关问题的公告 2013.12.03	商务部公告 2013 年第 87 号
9	2014 年羊毛、毛条进口国别关税配额管理实施细则 2013.12.02	商务部、海关总署公告 2013 年第 86 号
10	关于吡啶反倾销案终裁的公告 2013.11.20	商务部公告 2013 年第 73 号
11	关于对原产于日本和台湾地区的进口甲乙酮所适用反倾销措施的期终复审裁定的公告 2013.11.20	商务部公告 2013 年第 65 号
12	公布 51 项国内贸易行业标准编号、名称及实施日期 2013.01.04	商务部公告 2013 年第 1 号
13	台湾投资者经第三地转投资认定暂行办法 2013.02.20	商务部、国务院台湾事务办公室公告 2013 年第 12 号
14	公布《零售企业服务管理规范》等 50 项国内贸易行业标准 2013.04.16	商务部公告 2013 年第 21 号
15	公布商务部现行有效规章目录及规范性文件目录 2013.05.06	商务部公告 2013 年第 23 号
16	公布 28 项国内贸易行业标准编号、名称及实施日期 2013.06.14	商务部公告 2013 年第 41 号

（供稿人：梅　焱）

2013年其他有关部门规章目录

序　号	名　　　称	文　　号
1	中华人民共和国海关最不发达国家特别优惠关税待遇进口货物原产地管理办法（2013修改）2013.07.01	海关总署令第210号
2	中华人民共和国海关审定内销保税货物完税价格办法 2013.12.25	海关总署令第211号
3	中华人民共和国海关暂时进出境货物管理办法（2013修改）2013.12.25	海关总署令第212号
4	中华人民共和国海关审定进出口货物完税价格办法（2013）2013.12.25	海关总署令第213号
5	政府采购非招标采购方式管理办法 2013.12.19	财政部令第74号
6	征信机构管理办法 2013.11.15	中国人民银行令〔2013〕第1号
7	中央预算内投资补助和贴息项目管理办法 2013.06.15	国家发展和改革委员会令第3号
8	产业结构调整指导目录（2011年本）（2013修正）2013.02.16	国家发展和改革委员会令第21号
9	价格行政处罚程序规定（2013修改）2013.03.06	国家发展和改革委员会令第22号
10	国家知识产权局关于修改《专利审查指南》的决定（2013）2013.09.16	国家知识产权局令第67号
11	新闻出版行业标准化管理办法（2013）2013.12.27	国家新闻出版广电总局令第1号
12	放射性固体废物贮存和处置许可管理办法 2013.12.30	环境保护部令第25号
13	取得内地法律职业资格的香港特别行政区和澳门特别行政区居民在内地从事律师职业管理办法（2013修正）2013.08.07	司法部令第128号
14	税收票证管理办法（2013）2013.02.25	国家税务总局令第28号
15	网络发票管理办法 2013.02.25	国家税务总局令第30号
16	烟花爆竹经营许可实施办法（2013）2013.10.16	国家安全生产监督管理总局令第65号
17	拍卖监督管理办法（2013修订）2013.01.05	国家工商行政管理总局令第59号
18	违规发放津贴补贴行为处分规定 2013.08.01	监察部、人力资源和社会保障部、财政部、审计署令第31号

（供稿人：梅　焱）

2013年国务院、商务部等有关部委和北京市相关文件目录（部分）

序号	名称	文号
1	国务院关于印发国家重大科技基础设施建设中长期规划（2012—2030年）的通知 2013.02.23	国发〔2013〕8号
2	国务院关于印发计量发展规划（2013—2020年）的通知 2013.03.02	国发〔2013〕10号
3	国务院办公厅关于建立疾病应急救助制度的指导意见 2013.02.22	国办发〔2013〕15号
4	国务院办公厅关于金融支持经济结构调整和转型升级的指导意见 2013.07.01	国办发〔2013〕67号
5	国务院办公厅关于进一步加强资本市场中小投资者合法权益保护工作的意见 2013.12.25	国办发〔2013〕110号
6	国务院关于管理公开募集基金的基金管理公司有关问题的批复 2013.12.10	国函〔2013〕132号
7	商务部关于做好2013年度新增典当行有关工作的通知 2013.12.31	商流通函〔2013〕1044号
8	商务部关于公布2014年钨、锑、白银出口国营贸易企业，稀土、铟、钼、锡出口企业名单并下达第一批出口配额的通知 2013.12.13	商贸函〔2013〕1012号
9	2014年羊毛、毛条进口国别关税配额管理实施细则 2013.12.02	商务部、海关总署公告2013年第86号
10	商务部关于印发《外商投资统计制度（2013年）》的通知 2013.01.28	商资函〔2013〕41号
11	商务部办公厅、中宣部办公厅、财政部办公厅等关于请组织申报2013—2014年度国家文化出口重点企业和重点项目的通知 2013.03.21	商办服贸函〔2013〕122号
12	商务部办公厅关于下达2013年流通行业标准项目计划的通知 2013.06.25	商办流通函〔2013〕第621号
13	商务部、外交部、公安部等关于印发《对外投资合作和对外贸易领域不良信用记录试行办法》的通知 2013.07.05	商合发〔2013〕248号

（续）

序　号	名　　　称	文　　号
14	商务部关于印发《融资租赁企业监督管理办法》的通知 2013.09.18	商流通发〔2013〕337号
15	北京市人民政府关于印发《北京市生活垃圾处理设施建设三年实施方案（2013—2015年）》的通知 2013.04.17	京政发〔2013〕12号
16	北京市人民政府关于对本市部分摩托车暂免征收车船税的通知 2013.12.27	京政发〔2013〕42号
17	北京市人民政府办公厅关于转发市科委市卫生局首都十大疾病科技攻关与管理实施方案（2013—2015年）的通知 2013.01.24	京政办发〔2013〕5号
18	北京市人民政府办公厅关于进一步推进企业安全生产标准化建设工作的意见 2013.03.08	京政办发〔2013〕10号
19	北京市人民政府办公厅关于印发《关于事业单位分类的实施意见》、《关于行政类事业单位改革的实施意见》、《关于分类推进事业单位改革中财政有关政策的实施意见》等分类推进事业单位改革配套文件的通知 2013.03.07	京政办发〔2013〕12号
20	北京市人民政府办公厅关于印发建立危险化学品集中管理体系若干意见的通知 2013.11.06	京政办发〔2013〕57号
21	北京市人民政府办公厅关于推进区域性股权交易市场规范发展的指导意见 2013.12.19	京政办发〔2013〕63号

（供稿人：梅　焱）

2013年北京市部分地方性法规、规章目录

序号	名称	文号
1	北京市实施《中华人民共和国防震减灾法》规定 2013.07.26	北京市人民代表大会常务委员会公告第1号
2	北京市专利保护和促进条例（2013修订）2013.09.27	北京市人民代表大会常务委员会公告第2号
3	北京市促进中小企业发展条例 2013.12.27	北京市人民代表大会常务委员会公告第3号
4	北京市农业植物检疫办法 2013.04.26	北京市人民政府令第246号
5	北京市建设工程施工现场管理办法（2013）2013.05.07	北京市人民政府令第247号
6	北京市组织机构代码管理办法（2013）2013.10.01	北京市人民政府令第248号
7	北京市蔬菜零售网点建设管理办法 2013.10.08	北京市人民政府令第249号
8	北京市机动车停车管理办法 2013.11.18	北京市人民政府令第252号
9	北京市快递安全管理办法 2013.12.05	北京市人民政府令第253号

（供稿人：梅 焱）

2013年市商务委部分规范性文件目录

序　号	名　　　　称	文　　号
1	北京市商务委员会《关于印发〈北京市对外劳务合作经营资格暂行管理办法〉的通知》	京商务经字〔2013〕29号
2	北京市商务委员会 北京市财政局《关于本市商业会展业发展项目申报有关事项的通知》	京商务商服字〔2013〕1号
3	北京市商务委员会、北京市财政局关于2013年商业流通发展项目申报工作的通知	京商务财字〔2013〕33号
4	北京市商务委员会 北京市财政局关于印发《2013年北京市家具以旧换新实施办法》的通知	京商务交字〔2013〕79号
5	北京市商务委员会 北京市中医药管理局关于印发《北京市中医药服务贸易试点单位认定及管理暂行办法》的通知	京商务服贸字〔2013〕28号
6	北京市商务委员会关于2012年度北京市拍卖企业核查的结果公告	京商务交字〔2013〕140号
7	北京市商务委员会关于征集2013年中央财政促进服务业发展专项资金项目的通知	京商务财务字〔2013〕69号

（供稿人：卓　娜）

关于印发《北京市对外劳务合作经营资格暂行管理办法》的通知

京商务经字〔2013〕29号

各有关单位：

根据《对外劳务合作管理条例》（国务院2012年第620号令）等文件规定，市商务委制订了《北京市对外劳务合作经营资格暂行管理办法》，现予印发，请遵照执行。

北京市商务委员会

2013年1月28日

北京市对外劳务合作经营资格暂行管理办法

第一章 总 则

第一条 为加强本市对外劳务合作管理，规范对外劳务合作经营，保障劳务人员的合法权益，促进对外劳务合作健康发展，根据《对外劳务合作管理条例》（国务院2012年第620号令）（以下简称《条例》）、《商务部关于印发〈对外劳务合作经营资格证书管理办法〉的通知》（商合发〔2004〕474号）、《商务部关于对外劳务合作经营资格管理有关工作的函》（商合函〔2012〕644号），制定本暂行管理办法（以下简称办法）。

第二条 本办法所称对外劳务合作，是指组织劳务人员赴其他国家或者地区为国外的企业或者机构（以下统称国外雇主）工作的经营性活动。

国外的企业、机构或者个人不得在中国境内招收劳务人员赴国外工作。

第三条 本办法适用于本市行政区域内从事对外劳务合作的企业（以下简称经营企业）及开展的对外劳务合作。

第二章 资格条件

第四条 从事对外劳务合作，应当按照《条例》的规定，经北京市商务主管部门批准，取得对外劳务合作经营资格。

第五条 经营资格申请条件

申请对外劳务合作经营资格，应当具备下列条件：

一、符合企业法人条件；

二、实缴注册资本不低于600万元人民币；

三、有3名以上熟悉对外劳务合作业务的管理人员；

四、有健全的内部管理制度和突发事件应急处置制度和应急预案；

五、法定代表人没有故意犯罪记录。

第三章　资格申请

第六条　申请对外劳务合作经营资格，需提交以下书面申请材料：

一、企业申请报告；

二、《对外劳务合作经营资格证书及年审申请表》；

（进入商务部对外投资合作信息服务系统，填写并打印加盖公章的《对外劳务合作经营资格证书及年审申请表》）

三、授权委托书（非法定代表人本人办理情况下），被委托人的身份证原件及复印件（复印件留存），授权委托书应由法定代表人签字并加盖单位公章；

四、企业法人营业执照（正、副本原件及复印件），中华人民共和国组织机构代码证（原件及复印件）；

五、符合《条例》规定"实缴注册资本不低于600万元人民币"条件的由会计师出具的企业验资报告（复印件）；

六、3名以上熟悉对外劳务合作业务管理人员的工作履历及相关专业人员学历和资格证书（复印件）；

七、企业对外劳务合作经营管理制度及突发事件应急处置制度和应急预案；

八、拟开展对外劳务合作的国别、地区及可行性报告；

九、申请企业法定代表人户籍所在地公安部门出具的没有故意犯罪记录的证明；

十、企业对所提供材料真实性的声明。

上述提交的企业申请、相关复印件及材料真实性声明均需加盖企业公章。

第七条　受理程序

一、申请对外劳务合作经营资格，材料齐全，符合法定形式，且属于北京市商务主管部门职责范围内的，北京市商务主管部门应当受理。

二、北京市商务主管部门自受理之日起20个工作日内进行审查，作出批准或者不予批准的决定。予以批准的，颁发《对外劳务合作经营资格证书》（以下简称《资格证书》）；不予批准的，书面通知申请人并说明理由。

三、申请人持《资格证书》，依法向工商行政管理部门办理相应登记。

四、申请人应自工商行政管理部门登记之日起5个工作日内，在北京市商务主管部门指定的银行开设专门账户，缴存不低于300万元人民币的对外劳务合作风险处置备用金（以下简称备用金）。备用金也可以通过向北京市商务主管部门提交等额银行保函的方式缴存，并将缴存凭证交北京市商务主管部门存档。

对外劳务合作企业未依据《条例》和本办法规定缴存或者补足备用金的，北京市商务主管部门按照《条例》及有关对外劳务合作风险处置备用金管理办法执行。

五、北京市商务主管部门应当将依法取得《资格证书》并办理登记的企业名单报至国务院商务主管部门，并将缴存备用金的对外劳务合作企业名单通过本部门网站定期向社会公布。

第八条　未依法取得《资格证书》并办理工商登记，不得从事对外劳务合作。

第九条　对外劳务合作企业不得允许其

他单位或者个人以本企业的名义组织劳务人员赴国外工作。

第十条　任何单位和个人不得以商务、旅游、留学等名义组织劳务人员赴国外工作。

第四章　《资格证书》管理、年审

第十一条　《资格证书》须妥善保管，不得涂改、倒卖、出租、出借或者以其他形式非法转让。

第十二条　《资格证书》的管理、年审依据《条例》、《商务部关于印发〈对外劳务合作经营资格证书管理办法〉的通知》（商合发〔2004〕474号）及有关规定执行。

第十三条　《资格证书》的年审由北京市商务主管部门负责组织实施。《资格证书》的年审时间一般为每年的3月1日至4月30日，北京市商务主管部门可根据情况需要进行调整，具体内容将以通知或通告的形式在北京市商务委员会网站上予以公布。

第十四条　经营企业须按规定及时参加年审，并提交相关材料。符合年审规定条件的，北京市商务主管部门准予年审合格，并在其《资格证书》年审情况栏中加盖公章。

第十五条　未通过年审的经营企业，不得继续对外签订新的《劳务合作合同》，并须承担已派出劳务人员的管理责任，北京市、区（县）商务主管部门应对其重点加强监管。连续两年未通过年审的经营企业，其对外劳务合作经营资格自动丧失，由北京市商务主管部门函告市工商行政管理部门。

第五章　监督与管理

第十六条　北京市商务主管部门负责北京市行政区域内的对外劳务合作监督管理工作。北京市政府外办、公安、人力资源社会保障、交通运输、住房城乡建设、工商行政管理等有关部门在各自职责范围内，负责对外劳务合作监督管理的相关工作。

第十七条　北京市各区、县人民政府统一领导、组织、协调本行政区域的对外劳务合作监督管理工作。各区（县）商务主管部门负责本行政区域的对外劳务合作监督管理工作，并建立监督检查档案和违法行为记录等管理制度，其他有关部门在各自职责范围内负责对外劳务合作监督管理的相关工作。

第十八条　市、区（县）各相关部门应及时将对违法违规企业的处罚情况相互通报，避免“一事二罚”的现象发生。

第十九条　有关行业协会应依法发挥行业自律作用，依据《条例》和行业规范提出行业意见和建议。

第二十条　在开展对外劳务合作经营活动中，经营企业必须按照《条例》的各项规定，依据“谁签约，谁负责”的原则，依法开展对外劳务合作业务。制定对外劳务合作突发事件应急预案，妥善处置对外劳务合作突发事件。

第六章　附　　则

第二十一条　对外承包工程项下外派人员赴国外工作的管理，依照《对外承包工程管理条例》以及国务院商务主管部门、国务院住房城乡建设主管部门的规定执行。

外派海员类（不含渔业船员）对外劳务合作的管理办法，由国务院交通运输主管部门根据《中华人民共和国船员条例》以及《条例》的有关规定另行制定。

第二十二条　对外劳务合作企业组织劳务人员赴国务院商务主管部门会同国务院外

交等有关部门确定的特定国家或者地区工作的，应当经国务院商务主管部门会同国务院有关部门批准。

第二十三条　本办法施行前按照国家有关规定经批准从事对外劳务合作的企业，不具备本办法规定条件的，应当在国务院商务主管部门规定的2013年4月30日之前达到本办法规定的条件；逾期达不到本办法规定条件的，不得继续从事对外劳务合作。

第二十四条　本办法中相关规定如与《条例》相抵触或有未尽事宜，以《条例》为准执行。

第二十五条　本办法由北京市商务委员会负责解释。

第二十六条　本办法自2013年3月1日起施行。

北京市商务委员会 北京市财政局 关于本市商业会展业发展项目申报有关事项的通知

京商务商服字〔2013〕1号

各区县商务委、财政局，各相关单位：

为进一步促进我市商业会展业发展，加快建设国际会展之都，根据北京市商务委员会、北京市财政局《关于促进我市商业会展业发展的通知》（京商务贸发字〔2012〕55号），将对2012年——2014年在引进国际大型展会、培育品牌展会、会展业整体宣传推介、改造提升大型展馆配套设施、会展业人才培养等工作给予资金支持。现就本市商业会展业发展项目资金申报有关事项通知如下：

一、项目及资金支持标准

（一）引进国际大型展会支持资金。

新引进具有国际影响力的国际展会，在京办展的前三届，每届给予主办方（主运营方）不超过50%的场租费用支持，最高不超过人民币500万元整。具体条件如下：

1. 每届展览面积不低于3万平方米。

2. 每届展览参展商不低于500家，其中国际参展商（含台、港、澳地区）租用展览面积占总展览面积的比例不低于30%。

（二）品牌展会支持资金。

对于规模较大、国际影响力较强、符合北京产业发展政策，属于《北京引导支持品牌展会名录》中的展会，满足下列条件，每届给予主办方（主运营方）不超过人民币100万元奖励资金。具体条件如下：

1. 已在北京市连续举办两届展会（含两届）以上。

2. 展览面积不低于2万平方米。

3. 展览参展商不低于300家，其中国际参展商（含台、港、澳地区）租用展览面积占总展览面积的比例不低于30%。

（三）展会整合项目支持资金。

支持对具有发展潜力的同类同质展会进行整合，给予整合展会主办单位每届不超过人民币100万元奖励资金。整合后的展会需满足以下条件：

1. 现有同类同质展会凡在京分别连续举办过两届（含两届）以上、展览面积在5 000平方米以上的同类同质展会。

2. 整合后展出面积超过整合前最大面积50%的。

（四）北京会展业整体宣传推介项目资金申报。

为进一步宣传北京会展发展环境，扩大首都会展业的影响，助力首都会展业发展，采取政府采购服务的方式，开展北京会展宣传推介工作。项目包括北京会展业基本情况（基础优势、环境优势、政策优势、产业优势等）、会展业发展情况等内容。宣传项目拟采取整体打包或分项目向社会公开招标

（招标文件另行公布）。2013年度宣传推介费用总额不超过人民币500万元。

项目需满足以下条件：

1. 策划并确定主题，要求主题鲜明，内涵丰富。

2. 宣传内容要充分展示北京会展业发展优势、环境优势和发展特点，彰显会展业在北京建设世界城市、国际商贸中心、国际会展之都中的重要作用。

3. 宣传作品应具有历史视野和时代氛围及较高的文化品位，凸显首都形象和会展业发展特色。

4. 每年在国际知名展会上以政府推介等形式对北京会展环境进行整体宣传推介（含制作）、播（发）放宣传片、宣传册子、设立广告等。

5. 实施策划方案详实、具有较强的可操作性。

（五）大型会展展馆配套设施改造提升项目申报。

对最近三年用于会展经营，室内面积20 000平方米以上（含20 000平方米）的专业会展场馆配套设施改造（含技术升级）发生的贷款给予不高于50%的贴息，每年贴息额度不超过人民币500万元，贴息年限不超过两年。改造项目一般满足以下条件：

1. 属于大型会展场馆公共配套设施改造（含技术升级）项目，不包括办公条件、内部人员服务、娱乐设施改造等。

2. 取得相关部门的批准文件。

3. 具有详实的改造升级方案。

二、申请条件

申请企业应符合下列条件：

（一）在北京市登记注册、具有独立法人资格、经营状况良好的企业或单位；联合主办的应由其中一家主办方（主运营方）申报。

（二）申报单位依法经营。近三年在会展业务管理、财务管理、税收管理等方面无违法、违规行为。

（三）申报项目在执行过程中未发生法律纠纷和其他违法违规行为，没有发生安全生产事故。

（四）依法取得相关部门的展会（或项目建设）批准文件（同意函）。

（五）申报项目在申请年度内执行完毕。

（六）未拖欠应缴还的财政性资金。

（七）申报项目已享受政府其他专项补助资金的，不得重复申报。

三、申报材料

（一）企业申报补助的申报表（附后）和项目执行情况的总结报告。

（二）企业有关情况，包括企业营业执照（社团或事业单位法人登记证书）、法定代表人身份证明等；税务登记证、组织机构代码证（以上需提供原件、复印件）。

（三）相关部门的展会批准文件（同意函）。

（四）展会说明书、所有参展商名录、主运营方与参展商的所有合同复印件、所有国际参展商的展位确认书。整合展会还需提交整合前展会举办情况（名称、举办时间、地点、效果、问题）。

（五）主运营方与展览场馆签订的场地租赁合同（复印件）。

（六）申请项目的支出情况；相关已发生费用合法凭证复印件。

（七）多方承办的展会应提交多方达成有关申报主体的协议。

（八）申请贷款贴息的项目，需出具项

目单位与有关金融机构签订的贷款合同、银行进账单、利息凭证。

（九）申报单位提供的申报材料真实性的承诺书。

以上资金申报资料要求完整、真实、有效。如出现伪造资料虚报冒领情况，取消鼓励资金申报资格。

项目申请材料应按顺序装订成册，一式两份（不包括企业营业执照、法定代表人身份证明、税务登记证原件），并加盖单位公章。

四、申报程序

每年12月份，北京市商务委员会会同北京市财政局在北京市商务委员会外网（http://www.bjcoc.gov.cn/）向社会发布年度项目征集通知。符合条件的单位，应按要求将展会项目和企业相关材料提交至北京市商务委员会。2012年项目自此通知下发之日起开始申报资金支持，截止日期2013年5月10日，同时征集2013年项目。

五、审核程序

北京市商务委员会对申报材料进行初步审核，提出初审意见。其中：

（一）引进国际展会的，经市商务委相关处室审核提出意见，报主管领导和财务负责领导同意后，报送市财政局。

（二）申报品牌展会项目的，由市商务委相关处室对照《北京引导支持品牌展会名录》进行核对，提出审核意见，报主管领导和财务负责领导同意后，报送市财政局。

（三）整合展会的项目，由市商务委相关处室与行业协会、全市会展业协调机制办公室联合对展会进行评估后，提出审核意见，报主管领导和财务负责领导同意后，报送市财政局。

（四）宣传项目和大型会展场馆配套设施改造提升项目，由市商务委提出初审意见，报送市财政局交由第三方评审机构进行评审。

六、资金拨付原则和程序

（一）为确保资金使用安全，资金拨付一般按项目实施完毕、审核（第三方评审）合格后补助的原则执行。

（二）会展业宣传推介项目依据项目评审意见及实施进度，分阶段预拨付部分资金，其余资金在项目完成后根据验收评审意见拨付。

（三）北京市财政局会同北京市商务委员会根据项目审核评审结果，按国库管理制度规定办理资金拨付手续。

七、职责分工

（一）市商务委。

1. 市商务委负责组织项目申报，并进行业务审核，对项目执行情况定期进行监督和检查。

2. 负责对已支持项目进行后续指导，加强绩效跟踪和监督检查。

3. 会同市财政局等相关部门、协会，结合全市产业发展情况，编制并定期发布《北京引导支持品牌展会名录》。

（二）市财政局。

1. 负责对专项资金的使用情况进行监督和检查。

2. 负责项目评审的管理工作。

（三）资金使用单位。

1. 保证项目各项手续完整合法合规、资金落实到位、按时办理。

2. 接受市财政、市商务部门的监督检查和审计部门的专项审计，并配合做好相关工作。

3. 加强绩效跟踪。获得专项资金支持的各项目单位应按要求及时将项目实施、资金使用等情况向市商务主管部门书面报告。

附件 1：引进国际大型展会项目申报表

附件 2：品牌展会项目申请表

附件 3：展会整合项目申请表

附件 4：会展业整体宣传推介项目申请表

附件 5：大型会展展馆配套设施改造提升项目申请表

北京市商务委员会

北京市财政局

2013 年 3 月 29 日

附件1：

引进国际大型展会项目申请表

日期：　　　　　　　　　　　　　　　　　　　　　　　　申请单位盖章：

<table>
<tr><td>申请单位</td><td colspan="3"></td></tr>
<tr><td>展会名称</td><td colspan="3"></td></tr>
<tr><td>主办单位</td><td colspan="3"></td></tr>
<tr><td>展出内容</td><td colspan="3"></td></tr>
<tr><td>展出日期</td><td></td><td>举办周期</td><td></td></tr>
<tr><td>展会地点</td><td colspan="3"></td></tr>
<tr><td>展会类型</td><td></td><td>展会成熟度</td><td></td></tr>
<tr><td>展览面积</td><td></td><td>参展商数量</td><td></td></tr>
<tr><td>国际参展
商数量</td><td colspan="3"></td></tr>
<tr><td>历届展会
举办情况</td><td colspan="3"></td></tr>
<tr><td>申请理由</td><td colspan="3"></td></tr>
<tr><td colspan="4">备注：
1. 展会类型请填写“专业型”或“综合型”。
2. 展会成熟度请填写“培育期”或“成熟期”。
3. 历届展会举办情况包括举办地、展览面积、参展商数量、其中国际参展商数量、展览效果</td></tr>
</table>

附件 2：

品牌展会项目申请表

日期：　　　　　　　　　　　　　　　　　　申请单位盖章：

申请单位			
展会名称			
主办单位			
展出内容			
展出日期		举办周期	
展会地点			
展会类型		展会成熟度	
展览面积		参展商数量	
国际参展商数量			
申请理由			
备注： 1. 展会类型请填写“专业型”或“综合型”。 2. 展会成熟度请填写“培育期”或“成熟期”。			

附件 3：

展会整合项目申请表

日期： 申请单位盖章：

申请单位			
展会名称			
主办单位			
展出内容			
展出日期		举办周期	
展会地点			
展会类型		展会成熟度	
展览面积		参展商数量	
整合前展会情况			
申请理由			

备注：

1. 展会类型请填写“专业型”或“综合型”。
2. 展会成熟度请填写“培育期”或“成熟期”。
3. 整合前展会情况包括各展会名称、举办届数、各届举办地、展览面积、参展商数量、展出效果

附件4：

会展业整体宣传推介项目申请表

日期：　　　　　　　　　　　　　　　　　　　　　　　　申请单位盖章：

申请单位	
项目名称	
承办单位	
宣传推介主要内容	
宣传推介周期	
宣传推介地点	
宣传推介受众面及效果评估	
申请理由	
备注	

附件5：

大型会展展馆配套设施改造提升项目申请表

日期： 申请单位盖章：

申请单位	
项目名称	
项目地址	
场馆室内面积	
改造目的及内容	
施工周期	
申请理由	
备注	

关于 2013 年商业流通发展项目申报工作的通知

京商务财字〔2013〕33 号

各区县商务委、财政局，各有关单位：

根据《北京市商业流通发展专项资金管理暂行办法》、《北京市支持中小企业发展专项资金管理暂行办法》规定，结合全市商务重点工作任务，经研究，现将 2013 年市级重点引导扶持的商业流通发展项目征集的有关事项通知如下：

一、2013 年商业专项资金的重点支持范围

（一）商业流通发展资金支持范围

农产品流通体系建设项目。支持农产品批发市场提升市场硬件水平，增加交易面积，改善交易秩序，建设信息中心、安全监控中心、垃圾处理中心、电子结算中心、检验检测中心、储备中心、冷藏中心和加工配送中心。

农超对接项目。支持超市生鲜配送中心硬件基础设施建设，改善果蔬分拣平台、包装设施、配送设施条件，改造超市卖场冷储设施、果蔬展卖平台，设置对接农业合作组织标识和产地标识。

郊区现代流通网络建设项目。支持完善联合采购平台功能开发和运营维护，发展联合采购，鼓励更多的供应商参与郊区流通市场，吸引更多的零售店铺加盟网络，提高郊区现代流通网络的市场覆盖率。

老字号创新发展项目。重点支持老字号企业与文化创意产业相结合，挖掘传统文化价值；支持老字号企业加大再造力度，发展现代流通方式，加快工艺技术改革和产品创新；加大自主知识产权保护，促进老字号品牌发展；加速信息化建设，提高企业现代化水平。

商业流通领域信息化提升及发展电子商务项目。鼓励电子商务企业经营模式和技术创新，大力发展网络零售业，培育新型消费方式；支持传统企业转型升级，在农产品、社区商业等特色领域应用发展电子商务；鼓励重点商贸企业提升信息化管理水平。

现代物流发展项目。支持公共物流区公共服务设施建设、完善口岸功能相关设施的建设改造项目；支持专业物流配送中心的设施建设改造项目；支持农产品及冷链物流项目建设，改善农产品检测、加工、包装、仓储、配送等设施条件；支持物流企业信息化、自动化、智能化、标准化建设；支持物流金融等物流服务平台建设。

商业品牌创意设计项目。构建北京商业品牌创意设计与品牌提升工作平台，提高企业商品设计水平和品牌知名度、美誉度。支持企业研发设计新产品新包装，满足消费者新的需求；支持企业店铺形象 VI 升级设计、改造；支持提供创意设计咨询培训和拓展国内外市场开展宣传、展示、推介活动成效突出的项目。

特色商业街升级改造项目。发展北京特色商业，提高特色企业集中度。支持列入市级重点改造计划的特色商业街（特色市场）升级改造及符合区县商业发展规划的区域性商业街区升级改造。

商业配套设施升级改造项目。完善商业设施软硬件环境，提高商业设施便利性、安全性，支持大、中型商业设施停车引导系统改造。

（二）中小企业发展资金支持范围

提高蔬菜流通效率，降低流通成本。支持蔬菜零售新模式网点和蔬菜配送中心建设项目，采取绩效考核奖励等方式对新模式蔬菜网点给予支持。

再生资源回收体系建设与宣传项目。建设再生资源回收站点和分拣中心，提升规范化水平；组织开展再生资源回收宣传，促进全社会参与资源回收。

促进生活服务业发展项目。支持员工制家政试点企业提升经营管理和信息化水平；支持生活服务业企业开展连锁经营和信息化建设；支持开展公益性便民服务项目；支持开展从业人员技能培训和比赛；支持大师工作室、展示室建设和技艺传承。

老字号创新发展项目。重点支持老字号企业挖掘老字号传统价值，保护老字号自主知识产权，保护传承老字号文化；支持老字号企业加大传统工艺的改造和产品创新，发展连锁、电子商务等现代流通方式；支持老字号企业加速信息化建设，提高企业现代化水平；鼓励发展老字号企业公共服务平台。

商业流通领域信息化提升及发展电子商务项目。大力支持中小电子商务企业开展模式和技术创新，鼓励传统中小商贸企业转型升级，开展电子商务应用；鼓励中小商贸企业提升信息化管理水平；鼓励发展中小商贸企业电子商务公共服务平台。

现代物流发展项目。支持中小物流企业设施设备升级改造项目建设，支持提高中小物流企业管理水平的物流技术应用及信息化项目建设。

培育商务楼宇和商务服务业集聚区，建设商务服务业服务平台，完善商务楼宇和集聚区服务功能，提升服务品质，打造特色鲜明的主题示范楼宇，促进商务服务业集聚区发展。

商业品牌创意设计项目。支持企业进行企业标识 logo 新的创意设计；支持企业研发设计新产品新包装；支持企业店铺形象 VI 升级设计、改造。

商业配套设施升级改造项目。完善商业设施软硬件环境，提高商业设施便利性、安全性，支持大、中型商业设施及专业市场进行停车引导系统改造。

二、项目申报条件

（一）在北京市登记注册、独立核算、内部管理规范、核心业务突出的企业、机构、经济组织等单位；

（二）申报单位经营状况良好，财务管理制度健全；

（三）申报单位依法经营，近年无违法违规记录；

（四）申报项目应在计划期内启动，并能够按申报计划实施；

（五）同一项目已享受政府其他专项补助资金的，原则上不得重复申报；

（六）申请中小企业资金支持的项目单位应符合《北京市支持中小企业发展专项资金管理暂行办法》的有关规定和国家规定的

中小企业标准。

三、项目申报材料

（一）项目申报书、项目可行性报告；

（二）项目申报单位承诺书；

（三）项目单位法人证明文件复印件（营业执照、组织机构代码证书、法定代表人身份证明等）；

（四）项目单位近两年财务报表（资产负债表、损益表、现金流量表）；

（五）申请贷款贴息的项目，需出具项目单位与有关金融机构签订的贷款合同、银行进账单、利息凭证等材料复印件；

（六）相关已发生费用合法凭证复印件；

（七）其他与项目相关的证明材料。

项目申请材料应按顺序装订成册，并加盖单位公章。

四、项目申报程序

凡依法纳税，诚信经营，符合本市商业发展规划及商业流通发展资金、中小企业发展资金使用原则和支持范围的企业、机构、经济组织等单位均可申请，根据项目建设进度择优扶持，对中小企业发展项目优先扶持。

（一）区县级支持项目向区县商务委提交申报材料，经区县商务委、财政局初审合格后，由区县商务委将符合条件的项目汇总后报市商务委。

（二）市级企业项目向市属商业总公司（企业集团）提交申报材料，经初审合格后，由市属商业总公司（企业集团）将符合条件的项目汇总后报市商务委。

五、时间安排

项目集中申报时间截止至2013年6月14日，各区县商务委、市属商业企业集团应于2013年6月20日前上报汇总材料。

六、工作要求

（一）各项目申报单位要确保申报材料内容真实、准确、完整，保证项目各项建设手续合规、项目建设资金落实到位、项目按时保质完成，并向市商务委做出书面承诺。获得专项资金支持的各项目单位在项目完工后1个月内应将项目实施、资金使用等情况向主管部门书面报告。

（二）各主管部门应积极组织企业进行申报，对申报项目材料的规范性、完整性及真实性等进行具体指导和审核，严格把关，认真做好项目征集、审核等相关工作。

（三）各主管部门应加强对已支持项目的后续指导和执行情况的监管，定期对项目进行监督检查，确保项目实施效果，提高财政资金的使用效益。

联系人：北京市商务委员会 王葆玮 张景云

电话：87211631 87211635

联系人：北京市财政局 查晓倩

电话：68423851

附件1：项目申报书

附件2：项目申报单位承诺书

附件3：项目已发生费用明细表

附件4：项目贷款及付息情况表

附件5：2013年市商业专项资金申报项目情况表

附件6：2013年市商业专项资金申报项目情况汇总表

附件7：中小企业划型标准规定

北京市商务委员会

北京市财政局

二〇一三年五月十六日

附件1：

项目申报表

日期：　　　　　　　　　　　　　　　　　　　　　　申请单位盖章：

项目名称：	
项目单位：	
企业注册地：	
申报日期：	

项目信息表

项目名称			
项目负责人		联系电话	
单位地址		邮政编码	
上年收入		企业规模	
注册资本			
项目申请理由 及项目主要内容			
项目总体目标			
阶段性目标	实施阶段	目标内容	时间（月）
	第一阶段		
	第二阶段		
	第三阶段		
项目组织实施条件			

项目支出预算明细表

<table>
<tr><td colspan="2">项目名称</td><td colspan="2"></td></tr>
<tr><td rowspan="27">项目支出预算及测算依据</td><td rowspan="9">项目资金来源</td><td>来源项目</td><td>申报额（万元）</td></tr>
<tr><td>资金来源合计</td><td></td></tr>
<tr><td>项目总投资</td><td></td></tr>
<tr><td>其中：自筹资金</td><td></td></tr>
<tr><td>银行贷款</td><td></td></tr>
<tr><td>申请财政资金</td><td></td></tr>
<tr><td>其中：市财政资金</td><td></td></tr>
<tr><td>区财政资金</td><td></td></tr>
<tr><td>中央财政资金</td><td></td></tr>
<tr><td rowspan="17">项目支出明细预算</td><td>支出明细项目</td><td>金额（万元）</td></tr>
<tr><td>合计</td><td></td></tr>
<tr><td></td><td></td></tr>
<tr><td></td><td></td></tr>
<tr><td></td><td></td></tr>
<tr><td></td><td></td></tr>
<tr><td></td><td></td></tr>
<tr><td></td><td></td></tr>
<tr><td></td><td></td></tr>
<tr><td></td><td></td></tr>
<tr><td></td><td></td></tr>
<tr><td></td><td></td></tr>
<tr><td></td><td></td></tr>
<tr><td></td><td></td></tr>
<tr><td></td><td></td></tr>
<tr><td></td><td></td></tr>
<tr><td></td><td></td></tr>
<tr><td>预算依据及说明</td><td colspan="2"></td></tr>
</table>

项目可行性执行报告

附件 2：

项目申报单位承诺书

北京市商务委员会：

我单位将严格按照《北京市商业流通发展专项资金管理暂行办法》、《北京市支持中小企业发展专项资金管理暂行办法》及相关配套管理办法的有关规定组织实施____项目，保证向市商务委及有关部门提供的资料真实、有效，项目建设各项手续齐全、合规，项目建设资金落实到位，项目按计划实施，确保项目建设效果。

我单位承诺保证不出现任何项目建设违法违规行为，如出现上述问题我单位将承担一切责任。

项目单位法人代表：__________　　　　　　单位公章

2013 年　　月　　日

附件3：

项目已发生费用明细表

填报单位：（公章）

序号	记账时间	会计凭证号	费用名称	金额（元）
1				
2				
3				
4				
5				
6				
7				
8				
9				
10				
11				
12				
13				
14				
15				
16				
17				
18				
19				
20				
	合计			

注：项目已发生费用明细按时间先后顺序填写

附件 4：

项目贷款及付息情况表

填报单位：(公章) 单位：元

序号	贷款银行	贷款用途	贷款起止日期	贷款合同号	贷款金额	贷款利率	付息时间	实际付息额	息单号
贷款一	1								
	2								
	3								
	4								
贷款二	1								
	2								
	3								
	4								
……									
		合计							

附件5：

2013年市商业专项资金申报项目情况表

填报单位：（公章） 单位：万元

企业性质				
注册资本				
上年度销售额				
企业职工人数				
企业类型	中小企业		非中小企业	
申请资金类型	中小企业发展资金		商业流通发展资金	
项目计划投资总额				
其中：自筹资金				
银行贷款				
企业申请财政资金	补助资金		贷款贴息	
项目进度	开工时间		完工时间	
项目已投资及建设情况				
项目负责人				
办公电话				
手机				

填报人： 联系电话： 审核人：

附件 6：

2013 年市商业专项资金申报项目情况汇总表

填报单位：（区县商务委、财政局盖章）　　　　单位：万元

序号	项目单位	项目名称	计划投资				企业申请		企业性质	企业注册资金	项目已投资	项目进度		项目负责人	办公电话	手机	项目主要内容	项目主要支出预算
			总额	自筹资金	银行贷款	其它资金	金额	支持方式				开工时间	完工时间					
一	市商业流通发展资金项目																	
二	市支持中小企业发展专项资金项目																	
总　计																		

填报人：　　　　审核人：　　　　联系电话：

备注：此表由区县商务委、市属商业企业集团填报。

附件7：

中小企业划型标准规定

一、根据《中华人民共和国中小企业促进法》和《国务院关于进一步促进中小企业发展的若干意见》(国发〔2009〕36号)，制定本规定。

二、中小企业划分为中型、小型、微型三种类型，具体标准根据企业从业人员、营业收入、资产总额等指标，结合行业特点制定。

三、本规定适用的行业包括：农、林、牧、渔业，工业（包括采矿业，制造业，电力、热力、燃气及水生产和供应业），建筑业，批发业，零售业，交通运输业（不含铁路运输业），仓储业，邮政业，住宿业，餐饮业，信息传输业（包括电信、互联网和相关服务），软件和信息技术服务业，房地产开发经营，物业管理，租赁和商务服务业，其他未列明行业（包括科学研究和技术服务业，水利、环境和公共设施管理业，居民服务、修理和其他服务业，社会工作，文化、体育和娱乐业等）。

四、各行业划型标准为：

（一）农、林、牧、渔业。营业收入2 000万元以下的为中小微型企业。其中，营业收入500万元及以上的为中型企业，营业收入50万元及以上的为小型企业，营业收入50万元以下的为微型企业。

（二）工业。从业人员1 000人以下或营业收入40 000万元以下的为中小微型企业。其中，从业人员300人及以上，且营业收入2 000万元及以上的为中型企业；从业人员20人及以上，且营业收入300万元及以上的为小型企业；从业人员20人以下或营业收入300万元以下的为微型企业。

（三）建筑业。营业收入80 000万元以下或资产总额80 000万元以下的为中小微型企业。其中，营业收入6 000万元及以上，且资产总额5 000万元及以上的为中型企业；营业收入300万元及以上，且资产总额300万元及以上的为小型企业；营业收入300万元以下或资产总额300万元以下的为微型企业。

（四）批发业。从业人员200人以下或营业收入40 000万元以下的为中小微型企业。其中，从业人员20人及以上，且营业收入5 000万元及以上的为中型企业；从业人员5人及以上，且营业收入1 000万元及以上的为小型企业；从业人员5人以下或营业收入1 000万元以下的为微型企业。

（五）零售业。从业人员300人以下或营业收入20 000万元以下的为中小微型企业。其中，从业人员50人及以上，且营业收入500万元及以上的为中型企业；从业人员10人及以上，且营业收入100万元及以上的为小型企业；从业人员10人以下或营业收入100万元以下的为微型企业。

（六）交通运输业。从业人员1 000人以下或营业收入30 000万元以下的为中小微型企业。其中，从业人员300人及以上，且营业收入3 000万元及以上的为中型企业；从业人员

20人及以上，且营业收入200万元及以上的为小型企业；从业人员20人以下或营业收入200万元以下的为微型企业。

（七）仓储业。从业人员200人以下或营业收入30 000万元以下的为中小微型企业。其中，从业人员100人及以上，且营业收入1 000万元及以上的为中型企业；从业人员20人及以上，且营业收入100万元及以上的为小型企业；从业人员20人以下或营业收入100万元以下的为微型企业。

（八）邮政业。从业人员1 000人以下或营业收入30 000万元以下的为中小微型企业。其中，从业人员300人及以上，且营业收入2 000万元及以上的为中型企业；从业人员20人及以上，且营业收入100万元及以上的为小型企业；从业人员20人以下或营业收入100万元以下的为微型企业。

（九）住宿业。从业人员300人以下或营业收入10 000万元以下的为中小微型企业。其中，从业人员100人及以上，且营业收入2 000万元及以上的为中型企业；从业人员10人及以上，且营业收入100万元及以上的为小型企业；从业人员10人以下或营业收入100万元以下的为微型企业。

（十）餐饮业。从业人员300人以下或营业收入10 000万元以下的为中小微型企业。其中，从业人员100人及以上，且营业收入2 000万元及以上的为中型企业；从业人员10人及以上，且营业收入100万元及以上的为小型企业；从业人员10人以下或营业收入100万元以下的为微型企业。

（十一）信息传输业。从业人员2 000人以下或营业收入100 000万元以下的为中小微型企业。其中，从业人员100人及以上，且营业收入1 000万元及以上的为中型企业；从业人员10人及以上，且营业收入100万元及以上的为小型企业；从业人员10人以下或营业收入100万元以下的为微型企业。

（十二）软件和信息技术服务业。从业人员300人以下或营业收入10 000万元以下的为中小微型企业。其中，从业人员100人及以上，且营业收入1 000万元及以上的为中型企业；从业人员10人及以上，且营业收入50万元及以上的为小型企业；从业人员10人以下或营业收入50万元以下的为微型企业。

（十三）房地产开发经营。营业收入200 000万元以下或资产总额10 000万元以下的为中小微型企业。其中，营业收入1 000万元及以上，且资产总额5 000万元及以上的为中型企业；营业收入100万元及以上，且资产总额2 000万元及以上的为小型企业；营业收入100万元以下或资产总额2 000万元以下的为微型企业。

（十四）物业管理。从业人员1 000人以下或营业收入5 000万元以下的为中小微型企业。其中，从业人员300人及以上，且营业收入1 000万元及以上的为中型企业；从业人员100人及以上，且营业收入500万元及以上的为小型企业；从业人员100人以下或营业收入500万元以下的为微型企业。

（十五）租赁和商务服务业。从业人员300人以下或资产总额120 000万元以下的为中小微型企业。其中，从业人员100人及以上，且资产总额8 000万元及以上的为中型企业；从业人员10人及以上，且资产总额100万元及以上的为小型企业；从业人员10人以下或资产总额100万元以下的为微型企业。

（十六）其他未列明行业。从业人员300人以下的为中小微型企业。其中，从业人员100人及以上的为中型企业；从业人员10人及以上的为小型企业；从业人员10人以下的为微型企业。

五、企业类型的划分以统计部门的统计数据为依据。

六、本规定适用于在中华人民共和国境内依法设立的各类所有制和各种组织形式的企业。个体工商户和本规定以外的行业，参照本规定进行划型。

七、本规定的中型企业标准上限即为大型企业标准的下限，国家统计部门据此制定大中小微型企业的统计分类。国务院有关部门据此进行相关数据分析，不得制定与本规定不一致的企业划型标准。

八、本规定由工业和信息化部、国家统计局会同有关部门根据《国民经济行业分类》修订情况和企业发展变化情况适时修订。

九、本规定由工业和信息化部、国家统计局会同有关部门负责解释。

十、本规定自发布之日起执行，原国家经贸委、原国家计委、财政部和国家统计局2003年颁布的《中小企业标准暂行规定》同时废止。

北京市商务委员会 北京市财政局关于印发《2013 年北京市家具以旧换新实施办法》的通知

京商务交字〔2013〕79 号

各有关单位：

按照市政府要求，为做好 2013 年北京市家具以旧换新工作，市商务委、市财政局制定了《2013 年北京市家具以旧换新实施办法》，并经市有关部门同意，现印发给你们，请遵照执行。

特此通知。

北京市商务委员会
北京市财政局
2013 年 6 月 19 日

2013 年北京市家具以旧换新实施办法

第一章　总　　则

第一条　为促进家具消费，在 2012 年家具以旧换新试点的基础上，2013 年本市继续开展家具以旧换新工作，特制定本办法。

第二条　本办法所称“家具以旧换新”是指个人消费者（以下简称购买人）废弃旧家具并购买新家具的行为。

第三条　家具以旧换新工作遵循“方便消费、直接补贴、集中处理、资源利用”的原则，对参与家具以旧换新的购买人、旧家具拆解处理企业予以一定的资金补贴。

第四条　按照有关规定和程序确定参与以旧换新的家具销售企业、旧家具拆解处理企业。

第二章　补贴政策

第五条　家具以旧换新实施期：2013 年 7 月 1 日至 2013 年 12 月 31 日。

交付旧家具及发放家具以旧换新凭证的截止时间为 2014 年 2 月 20 日。购买人申领补贴的截止时间为 2014 年 2 月 28 日。

第六条　家具以旧换新补贴产品包括柜体、沙发、床具、桌椅 4 类家具（仅限可移动家具）。

第七条　补贴对象：

（一）凡在家具销售企业购买补贴范围内的新家具并交付旧家具的购买人可享受交

旧购新补贴。购买人主要包括：

1. 本市户籍人员。

2. 驻京部队现役军人和现役武警。

3. 持有有效《北京市工作居住证》的非本市户籍人员。

4. 持有本市有效暂住证的非本市户籍人员。

购买的新家具与交付的旧家具应为同一种类、同等数量。

新家具的购买人、旧家具的交付人、补贴的申领人应为同一人。

（二）旧家具拆解处理企业可享受旧家具拆解处理补贴。

第八条 补贴标准：

（一）购买人交旧购新补贴按照新家具实际销售价格的10％给予补贴，由政府和家具销售企业分别补贴5％。单件家具补贴金额最高不超过1 000元。

（二）旧家具拆解处理补贴具体标准另行制定。

第三章 操作流程

第九条 购买人应与家具销售企业签定家具以旧换新购买合同。

新家具交付地点与旧家具交付地点一致的，家具销售企业在交送新家具的同时，购买人无偿交出、家具销售企业免费回收旧家具，家具销售企业向购买人开具《北京市家具以旧换新凭证》回收联，并将回收的旧家具无偿交送到旧家具拆解处理企业，拆解处理企业留存《北京市家具以旧换新凭证》拆解联，销售企业留存《北京市家具以旧换新凭证》销售联。

新家具交付地点与旧家具交付地点不一致的，家具销售企业可提供有偿的旧家具回收服务，购买人应支付旧家具回收费用。由行业协会制定发布旧家具回收费用指导价格。

第十条 家具销售企业应按合同约定的价格向购买人收取货款、开具发票。发票的开具单位和《北京市家具以旧换新凭证》中的家具销售企业应一致。发票日期应在家具以旧换新实施期限内。

第十一条 购买人在规定期限内到家具销售企业申领交旧购新补贴。

购买人申领补贴时应提供：1.《北京市家具以旧换新凭证》回收联；2. 购买新家具的发票、合同（出示原件，企业留存复印件）；3. 购买人身份证件（出示原件，企业留存复印件）。

家具销售企业经过审核，对符合条件的，指导购买人填写《家具以旧换新购买人补贴申领表》，将10％补贴一次性支付给购买人，其中政府负担的5％补贴由家具销售企业先行垫付。

第十二条 销售企业回收的旧家具，应全部交由旧家具拆解处理企业进行拆解。

旧家具拆解处理企业将可再利用的拆解物交合法的再利用企业，实现资源回收利用；无利用价值的废料交环卫部门收集处理；属危险废物的，交持有危险废物经营许可证的单位收集处理。旧家具拆解处理企业应留存《北京市家具以旧换新凭证》拆解联以及废料处理凭证。

第十三条 资金补贴申领。家具以旧换新实施期间，销售企业测算资金需求，提出申请。市商务委分期预拨资金。家具以旧换新工作结束后，家具销售企业提交《家具以旧换新购买人补贴申领表》、新家具销售合同与发票（复印件）、《北京市家具以旧换新凭证》回收联、购买人身份证件（复印件）等资料，向市商务委申领补贴资金；旧家具拆解处理企业提交《北京市家具以旧换新凭证》拆解联及其它拆解处理资料，向市商务委申领拆解处理补贴。

经市商务委审核，市财政局委托第三方机构评审确认后，将清算补贴资金拨付到家具销售企业及旧家具拆解处理企业的银行账户。

第四章 企业的责任

第十四条 参与家具以旧换新的企业应与市商务委签订承诺协议、交纳履约保证金，积极履行各项承诺。

第十五条 家具销售企业承担新家具销售、旧家具回收职责。

家具销售企业应将本企业的销售网点、家具商品信息报市商务委备案。

家具销售企业应将家具以旧换新的信息，包括家具销售企业名称、销售新家具的类别、品牌、型号、销售发票号、销售价格、补贴金额、回收旧家具的类别、数量以及购买人的姓名和身份证件号码、以旧换新凭证序列号等信息及时录入北京市家具以旧换新管理信息系统。

家具销售网点应通过北京市家具以旧换新管理信息系统记录、查验以旧换新信息。

第十六条 家具销售企业应实行统一收银，规范开具发票；明码实价，不得议价；及时向购买人公示家具产品名称、厂家、型号、价格；及时向购买人兑付10%的补贴。

家具销售企业不得随意或变相提价；不得销售不符合国家有关质量要求的家具产品；不得采取任何方式限制消费者同时享受企业促销优惠和政府以旧换新补贴；要加强购买人交旧购新补贴发放的审核，对审核不符的，不得发放补贴；要及时解决家具以旧换新活动中发生的消费投诉问题，及时处理违规行为。购买人参与家具以旧换新领取补贴后退换货的，按照现有退换货的规定执行；退货的应将5%政府补贴退回。

第十七条 家具销售企业应积极回收购买人交付的旧家具，旧家具实物应与以旧换新凭证、家具以旧换新管理信息系统记录的产品类别、数量、流向等信息保持一致。

家具销售企业应加强《北京市家具以旧换新凭证》的管理，规范填写、发放《北京市家具以旧换新凭证》，并认真审核相关资料及信息。任何单位和个人不得转让、买卖《北京市家具以旧换新凭证》，不得从事弄虚作假、骗取政府补贴等违法违规行为。

第十八条 旧家具拆解处理企业负责旧家具的拆解和处理。

旧家具拆解处理企业应将本企业的拆解地点信息报市商务委备案。

拆解处理企业应对销售企业送交的旧家具逐一核对，旧家具实物应与以旧换新凭证记录的旧家具的类别、数量等信息保持一致。

拆解处理企业应按照环保、消防等要求，在规定的时限内将旧家具全部拆解完毕，保证旧家具不流失。旧家具拆解物要分类管理，可再利用的拆解物交合法的再利用企业；无利用价值的拆解废料属危险废物的，交由持有危险废物经营许可证的单位收集处理，不得私自处理；不属于危险废物的，交环卫部门清运。

拆解处理企业应将交送旧家具的销售企业的名称、旧家具的类别、数量、以旧换新凭证序列号以及旧家具拆解物的数量、去向等相关信息及时录入北京市家具以旧换新管理信息系统。

第十九条 凡发现违规经营、违规操作行为，一经查实，视情节轻重给予警告、没收履约保证金、取消参与家具以旧换新资格的处罚，并向社会公布。

第五章 监督管理

第二十条 市商务委、市财政局、市发展改革委、市环保局、市经济信息化委、市工商局、市质监局共同建立本市家具以旧换新工作协调机制，区县相关部门及有关行业协会参与，协调处理家具以旧换新工作的问题。

市商务委会同有关部门制定北京市家具以旧换新实施办法；按照有关规定和程序确定参与企业；负责家具以旧换新管理信息系统管理和企业培训工作；负责家具以旧换新凭证监督管理；建立与参与企业的联系机制和信息沟通渠道，监督企业的以旧换新行为；负责对参与企业申领补贴资金进行审核及拨付。

市财政局负责财政补贴资金筹措、拨付及资金使用监督管理。

市发展改革委负责监管和规范参与企业的价格行为。

市环保局负责旧家具废料中危险废物处理的监督管理。

市经济信息化委负责对本市家具生产企业的管理。

市工商行政管理局负责监管销售企业的经营行为，发挥“12315”投诉举报中心作用，受理和处理有关投诉举报。

市质监局负责对本市参与以旧换新的家具生产企业的产品质量进行监督，发挥“12365”投诉举报中心的作用，受理和处理有关投诉举报。

区县有关部门加强属地家具以旧换新销售网点和旧家具拆解处理企业的监督检查。

有关行业协会协助政府部门对参与企业的以旧换新行为予以监督检查。

第六章 附 则

第二十一条 本办法自发布之日起执行。

第二十二条 本办法由北京市商务委员会、北京市财政局按照职责分工负责解释。

北京市商务委员会 北京市中医管理局关于印发《北京市中医药服务贸易试点单位认定及管理暂行办法》的通知

京商务服贸字〔2013〕28号

各有关单位：

为规范本市中医药服务贸易试点单位的认定及管理，根据商务部、财政部、卫生部、国家中医药管理局等十四部门颁发的《关于促进中医药服务贸易发展的若干意见》（商服贸发〔2012〕64号），结合本市中医药服务贸易发展现状，北京市商务委员会和北京市中医管理局联合制定发布《北京市中医药服务贸易试点单位认定及管理暂行办法》，请遵照执行。

特此通知。

附件：北京市中医药服务贸易试点单位认定及管理暂行办法

北京市商务委员会
北京市中医管理局
2013年5月16日

附件：

北京市中医药服务贸易试点单位认定及管理暂行办法

第一章　总　　则

第一条　为促进北京市中医药服务贸易发展，根据商务部等十四部门颁发的《关于促进中医药服务贸易发展的若干意见》（商服贸发〔2012〕64号），结合北京市发展现状，制定本办法。

第二条　本市中医药服务贸易试点单位（以下简称试点单位）是指具有较好开展服务贸易基础，从事与中医药相关的医疗、教育、科研、文化、商务和旅游等服务贸易的企业、社会团体和其他机构。

第三条　北京市商务委员会与北京市中医管理局共同负责试点单位的申报、认定、管理等工作。

第二章　申报及条件

第四条　试点单位根据主营业务可分为医疗保健、教育培训、文化出版、科研与标准推广、养生旅游及其他等类别（具体见附件1）。

第五条　申报试点单位应具备的基本条件：

（一）申报单位在北京市登记注册、具有独立法人资格，具有相应专业人员，有稳定的业务渠道和市场需求，有良好的信誉和服务质量；

（二）注册资本金不低于100万元；

（三）申报单位需从事中医药相关行业，以开展中医药医疗保健、教育培训、科研与标准推广、文化出版和养生旅游等服务形式为主营业务之一的企业、社会团体与机构；

（四）经营发展具有良好的成长性，有开展服务贸易的基础和能力，有明确的服务贸易发展目标和规划，且具有必要的人才队伍；

（五）在中医药服务领域具有一定的影响力，愿意接受相关部门和机构的管理。

第六条　申报试点单位按如下程序进行：

申报单位向北京市中医管理局提出申请，并按要求提交有关申报材料。

第七条　申报试点单位需提交以下基本材料：

（一）北京市中医药服务贸易试点单位申报表（见附件2）；

（二）试点单位相关发展规划和发展服务贸易工作或项目方案（包括发展现状、发展规划、实施方案、培育计划、已出台扶持政策和配套措施等内容）；

（三）营业执照、组织机构代码证、医疗机构执业许可证（仅医疗机构提供）等证明性材料复印件（盖公章）；

（四）2012年度纳税证明；

（五）中医药专业人员资格证复印件等；

（六）知识产权、科技奖励等方面的证明材料复印件。

第八条　北京市商务委员会与北京市中医管理局联合对申报单位的材料进行评审认定。

第九条　获得认定的申报单位，北京市商务委员会和北京市中医管理局在执行相关支持资金中将予以优先支持。

第十条　试点单位每两年申报认定一次。

第三章　管理和考核

第十一条　北京市商务委员会与北京市中医管理局积极组织试点单位开展政策培训、交流合作、服务贸易等工作。

第十二条　经认定的试点单位须于次年1月向北京市商务委员会与北京市中医管理局分别报送年度发展情况报告。报告内容包括：

（一）发展规划实施情况；

（二）境内外市场拓展情况；

（三）主营业务和重点项目情况；

（四）中医药相关服务贸易额或产值；

（五）其他情况。

第十三条　试点单位有下列行为之一，北京市商务委员会与北京市中医管理局撤销其“中医药服务贸易试点单位”称号：

（一）申报材料不实的；

（二）宣传虚假产品和服务，造成不良社会影响的；

（三）有重大违法违规行为，受到法律、行政处罚的；

（四）其他对社会造成严重不良影响的。

第四章　附　　则

第十四条　本办法由北京市商务委员会与北京市中医管理局负责解释。

第十五条　本办法自公布之日起30日后施行。

附件1：北京市中医药服务贸易试点单位分类条件

附件2：北京市中医药服务贸易试点单位申报表

附件1：

北京市中医药服务贸易试点单位分类条件

一、中医药医疗保健服务贸易试点单位

（一）申报单位为具有良好服务品质的中医或中西医结合医疗机构；

（二）开展与中医药相关的医疗、保健和护理服务以及其他与促进人类健康相关服务的主营业务；

（三）制定了中医医疗服务国际发展战略及措施，具有适应国际需求的特色中医药服务产品及配套运营体系，具有专门的中医药服务贸易管理团队，有满足开展中医国际医疗服务的场地、设施；

（四）获得国际跨国医疗保险公司或国际权威医疗服务质量认证与承担过相关中医医疗服务国际合作项目的单位优先。

二、中医药教育培训服务贸易试点单位

（一）申报单位为具备开办中医药国际培训及学历教育的机构；

（二）开展以中医药国际培训及学历教育的服务贸易为主营业务之一；

（三）拥有稳定且不断增长的境外生源，并尽可能得到相关国家和地区的学历认可；

（四）应有明确的教育目标和计划，完善的教学设施资源，科学完整的课程体系和学业评定体系，拥有结构合理的师资队伍。

三、中医药科研与标准推广服务贸易试点单位

（一）申报单位为从事中医药研究与开发活动的机构；

（二）承担境外机构委托的中医药相关产品的临床和临床前研究、产品注册和咨询服务、承担境外官方组织的中医药相关国际科技合作项目、负责国内中医药产品在境外研发、注册和咨询服务；

（三）拥有国内外中医药（传统医药）领域有重要影响或者国际传统医药组织任职的专家；

（四）与境外机构在中医药相关领域有着至少2年以上的实质性合作关系。

四、中医药文化出版服务贸易试点单位

（一）申报单位为提供中医药文化出版等相关业务的企事业单位；

（二）应具有较强的文化品牌、专业人才和较好的经济效益，在行业内具有典型和示范意义；

（三）具有较完善的中医药文化出版相关软硬件配套设施，拥有坚强有力的管理团队和行之有效的内部管理制度，具有自主创新精神和海外市场开拓能力；

（四）拥有中医药自主知识产权与境外机构在中医药领域有至少2项以上的合作业务的优先。

五、养生旅游及其他服务贸易试点单位

（一）申报单位为提供中医药文化出版、养生旅游、药材种植加工、开发销售等服务的企事业单位；

（二）主营业务之一为开展与中医药服务贸易相关的经营项目；

（三）应具有较强的技术实力和较好的经济效益，在行业内具有典型和示范意义；

（四）具有较完善的中医药相关软硬件配套设施，拥有坚强有力的管理团队和行之有效的内部管理制度，具有自主创新精神和海外市场开拓能力，能够保持较快的发展速度；

（五）拥有中医药自主知识产权与境外机构在中医药领域有至少2项以上的合作业务的优先。

附件2：

北京市中医药服务贸易试点单位
申　报　表

申报单位名称（盖章）：

基地申报类别：

申报联系人：

通讯地址：

北京市商务委员会　北京市中医管理局

联合监制

年　月　日

<table>
<tr><td colspan="5">一、基本情况</td></tr>
<tr><td>申报单位名称</td><td colspan="2"></td><td>法定代表人</td><td></td></tr>
<tr><td>地址</td><td colspan="2"></td><td>法人联系电话</td><td></td></tr>
<tr><td>邮政编码</td><td colspan="4"></td></tr>
<tr><td>申报单位性质</td><td colspan="4">□企业　□事业单位　□社会团体　□其他</td></tr>
<tr><td>基地名称</td><td colspan="4"></td></tr>
<tr><td>基地类别</td><td colspan="4">□医疗保健　□教育培训　□科研与标准推广　□文化出版　□养生旅游及其他</td></tr>
<tr><td rowspan="2">2012 年度
财务状况
（万元）</td><td>固定资产</td><td></td><td>业务收入</td><td></td></tr>
<tr><td>纳税总额</td><td></td><td>税后利润</td><td></td></tr>
<tr><td rowspan="2">员工人数（人）</td><td>在职员工</td><td></td><td>外籍员工</td><td></td></tr>
<tr><td>驻外员工</td><td></td><td>2012 年新员工</td><td></td></tr>
<tr><td>主要出口
产品和服务</td><td colspan="2"></td><td>主要出口
国家和地区</td><td></td></tr>
<tr><td>2012 年中药产品
出口额（万元）</td><td colspan="2"></td><td>2012 年中医服务
出口额（万元）</td><td></td></tr>
<tr><td>2012 年境外活动
和知识产权</td><td colspan="4"></td></tr>
</table>

二、基地建设	
1. 申请机构简介（服务贸易开展项目、境内外市场、主营业务和重点项目、产值或服务贸易额等）可附页。	
2. 基地战略目标及规划	

三、审核意见			
北京市商务委员会意见	（盖　章） 年　月　日	北京市中医管理局意见	（盖　章） 年　月　日

备注：1. 本表上交一式三份；2. 以上所有申报文字材料统一用 A4 纸打印。

北京市商务委员会关于2012年度北京市拍卖企业核查的结果公告

京商务交字〔2013〕140号

根据《中华人民共和国拍卖法》、商务部《拍卖管理办法》的有关规定，北京市商务委员会对2012年12月31日前取得《拍卖经营批准证书》和《企业法人营业执照》的本市拍卖企业进行了核查。现将核查结果公告如下：

一、通过核查企业300家

北京盛世嘉国际拍卖有限公司
北京八方经典国际拍卖有限公司
北京富比富国际拍卖有限公司
北京隆祥在线拍卖有限责任公司
北京世纪文博拍卖有限公司
北京盘古拍卖有限公司
北京东方伟龙国际拍卖有限责任公司
北京德宝国际拍卖有限公司
北京都市联盟国际拍卖有限公司
北京湛然国际拍卖有限公司
北京市古天一国际拍卖有限公司
北京富士比拍卖行有限责任公司
北京东正拍卖有限公司
北京天安汇丰国际拍卖有限公司
北京中拍国际拍卖有限公司
北京际华春秋拍卖有限公司
北京鑫澎聚隆拍卖有限公司
北京隆荣国际拍卖有限公司
东方求实国际拍卖（北京）有限公司
北京中财佳信国际拍卖有限公司
北京华铭国际拍卖有限公司
北京嘉禾国际拍卖有限公司
北京中商华博国际拍卖有限公司
东方御藏国际拍卖（北京）有限公司
北京盈昌国际拍卖有限公司
中兆源（北京）拍卖有限公司
北京世纪金泽拍卖有限公司
北京一诺拍卖有限公司
北京丰顺路宝机动车拍卖有限公司
北京世佳四海国际拍卖有限公司
北京美奥汇信汽车拍卖有限公司
北京聚宝金鼎国际拍卖有限公司
大唐国际拍卖（北京）有限责任公司
北京公益源拍卖有限公司
北京瓯江城成国际拍卖有限公司
北京大田国际拍卖有限公司
中鸿信国际拍卖有限公司
北京翰嘉盛世拍卖有限公司
北京泰和嘉成拍卖有限公司
北京远方国际拍卖有限公司
北京梵谷高歌国际拍卖有限公司
北京华夏藏珍国际拍卖有限公司
北京卓瀚雅拍卖有限公司
北京中博国际拍卖有限公司
北京翰墨国际拍卖有限公司
北京阳光国际拍卖有限公司
优信拍（北京）拍卖有限公司

北京世纪虹轩拍卖有限公司
北京中贸拍卖行有限责任公司
北京炎黄拍卖有限公司
北京东拍国际拍卖有限公司
北京东方大观国际拍卖有限公司
北京嘉禾瑞丰国际拍卖有限公司
北京东方玺藏国际拍卖有限公司
北京亚奥拍卖有限公司
北京海华宏业拍卖有限责任公司
北京百赏雅集拍卖有限公司
北京春秋华宇拍卖有限公司
北京亚特兰国际拍卖有限公司
金泉汇通（北京）拍卖有限公司
北京景星麟凤国际拍卖有限公司
北京中视惊虹国际拍卖有限责任公司
北京华夏传承国际拍卖有限公司
北京金槌宝成国际拍卖有限公司
北京匡时国际拍卖有限公司
北京卓德国际拍卖有限公司
北京金字塔拍卖有限公司
北京华文天成国际拍卖有限公司
北京东方德雅国际拍卖有限公司
北京龙腾云祥国际拍卖有限公司
北京西荣阁拍卖有限公司
北京长风拍卖有限公司
北京天雅恒逸国际拍卖有限公司
汉秦（北京）国际拍卖有限公司
北京嘉信国际拍卖有限公司
北京华伦国际拍卖有限公司
北京百雅轩拍卖有限公司
北京东方索富比拍卖有限公司
北京冉东国际拍卖有限公司
北京三希堂国际拍卖有限公司
北京中孚拍卖有限公司
北京金钰典藏拍卖有限公司
北京博众拍卖有限公司
北京光明网拍卖有限公司
北京嘉德在线拍卖有限公司
北京雍和嘉诚拍卖有限公司
北京壹佳陆拍卖有限公司
大唐四季拍卖（北京）有限公司
北京大晋浩天国际拍卖有限公司
北京艺海众扬拍卖有限公司
利氏兄弟拍卖（北京）有限公司
利氏拍卖（北京）有限公司
宝腾国际拍卖有限公司
北京七九八拍卖有限公司
北京久泰博源拍卖有限公司
北京赐易德拍卖行有限责任公司
北京鼎兴天和国际拍卖有限公司
北京华软信诚拍卖和行有限公司
北京弘德益利拍卖有限公司
北京和畅国际拍卖有限公司
北京琴岛荣德国际拍卖有限公司
世界华商（北京）国际拍卖有限公司
朔方国际拍卖（北京）有限公司
鼎丰国际拍卖有限公司
北京鸿正国际拍卖有限公司
北京中拍卖在线拍卖有限公司
品卓国际拍卖（北京）有限公司
北京一锤定音国际拍卖有限公司
北京保利国际拍卖有限公司
北京首博国际拍卖有限公司
北京江洋富通国际拍卖有限公司
北京海缘信诚国际拍卖有限公司
北京诚轩拍卖有限公司
北京恒古国际拍卖有限公司
中诚鼎立国际拍卖（北京）有限公司
北京新华拍卖有限公司
北京玄和国际拍卖有限公司

北京国信泰丰国际拍卖有限公司
中贸圣佳国际拍卖有限公司
北京艺融国际拍卖有限公司
北京晋宝堂国际拍卖有限公司
北京神州正通国际拍卖有限公司
祥开万春（北京）国际拍卖有限公司
东方融讯（北京）国际拍卖有限公司
北京匡德国际拍卖有限公司
北京中天拍卖有限公司
祥荣拍卖有限公司
北京建亚世纪拍卖有限公司
北京金博圣华国际拍卖有限公司
晟天玑（北京）国际拍卖有限公司
北京银座国际拍卖有限公司
北京奥丰元拍卖股份有限公司
北京市通衢拍卖有限公司
北京华夏经典拍卖行有限公司
北京传是国际拍卖有限责任公司
更乐（北京）国际拍卖有限公司
北京瑞平国际拍卖行有限公司
中联环球国际拍卖（北京）有限公司
北京旷深国际拍卖行有限公司
龙泽德拍卖（北京）有限公司
北京盛佳国际拍卖有限公司
北京天地同春国际拍卖有限责任公司
北京坤元拍卖有限公司
北京世纪富凯国际拍卖有限公司
北京中财广角拍卖有限公司
北京盈冲国际拍卖有限责任公司
北京艺德轩拍卖有限公司
北京汉唐四季拍卖有限公司
北京歌德盈香拍卖有限公司
北京宝鼎拍卖有限责任公司
北京国信兴业拍卖行有限公司
北京观芷拍卖有限公司
北京美三山拍卖有限公司
北京光彩银星拍卖有限公司
北京天略盛世拍卖有限责任公司
北京翰博龙源国际拍卖有限公司
新疆华鼎国际拍卖有限公司北京分公司
北京华辰拍卖有限公司
中金拍卖有限责任公司
北京宝茂轩国际拍卖有限公司
北京华夏金典国际拍卖有限公司
北京纳高国际拍卖有限公司
北京京港房地产拍卖有限责任公司
北京新民勤拍卖有限公司
北京国网拍卖有限公司
北京中天信达拍卖有限公司
北京瀚海博文国际拍卖有限公司
北京中海世纪拍卖有限公司
北京华艺双赢国际拍卖有限公司
北京东方艺苑国际拍卖有限公司
北京鼎时国际拍卖有限公司
北京歌德拍卖有限公司
北京华隆通泰拍卖有限公司
北京翰海拍卖有限公司
北京鑫新拍卖有限责任公司
北京佳士凯国际拍卖有限公司
中矿拍卖有限公司
北京盛世辉煌拍卖有限公司
重锤国际拍卖（北京）有限公司
北京海王村拍卖有限责任公司
北京贞观国际拍卖有限责任公司
北京龙泰拍卖有限公司
北京嘉宝国际拍卖有限公司
北京中宝昌国际拍卖有限公司
北京金辉彩虹国际拍卖有限公司
无与伦比（北京）国际拍卖有限公司
北京紫虹桥拍卖有限公司

北京百衲国际艺术品拍卖有限公司
北京宣石国际拍卖有限公司
北京西矿金鼎拍卖有限公司
北京东方宏润国际拍卖有限公司
北京亚洲宏大国际拍卖有限公司
北京上古嘉成国际拍卖有限公司
北京国博艺海拍卖有限公司
北京嘉缘四季拍卖有限公司
北京中拓国际拍卖有限公司
北京中投嘉艺国际拍卖有限公司
盛世藏宜（北京）拍卖有限公司
北京中立拍卖行有限责任公司
北京金鼎立德拍卖有限公司
中国嘉德国际拍卖有限公司
北京博仁国际拍卖有限公司
晓景华德（北京）国际拍卖有限公司
北京尚锋国际拍卖有限公司
北京物华昆宝拍卖有限公司
北京东方锐通国际拍卖有限公司
北京永乐国际拍卖有限公司
东方国际拍卖有限责任公司
北京恒盛鼎国际拍卖有限公司
北京嘉利年华国际拍卖有限公司
北京太和天辰国际拍卖有限公司
北京汉嘉金和拍卖有限公司
中恒一品（北京）国际拍卖有限公司
北京世纪掇英国际拍卖有限公司
北京明珠双龙国际拍卖有限公司
北京盈天德诚拍卖有限责任公司
北京宣德资产拍卖有限公司
北京德隆宝国际拍卖有限公司
北京盛世文豪国际拍卖有限公司
北京泽康国际拍卖有限公司
北京成名斋国际拍卖有限公司
北京荣海嘉国际拍卖有限公司
北京文博苑国际拍卖有限公司
北京北汽鹏龙机动车拍卖有限公司
北京东方利德拍卖有限公司
中都京东（北京）国际拍卖有限公司
北京亚洲容海国际拍卖有限公司
易极环中（北京）拍卖有限公司
中宝拍卖有限公司
太平洋国际拍卖有限公司
北京宣和隆德国际拍卖有限公司
北京文津阁国际拍卖有限责任公司
北京盈时国际拍卖有限公司
北京开元天兴拍卖有限公司
北京黎昌艺术品拍卖有限责任公司
北京宏展国际拍卖有限公司
北京安华白云拍卖行有限公司
北京华宝国际拍卖有限公司
北京亨申世纪拍卖有限公司
北京中工美拍卖有限公司
金懋国际拍卖有限公司
长城国际拍卖有限公司
北京建达国际拍卖有限公司
北京博朗轩国际拍卖有限公司
北京中恒信拍卖有限公司
北京京天和拍卖有限公司
北京世纪通宝拍卖有限公司
瑰丽金宝国际拍卖（北京）有限公司
北京隆亿宝拍卖有限公司
北京索比特拍卖有限责任公司
北京华宝盈拍卖有限公司
北京甄藏拍卖有限公司
北京鑫鼎拍卖有限公司
北京九歌国际拍卖股份有限公司
北京忠信方诚国际拍卖有限公司
北京中投国拍国际拍卖有限公司
北京维塔维登国际拍卖有限公司

北京汇金拍卖有限公司
北京世纪盛唐国际拍卖有限公司
北京中海艺澜国际拍卖有限公司
北京中京恒泰拍卖有限公司
华拍（北京）国际拍卖有限公司
北京文玩天下拍卖有限公司
北京塔斯塔娜国际拍卖有限公司
中联国际拍卖中心有限公司
北京大骞国际拍卖有限公司
北京天琅天晖拍卖有限公司
北京金瑞麒麟拍卖行有限公司
北京印千山国际拍卖有限公司
北京市康泰拍卖有限责任公司
北京东西方国际拍卖有限责任公司
北京天缘盛隆拍卖有限公司
北京东方乾德国际拍卖有限公司
舍得拍卖（北京）有限公司
北京恒大绿洲拍卖有限公司
天问国际拍卖有限公司
北京豫中海国际拍卖有限公司
中都京北（北京）国际拍卖有限公司
北京九牛国际拍卖有限公司
国安五龙国际拍卖有限责任公司
中安太平（北京）国际拍卖有限公司
北京远洋圣港国际拍卖有限公司
北京宏达三晶拍卖有限公司
北京中鼎国际拍卖有限公司
北京博观国际拍卖有限公司
北京艺海拍卖有限公司
北京汇德方利国际拍卖有限公司
北京科技园拍卖招标有限公司
北京中古拍卖有限公司
北京蓝禾国际拍卖有限公司
北京金拍盛世拍卖有限公司
北京万隆拍卖有限公司
北京中招国际拍卖有限公司
北京中招国际拍卖有限公司朝阳分公司
北京天平拍卖有限公司
北京中盛拍卖行有限责任公司
北京诚灏国际拍卖有限公司
北京国珅国际拍卖有限公司
中都国际拍卖有限公司
太和国际拍卖（北京）有限公司

二、未按时参加 2012 年度核查的拍卖企业，应于 2013 年 9 月 30 日前到北京市商务委员会进行补审。对逾期仍未参加补审的拍卖企业，不再受理 2012 年度拍卖核查。

三、《拍卖经营批准证书》超过有效期的拍卖企业，应于 2013 年 12 月 31 日前到北京市商务委员会提交相关材料（见附件），材料符合要求的，换发《拍卖经营批准证书》。逾期仍不办理的，不再换发《拍卖经营批准证书》。

四、自《拍卖管理办法》实施后，已领取相关批准文件、尚未领取《拍卖经营批准证书》的拍卖企业，应于 2013 年 12 月 31 日前到北京市商务委员会提交相关材料（见附件），材料符合要求的，补发《拍卖经营批准证书》。逾期仍不办理的，不再补发《拍卖经营批准证书》。

五、未通过 2012 年度核查的拍卖企业，在未通过 2013 年度核查前不受理变更审批事项。

办理地点：北京市商务委员会行政事务服务中心 9 号窗口（丰台区芳星园三区 16－17号楼一层）

联系人及联系电话：刘娟　87211067

附件：换发、补发《拍卖经营批准证书》需提交材料

北京市商务委员会
2013 年 8 月 8 日

附件：

换发、补发《拍卖经营批准证书》需提交材料

一、换发《拍卖经营批准证书》

（一）换发《拍卖经营批准证书》的申请

（二）《拍卖经营批准证书》正副本原件

（三）2012年度拍卖企业核查材料

以上材料符合要求后，换发《拍卖经营批准证书》。

二、补发《拍卖经营批准证书》

（一）补发《拍卖经营批准证书》的申请

（二）拍卖企业设立、变更批复文件

（三）前两项材料符合要求后，领取拍卖经营批准证书编码并提交2012年度拍卖企业核查材料

以上材料符合要求后，补发《拍卖经营批准证书》。

北京市商务委员会关于征集2013年中央财政促进服务业发展专项资金项目的通知

京商务财务字〔2013〕69号

各区县商务委，各相关企业：

根据《中央财政促进服务业发展专项资金管理办法》（财建〔2013〕469号）和《财政部关于下达2013年中央促进服务业发展专项资金的通知》（财建〔2013〕711号）、《财政部关于下达2013年现代服务业综合试点电子商务基地中央补助资金的通知》（财建〔2013〕462号）的有关规定，现就征集2013年中央促进服务业发展专项资金项目的有关事项通知如下：

一、资金支持范围

（一）一般服务业发展项目

1. 民生商贸服务业项目。

支持认定的员工制家政企业发展；支持家政服务、居家养老等生活服务行业规模化、规范化、连锁化发展，支持连锁门店和信息平台的建设改造、购置设备设施；支持行业和企业承担社会责任，开展一元理发、“春节家政保供”等公益性便民服务；支持队伍建设，人才培养，开展人员培训，支持传统技能大师建立工作室、带徒和技能培训；支持家政服务机构为家政服务人员投保职业责任、意外伤害等商业保险。

支持超市、便利店等连锁企业发展社区综合性便民服务，丰富搭载项目，推进店铺智能化建设。鼓励社区电子商务创新，支持企业利用现代信息技术，面向社区开展电子商务服务。

2. 与生产流通直接相关的服务业项目。

支持民族品牌新品展示、展销、推介活动，鼓励开发、宣传和推介自有商品品牌，加强品牌保护和信用建设。支持企业设立品牌博物馆；支持行业协会提供品牌研发、注册认证、市场开拓、人才培训等专业化咨询服务，开设和完善品牌网站，开展品牌专题研究，组织品牌发展培训交流，收集和发布品牌信息，打造品牌信息公共服务平台。

支持网络零售服务平台创新服务模式，拓展覆盖范围，带动行业协同发展；支持农产品流通领域电子商务应用，鼓励农产品电子商务平台建设，拓展农产品网上销售渠道；支持跨境电子商务服务支撑体系建设，鼓励中小商贸企业应用电子商务开拓国际市场；支持电子支付、信用服务、安全认证等电子商务服务业开展技术和服务模式创新，完善产业链条。

支持生猪定点屠宰企业、批发市场、零售市场为实施肉菜流通追溯体系试点建设项目进行的企业基础设施改造项目，包括屠宰生产线升级改造、强弱电改造、电子结算、改造交易流通等。

3. 与节能减排、环境保护相关的服务业项目。

支持建设改造规范化的回收站点和再生

资源分拣中心；支持回收信息平台建设；支持开展再生资源回收宣传和人员培训；培育再生资源回收示范企业，支持再生资源回收企业规模化、规范化、连锁化发展，提高组织化程度。支持报废汽车回收拆解企业、二手车交易市场进行升级改造，支持基础设施新建和改造、设备设施购置、信息系统建设和升级等项目。支持集中洗衣园区建设。

开展以“推广绿色低碳采购、培育绿色低碳市场（商店、饭店）、引导绿色低碳消费”为主要内容的项目建设。支持试点企业打造绿色供应链，扩大绿色节能环保产品购销规模；支持企业建立健全能效管理机制，改造节能、节水、减排、资源循环利用以及冷链物流设施等；支持开展绿色低碳消费宣传、信息服务以及绿色市场认证等工作。

4. 与公共服务直接相关的项目，包括：市场监管、市场监测、商贸服务行业统计、应急调控等。

（二）现代服务业综合试点电子商务基地项目

1. 北京市通州商务园。

支持完善公共服务平台和信息网络基础设施建设，加强品牌宣传，开展电子商务统计监测和专业人才培训；支持电子商务企业创新发展；支持电子商务扩大应用，鼓励传统企业转型升级，促进线上线下融合。

2. 北京市大兴区暨北京经济技术开发区。

支持示范基地品牌宣传与推广等电子商务服务保障体系建设；支持云计算、信用体系、人才培训等电子商务公共服务平台及软环境建设；支持跨境电子商务、传统企业电子商务应用等电子商务企业创新发展。

二、资金支持标准

中央促进服务业发展专项资金采取补助、以奖代补和贴息等支持方式。

（一）补助方式。除必须由财政负担的公益性项目外，对单个项目补助额不超过项目总投资的 30%；

（二）以奖代补方式。按照先建设实施后安排补助的办法，用于对已竣工验收项目予以补助，对单个项目补助额不超过项目总投资的 30%；

（三）贴息方式。对上年实际发生的银行贷款利息予以补贴。贴息率不超过同期中国人民银行发布的一年期贷款基准利率，贴息额不超过同期实际发生的利息额，贴息年限最长不超过 3 年。

专项资金应当用于项目建设、设备购置安装、信息系统开发、品牌展览推介、家政服务及公共服务岗位培训、应急调运运费、市场监测统计费用等与项目建设实施直接相关的支出，不得用于征地拆迁、车辆购置以及人员经费、设施维护等经常性开支。不符合规定支出范围的，不得纳入项目总投资。

中央促进服务业发展专项资金与地方资金统筹使用，对中央财政其他资金已支持的项目，原则上不再安排。

三、项目申报条件

（一）在北京市登记注册、独立核算、内部管理规范、核心业务突出的企业、机构、经济组织等单位；

（二）申报单位依法经营，近年无违法违规记录；

（三）申报项目应在计划期内启动，并能够按申报计划实施。

申报现代服务业综合试点电子商务基地项目的单位应在北京市通州商务园或北京市大兴区暨北京经济技术开发区内注册。

四、项目申报材料

（一）项目申报书、项目可行性报告；

（二）项目申报单位承诺书；

（三）项目单位法人证明文件复印件（营业执照、组织机构代码证书、法定代表人身份证明等）；

（四）项目单位近两年财务报表（资产负债表、损益表、现金流量表）；

（五）申请贷款贴息的项目，需出具项目单位与有关金融机构签订的贷款合同、银行进账单、利息凭证等材料复印件；

（六）相关已发生费用合法凭证复印件；

（七）其他与项目相关的证明材料。

项目申报单位请登录 http://219.232.192.34:9002/xmsb/网页进行网上项目申报，企业注册后，点击企业登录填报项目申报书。项目申报书在网上填报后导出并打印，项目纸制申请材料一式两份，应按顺序装订成册，并加盖单位公章。

五、项目申报程序

项目申报原则上按照隶属关系管理，市属企业项目由市属商业集团初审后汇总上报市商务委；其他企业项目及现代服务业综合试点电子商务基地项目由企业注册地商务委初审后汇总上报市商务委。

六、时间安排

项目集中申报时间截止至 2014 年 1 月 24 日，各区县商务委、市属商业集团应于 2014 年 1 月 30 日前上报汇总材料。

七、工作要求

（一）各项目申报单位要确保申报材料内容真实、准确、完整，保证项目各项建设手续合规、项目建设资金落实到位、项目按时保质完成。获得专项资金支持的项目单位应在项目完工后 1 个月内向市商务委报送项目总结报告。

（二）各主管部门应加强对已支持项目的后续指导和执行情况的监管，定期对项目进行监督检查，确保项目实施效果，提高财政资金的使用效益。

（三）获得专项资金支持的项目单位应遵守国家财政、财务规章制度和财经纪律，自觉接受财政、审计等部门的监督检查。

（联系人：财务处 王葆玮、张景云；
联系电话：87211631 87211635）

附件 1：项目申报书

附件 2：项目申报单位承诺书

附件 3：项目已发生费用明细

附件 4：项目贷款及付息情况表

附件 5：2013 年中央促进服务业发展资金申报项目情况汇总表

北京市商务委员会

2013 年 12 月 24 日

附件 1：

项目申报书

<table>
<tr><td>项目名称</td><td colspan="3"></td></tr>
<tr><td>项目负责人</td><td></td><td>手机电话</td><td></td></tr>
<tr><td>单位地址</td><td></td><td>邮政编码</td><td></td></tr>
<tr><td>注册资本</td><td></td><td>办公电话</td><td></td></tr>
<tr><td>上年收入</td><td></td><td>企业规模</td><td></td></tr>
<tr><td>项目申请理由
及项目主要内容</td><td colspan="3"></td></tr>
<tr><td>项目经济效益</td><td colspan="3"></td></tr>
<tr><td>项目社会效益</td><td colspan="3"></td></tr>
<tr><td rowspan="4">阶段性目标</td><td>实施阶段</td><td>目标内容</td><td>起止时间（年月）</td></tr>
<tr><td>第一阶段</td><td></td><td></td></tr>
<tr><td>第二阶段</td><td></td><td></td></tr>
<tr><td>第三阶段</td><td></td><td></td></tr>
<tr><td>项目组织实施条件</td><td colspan="3"></td></tr>
</table>

<table>
<tr><td rowspan="23">项目支出预算及测算依据</td><td rowspan="10">项目资金来源</td><td>来源项目</td><td>申报额（万元）</td></tr>
<tr><td>资金来源合计</td><td></td></tr>
<tr><td>项目总投资</td><td></td></tr>
<tr><td>其中：自筹资金</td><td></td></tr>
<tr><td>银行贷款</td><td></td></tr>
<tr><td></td><td></td></tr>
<tr><td></td><td></td></tr>
<tr><td></td><td></td></tr>
<tr><td></td><td></td></tr>
<tr><td></td><td></td></tr>
<tr><td rowspan="12">项目支出明细预算</td><td>支出明细项目</td><td>金额（万元）</td></tr>
<tr><td>合计</td><td></td></tr>
<tr><td></td><td></td></tr>
<tr><td></td><td></td></tr>
<tr><td></td><td></td></tr>
<tr><td></td><td></td></tr>
<tr><td></td><td></td></tr>
<tr><td></td><td></td></tr>
<tr><td></td><td></td></tr>
<tr><td></td><td></td></tr>
<tr><td></td><td></td></tr>
<tr><td></td><td></td></tr>
<tr><td>预算依据及说明</td><td colspan="2"></td></tr>
</table>

项目可行性执行报告
一、基本状况   二、必要性与可行性   三、实施条件

附件2：

项目申报单位承诺书

北京市商务委员会：

我单位将严格按照《北京市商务委员会关于征集2013年中央财政促进服务业发展专项资金项目的通知》的有关规定组织实施________________________项目，保证向市商务委及有关部门提供的资料真实、有效，项目建设各项手续齐全、合规，项目建设资金落实到位，项目按计划实施，确保项目建设效果。

我单位承诺保证不出现任何项目建设违法违规行为，如出现上述问题我单位将承担一切责任。

项目单位法人代表：________

单位公章

年　月　日

附件 3：

项目已发生费用明细表

填报单位：（公章）

序号	记账时间	会计凭证号	费用名称	金额（元）
1				
2				
3				
4				
5				
6				
7				
8				
9				
10				
11				
12				
13				
14				
15				
16				
17				
18				
19				
20				
	合计			

注：项目已发生费用明细按时间先后顺序填写

附件 4：

项目贷款及付息情况表

填报单位：（公章）　　　　单位：元

序号	贷款银行	贷款用途	贷款起止日期	贷款合同号	贷款金额	贷款利率	付息时间	实际付息额	息单号
贷款一	1								
	2								
	3								
	4								
贷款二	1								
	2								
	3								
	4								
		合计							

附件5:

2013年中央促进服务业发展资金申报项目情况汇总表

填报单位:(盖章)　　　　　　单位:万元

序号	项目单位	项目名称	计划投资			企业性质	企业注册资金	项目已投资	项目进度		项目负责人	办公电话	手机
			总额	自筹资金	银行贷款				开工时间	完工时间			
总计													

填报人:　　　　　　审核人:

备注:此表由区县商务委、市属商业集团填报。

第三部分

主　要　业　务

一、依法行政

法制建设

【概况】2013年，在市委市政府的正确领导下，市商务委认真贯彻落实《北京市关于加强法治政府建设的意见》（京政发〔2011〕20号）、《关于进一步加强和改善行政执法工作的意见》（京政发〔2010〕27号）及《北京市2013年全面推进依法行政工作要点》等文件精神，结合首都商务工作实际，扎实推进依法行政工作，取得了积极成效。

一、领导班子高度重视依法行政工作

市商务委领导班子高度重视推进依法行政工作，并提出创建法治型、服务型、效能型机关的目标。不断加强对推进依法行政工作的组织领导，明确全委推进依法行政工作由主任负总责，重大事项由主任办公会研究决定，各项日常工作由法制主管委领导负责。2013年，结合商务工作实际，主任办公会分别研究了依法行政工作要点、行政规范性清理及行政审批改革等依法行政议题。研究制定《北京市商务委员会2013年度依法行政工作要点》，明确了四个方面十三项重点工作。

二、不断建立健全科学民主决策机制

深入贯彻落实《北京市人民政府办公厅关于健全市政府重大行政决策和行政规范性文件合法性审查工作机制的通知》文件精神，建立健全重大行政决策和行政规范性文件合法性审查工作流程。凡提请市政府讨论涉及法律的重大决策事项及以市政府办公厅或市政府名义发布的规范性文件均事前主动报市政府法制办进行合法性审查。全年共向市政府法制办报送合法性审查文件3件。认真执行重大决策集体讨论制度，对涉及商务事业发展全局的重大事项，广泛征求被管理对象及相关部门意见。不断畅通公众参与渠道，增强决策的民主性、科学性。

三、积极推进行政审批事项清理工作

按照全市统一部署，结合商务行政审批工作实际，我委积极推进行政审批事项清理工作。按照“设立依据合法、审批主体明确”的要求，对正在办理的所有行政审批事项的名称、设立依据、办理时限和流程等内容进行全面梳理，逐项进行法律审核论证。通过取消、下放和调整等措施，减少28个审批事项。同时，针对国务院取消和下放行政审批事项决定中涉及商务部门的9个审批事项，切实抓好国务院衔接和落实工作。

四、切实加强规范性文件监督管理

按照“有件必审、有件必备”要求，认真开展规范性文件的合法性审核和备案工作。全年共完成7件行政规范性文件合法性审核及备案。按照《北京市人民政府办公厅关于开展本市行政规范性文件清理工作的通知》要求，扎实开展行政规范性文件和规章清理工作。针对以我委名义印发的109件行政规范性文件，经委主任办公会研究，保留68件、修改3件、废止38件。同时，积极推动《北京市蔬菜零售网点建设管理办法》

正式发布，弥补本市农产品流通立法空白，确立了“市抓批发、区抓零售”工作体制。

五、依法妥善解决行政纠纷

为进一步畅通行政复议渠道，充分发挥行政复议解决行政争议的主渠道作用，切实提高本市商务行政复议工作水平和规范化程度，按照《北京市人民政府办公厅转发市政府法制办关于进一步加强本市行政复议工作规范化建设意见的通知》要求，研究制定我委行政复议规范化建设工作方案，积极推进行政复议规范化建设工作。积极做好行政诉讼及复议案件的应诉答辩工作，依法妥善解决3件行政纠纷案件。

六、狠抓依法行政知识培训力度

研究制定《北京市商务委员会2013年普法学法计划》，明确年度学习目标、内容和方式。坚持学用一致、分级分类的原则，采取自学为主，集中培训为辅的方式，深入开展领导干部和公务员法制学习和培训工作。紧贴商务工作实际，认真落实领导干部和机关公务员年度学法计划。借助网络媒体资源，在机关内网刊载依法行政学习材料。组织全体机关公务员依法行政知识测试，经考核全部合格，实现了“以考督学，以考促学”目的。

（阎竞新、佟广军）

【积极推动蔬菜零售网点立法】在充分借鉴国内外立法经验基础上，结合本市蔬菜零售网络建设管理的实际，积极推动市政府正式颁布蔬菜零售网点立法。本地方政府规章的出台，弥补本市农产品流通立法空白，确立了“市抓批发、区抓零售”工作体制，为我市蔬菜网点建设提供坚实的法制保障。

（佟广军）

【积极推进行政审批事项清理工作】按照“设立依据合法、审批主体明确”的要求，对我委正在办理的60个行政审批事项的名称、设立依据、办理时限和流程等内容进行全面梳理，逐项进行法律审核论证。通过取消、下放和调整等措施，减少28个审批事项。同时，针对国务院取消和下放行政审批事项决定中涉及商务部门的9个审批事项，切实抓好国务院衔接和落实工作。

（佟广军）

【狠抓依法行政知识培训力度】市商务委研究制定《北京市商务委员会2013年普法学法计划》，明确了年度学习目标、内容和方式。坚持学用一致、分级分类的原则，采取自学为主，集中培训为辅的方式，深入开展领导干部和公务员法制学习和培训工作。坚持委党组中心组集体学法制度，分别组织了依法行政热点问题、公务员法等专题讲座。结合年度公务员培训，开展依法行政专题讲座，收到良好效果。

（佟广军）

【市商务系统组织开展“六五”普法中期考试】为深入开展法制宣传教育，树立社会主义法治理念，增强学法、尊法、守法、用法意识，按照市商务委普法领导小组统一部署，6月中旬，在商务系统中组织开展了针对重点对象的“六五”普法中期考试。考试对象包括机关在职公务员、直属事业单位副处级以上领导干部、市商务执法监察大队全体在编执法人员。考试共有235人参加，参考率100%，及格率100%。

（梅　焱）

【“12·4”商务法制宣传咨询活动取得良好社会效果】为全面落实《2011—2015年北京市商务委员会法制宣传教育工作方

案》，按照市法宣办统一部署和商务工作实际，12月4日，市商务委以“12·4”全国普法日为载体，面向社会，服务群众，在翠微广场组织开展了“优化服务、便民利民、促进发展、共建和谐”主题商务法制宣传咨询活动。

（梅　焱）

【深入开展2013年度商务行政执法一般行政处罚案卷评查】此次评查共抽取全市商务系统一般程序实施行政处罚案卷15本，占评查期内全部行政处罚案卷的20.83%。其中，区、县商务委参评案卷12本，优秀率84%，海淀、通州、朝阳区案卷制作整体水平较好。市执法监察大队参评案卷3本，优秀率100%。

（李　民）

【组织全市商务行政执法人员行政处罚资格考试】12月，我委举办了全市商务行政执法人员行政处罚资格考试。全市商务系统共有32名同志报名参加考试，有30名同志通过考试，2名同志不合格。

（李　民）

【召开全市商务行政执法监督例会暨商务法制工作会】4月26日，市商务委组织召开全市商务行政执法监督例会暨商务法制工作会，各区县商务委、委机关有关处室、市商务执法监察大队、市商务举报投诉中心、市商务行政事务服务中心有关负责人员共70多人参加会议。我委副主任闫小彦出席会议并讲话。

（李　民）

【开展地方标准复审工作】按照市质监局的统一要求，我委组织标准主要起草单位集中开展了地方标准复审工作，对涉及的15项地方标准进行了复审。复审后，决定保留10项标准，废止了5项标准。

（邵　丽）

【开展行政规范性文件清理工作】按照市政府办公厅《关于开展本市行政规范性文件清理工作的通知》（京政办函〔2013〕46号）和市法制办《关于做好规范性文件清理工作的补充通知》的要求，我委组织开展了对2012年12月31日以前我委以市政府、市政府办公厅名义制发的行政规范性文件，以我委为主起草的市政府规章以及由我委制发的行政规范性文件的清理工作。经清理，对我委以市政府、市政府办公厅名义制发的12件行政规范性文件，建议保留的6件，建议废止的6件；对以我委为主起草的5件市政府规章中是否存在违法设定行政许可的问题，建议保留的4件，建议修改的1件；对以我委名义制发的109件行政规范性文件，保留的60件，废止、失效的共49件。

（邵　丽、卓　娜）

【贯彻落实2013年首都知识产权战略推进计划】组织推进首都知识产权战略计划分工任务，对涉及我委的展会中知识产权保护、“双自主”企业政策扶持以及老字号知识产权保护等工作积极推进。

（邵　丽）

【落实知识产权战略实施五年来工作情况的评估】按照《关于组织开展首都知识产权战略实施情况阶段性总结评价工作的通知》（京知办会〔2013〕9号）中关于对知识产权战略实施五年来工作落实情况进行总结并提交自评估报告的有关要求，对近几年来落实首都知识产权战略推进计划情况进行了总结，从出台“双自主”企业开拓国际市场的相关政策到推进知识产权工作的多项举措，以及工作中存在的主要问题及建议等进行分析总结，进行正确评价。

（邵　丽）

【筹建北京市12312热线工作体系】 北京市机构编制委员会办公室在京编办事〔2012〕268号文明确独立设置北京市商务举报投诉中心。1月启动筹建工作，通过努力，全市16个区县12312工作站全部建立，工作站落实了相应配套设施、场地，配备专门的工作人员，制定相关工作制度和工作流程，为12312热线正常运行和举报投诉件办理奠定了基础。建立了由委机关处室、执法大队、区县商务主管主任、责任科室负责人和联络员参加的全市商务举报投诉体系。

（余　丽）

【12312热线于5月27日起试运行】 5月27日，全市16个区县工作站开始12312系统试运行。各站点领导高度重视，成立了由委领导任组长，分管领导任副组长，各科室负责人为成员的工作小组，派专人对平台进行值守。严格按照市中心提出的相关要求及规定正常运行，全市16个区县工作站结合自身情况，制定了相应的工作制度，完善处理程序，将诉求件受理、批转、办理、反馈等环节落到实处。

（余　丽）

【12312建立管理制度和业务知识库】 中心2013年度完成13项内部管理制度、14项工作制度和工作规范的制定工作，编写了《管理制度》、《工作手册》；从法律法规、业务职能、办事程序、商务委外网咨询者反映的重点问题等方面进行集成，初步建立北京商务领域业务知识库，并且在工作中逐步补充、完善，为举报投诉受理和咨询答复意见奠定了基础。

（余　丽）

商务执法

【概况】 2013年，市商务执法监察大队认真学习贯彻党的十八大和十八届三中全会精神，紧紧围绕国际商贸中心建设主题，深入开展党的群众路线教育实践活动，进一步改进作风，真抓实干，全面履职，扎实推进商务行政执法工作，圆满完成了工作任务。

一、工作完成情况

全年共出动执法人员7 796人次，同比增加33%，检查单位1 988家次，同比增加14%；处理举报投诉49件；办理一般程序处罚案件21件，累计罚款人民币16.1万元；没收违法盐产品8.5吨。执法检查涉及商业法规的22个领域，比去年增加了3个。在单用途商业预付卡、家庭服务业、旧电器电子产品回收3个新法规的行政执法方面取得新突破。

二、全面履行执法职责

安全生产执法检查方面。坚持检查与巡查相结合，联合执法与专项执法相结合，确保安全隐患排查治理到位，防范措施落实到位，引导商业企业将安全与经营同等重视，积极营造重视安全的良好氛围。充分发挥示范带动效应，继续对连锁企业开展检查，按照“全覆盖、零容忍、严执法、重实效”的总要求，对全市商业行业的安全生产大检查活动进行了3次督查，配合区县商务委开展安全生产大检查，确保执法检查深入细致，隐患排查不留死角。全年，共检查督促1 165家规模以上企业整改问题和隐患991件，对金钱豹、小肥羊等存在重大生产安全隐患的10家企业实施了行政处罚，起到了警示与教育的社会效果。十八届三中全会期间，对涉会场所周边、政治中心区规模以上商业企业开展了为期10天的执法检查。圆满完成了京交会举办期间主会场安全保障任务。通过抓重点时期、重点区域、重点企业的检查，保证了我市商业领域安全有序。

食品安全执法方面。首先，落实盐政执法工作协作机制和食盐违法信息举报联动处置运行机制，充分发挥区县属地监管职能，开展协同执法，严厉打击违法经营食盐行为。第一次以《北京市盐业管理若干规定》为依据实施处罚，行政处罚再次取得新突破。及时处置了北京电视台生活频道关于"市场售卖私盐"的报道。其次，继续保持生猪屠宰执法的高压态势。开展远程视频监控，对全市11家在生产屠宰企业进行了适时远程监控；加强现场检查力度，督促定点屠宰企业整改问题56件。坚决取缔私屠滥宰和注水窝点，2月份在全市范围内开展了"打击私屠滥宰强化肉品安全集中整治行动"，全年取缔私屠滥宰窝点7处。此外，妥善处置了"7·22"新京报关于"灌水猪流入肉联厂"报道，保证了生猪屠宰行业稳定有序，为生猪屠宰职能的顺利移交奠定了基础。

履行省级执法职责方面。继续深入开展商业特许经营行政执法，办理商业特许经营类举报33件，规范违规行为56项，实施行政处罚2件。按照北京市2013年清洁空气行动计划的要求，对40家成品油批发企业和114家成品油零售企业进行了抽查。检查典当行41家，对其中存在违规经营行为的2家企业实施了行政处罚。检查拍卖企业75家，着重加强拍卖会前备案和现场检查。全年共检查所监管的企业542家，较上年相比，检查数量增长了56%。依法做出处罚案件4件，罚款共计3万元。

生活服务行业执法检查方面。进一步摸清行业状况，梳理行业特点，依法检查美容美发企业104家、家电维修企业56家，对洗染、旧电器电子产品、二手车流通等行业开展了执法检查，实施行政处罚1件。此外，还依法实施了《单用途商业预付卡管理办法（试行）》、《家庭服务业管理暂行办法》等新法规的执法检查，执法领域与法规覆盖面进一步扩展。

三、注重加强基础建设

多措并举，加强队伍建设。一是通过公开招考，录用财务、法律专业人员，推进队伍知识结构合理化。二是开展竞争上岗，公开选拔干部。按照公开、透明、公正、择优的原则，选拔科级领导干部7名，加强了中层管理力量。三是通过挂职锻炼，突出需求，强化锻炼干部。选派1名同志去区县挂职，补充基层工作经历，学习基层工作经验；选送5名同志去委机关学习锻炼，了解商务中心工作，学习机关办事规则。四是通过内部轮岗，培养执法骨干。综合考虑执法人员的年龄、文化水平、所学专业和执法队伍知识结构，对9名同志进行了轮岗，努力做到人尽其才，才尽其用。五是推行处罚案件主承办人机制，引导执法人员学习法规，研究执法，提升办案能力。六是组织"忆军旅、畅人生、梦未来"八一专题座谈会，为军转干部搭建沟通平台，努力团结队伍，凝聚力量。

（郭明学）

【夯实基础，着力提升执法能力】以提高执法人员的"五种能力"（依法履职、协调解决问题、语言文字表达、应急处置和运用岗位专业技能能力）为核心，全面加强队伍的执法能力建设。一是着力开展培训。利用周四学习日，开展履职能力和执法业务培训。通过每人领学一部法规，深入研究行政执法工作。组织开展全市商务执法培训3次，内部培训26次，培训涉及公文处理、公务礼仪、公仆意识与职业精神以及法律法规和执法业务。全员完成在线学习任务，累计参训7 175学时，人均参训143.5学时，人均超额完成37.5学时。二是梳理执法业务培训重点，编写了培训大纲，为执法业务培训提供方向性、纲领性参照。三是注重培训效果的改进，进一步完善法规题库，为检验业务培训效果提供资料。四是收集典型案例，编制案例汇编，为新进人员培训提供教材。

（朱靖辉）

【坚持制度，强化队伍管理】坚持案卷审理和重大案件集体讨论制度，全年21件一般程序处罚案件事实清楚、证据充分、程序合法、依据明确、处罚得当、引用法律法规正确，处罚幅度合适，既保证了合法性，又保证了合理性。试行公务员考核系统后，坚持日常考核制度，加强对执法人员的平时考核。严格落实车辆管理制度，严禁公车私用，实现了车辆年运行17.42万公里无事故，车辆运行费下降16.7%。

（朱靖辉）

【加强全市执法人员培训】为提高全市商务行政执法人员的业务水平，进一步学习贯彻两个“安全生产规定”和完成好2013年行业安全生产工作任务，组织了4期全市执法人员培训，以学习安全生产、消防及燃气的相关法规要求和技术标准。巩固一般案件制作技能为主要内容，共计16学时，培训执法人员238人次。

（朱靖辉）

【严格把关法律程序，做好案卷审理工作】2013年，大队的执法覆盖面进一步扩展，执法量也比上年有了大幅度上升。全年累计审理安全生产、食盐、特许经营、美容美发等各类案卷21件。审理中，法制科对执法队承办案件适用法律法规、自由裁量权等情况进行了严格把关，对每一份执法文书的格式进行规范，确保行政处罚案件适用法律法规准确，处罚幅度符合规定，案卷装订统一规范。2月份，在法贸处的统一安排下，法制科对12份区县上交的一般程序案卷进行打分和评查，为各区县案卷的规范化评比提供了第一手材料。5月份，组织各执法队法制员对2012年下半年和2013年上半年的22份案卷进行交叉评查，及时发现和纠正案卷中存在的问题。今年送市政府法制办参加评查的5份案卷，全部获得了优秀。

（朱靖辉）

【进一步修改和完善了执法文书】为进一步规范案卷制作，法制科按照统一、规范的要求，对目前使用的46种商务执法文书进行了修改。其中，修改行政处罚文书24个、强制措施文书11个、强制执行文书6个、行刑衔接文书4个。目前，执法文书已经法贸处审核通过，并已报市政府法制办、商务部备案。新的执法文书计划于明年在全市统一推广使用。

（朱靖辉）

【惩防并举，创新法规宣传教育模式】结合“3·15”消费者权益保护日和“5·15”碘盐宣传日不同的宣传主题和受众，分别以农贸市场和大型社区为主会场，开展了全市性的宣传活动；根据2012年全市合格碘盐覆盖率监测情况，联合卫生、工商部门和属地政府对朝阳、海淀、丰台等合格率较低地区进行了重点宣教和检查，收到了良好效果。

（朱靖辉）

【快速响应，妥善处置突发事件】 在“6·3”吉林重特大火灾事故发生后，迅速反应，第一时间赶赴相关企业，对行业安全生产提出具体要求，最大程度消除安全生产隐患；会同昌平区、怀柔区商务委及相关部门，以强有力的手段处置“7·22”新京报报道的“灌水猪流入肉联厂”事件。

（朱靖辉）

【开展安全生产专项检查】 按照市政府和商务委的要求，积极参加各项安全生产专项检查工作。先后参加了全市安全生产大检查工作督查行动，参加了市安监、消防、民防局、市燃气办等部门牵头的联合执法，参加了安监处组织的区县互查互访、联组建设等活动 16 次，参加了流通秩序处、中国人民银行组织的单用途商业预付卡联合检查，参加了市政府组织的“火灾隐患攻坚整治‘铁拳’行动”联合检查。

（朱靖辉）

【积极探索入区执法工作机制】 9 月至 11 月，执法大队先后派出 4 组 8 名执法人员，帮助执法力量薄弱的丰台、石景山、朝阳、顺义等 4 区开展行政执法工作。执法大队推行的入区执法机制，旨在以执法大队优秀的执法人员的示范作用，帮助区县解决执法中的重点、难点问题，全面提高区县商务行政执法能力水平。

（朱靖辉）

【开展安全生产大讲堂进区县活动】 对全市执法人员和企业员工进行安全知识培训。指导、帮助昌平区商务委查获并完成 102 吨违法购进食盐案件的行刑衔接工作；利用消费者权益保护日、碘盐宣传日，走进社区和农贸市场，积极开展法规宣传；商业特许经营执法因服务周到，维护了当事人利益，先后收到表扬信 2 封和印有“全心全意，为民服务”的锦旗一面。

（朱靖辉）

【完成美容美发调研报告】 根据工作安排，大队成立调研报告工作小组，制定了调研方案和调研工作流程图，按计划开展调研工作。按照调研报告的课题要求和步骤，在全市美容美发行业政府管理部门、协会、企业和消费者中开展调研，先后召开座谈会 3 次，访谈连锁企业 21 家、单店 194 家，发放调查问卷 500 多份。通过对大量调研材料的综合分析，于 2014 年 1 月 20 日完成了调研报告。

（朱靖辉）

【积极参与区县执法现状调研】 从 4 月份开始，由赵立宗副巡视员带队对全市 16 个区县进行商务行政执法工作调研，对区县商务执法现状、队伍建设、承办案件等情况进行了调查摸底，为下一步更好地指导、帮助区县执法打下了基础。

（朱靖辉）

【梳理生活服务业企业档案】 为做到有针对性地开展生活服务业执法监管，有计划、有重点地推进执法检查工作，执法大队通过与委相关业务处室和行业协会进行沟通与座谈，对监管企业进行分类梳理，共梳理美容美发企业20 033家、洗浴企业1 719家、洗染企业2 604家、再生资源企业4 938家、家政服务企业4 810家、家电维修企业3 698家、旧货企业 328 家、报废汽车解体企业 8 家、二手车交易市场 8 家。

（朱靖辉）

【充实完善商务特许经营自由裁量权】 在2012年贯彻落实已经制定的6个法规自由裁量权的基础上，2013年把商业特许经营的自由裁量权纳入了落实计划。多次组织相关人员进行讨论修订，完成了商业特许经营行政处罚自由裁量权的制定，已经上报法贸处进行审定。

（朱靖辉）

二、商业流通规划与发展

流通规划

【概况】2013年，流通规划处紧密围绕市政府和市商务委中心工作，大力推进农产品流通体系建设，强化特色商业，积极推进品牌工程，各项工作均取得积极成效。

一、农产品流通体系建设持续深入

按照“减环节、降费用、保供应、增便利”的原则，巩固发展蔬菜零售新模式。上半年，全市新增蔬菜直营直供店47家，蔬菜直营直供店累计达到125家，车载车售新模式已经进入130个社区，新模式网点累计超过300个。北京鲜活农产品流通中心一期开发授权已经完成，一期开发各项工作接近尾声。《北京市蔬菜零售网点建设管理办法》历经两年艰苦筹备，于2013年9月24日获得市政府审议通过，并以249号政府令形式发布，从2014年1月1日起施行，弥补了本市农产品流通立法工作空白。

二、品牌引进与发展工作稳步推进

2013年，新审核零售外资店铺529家，新批准营业面积60万平方米，累计批准零售外资店铺4 880家。DAINESE（运动安全防护产品）、strasburgo、rosebullet、M0851（服装品牌）、sealy（家具品牌）、Moleskine（办公用品品牌）首次进入北京。

三、大型商业设施稳步发展

2013年新增大型商业（建筑面积5 000平方米以上）设施17个，建筑面积127.3万平方米，营业面积85.7万平方米。已开业大型商业设施9个，建筑面积40.5万平方米，营业面积26.2万平方米。其中，11个位于城市新区内。

四、特色商业发展工作进展顺利

重点培育和指导五道营、北京天宝润德古玩艺术会展中心改造提升。对顶秀美泉、金树街、高碑店国粹艺术商街等一批初具雏形的特色街区进行深化指导。重点跟踪指导秀水市场、南锣鼓巷开展街区经营环境整治和设施改造提升。对前门大街经营定位和业态调整提供智力支持。2013年6月成立特色商业街专家委员会，研究建立特色街培育发展工作流程规范，探索建立更加科学完善的特色商业街动态管理工作机制，请专家讲课2次，召开特色商业街负责人座谈会1次，走访调研企业20多家。

为进一步提升我市特色商业知名度和美誉度，统筹谋划2013年北京特色商业宣传推广系列活动，通过组织特色商业摄影大赛、特色街橱窗评比、品牌新品发布，引导市级特色商业街积极引进品牌，开展形式多样的消费促进活动，最大限度挖掘特色商业消费潜力。以“媒体+协会”的形式，加大商业品牌新品宣传力度，丰富企业品牌内涵，提升品牌质量。新推出一系列反映北京文化深厚底蕴、符合企业内涵的创意设计产品，受到消费者的青睐，企业品牌价值得到有效提升。

五、围绕部门职能研究中心城区商品交易市场调整提升工作意见

根据市委、市政府领导批示研究，我委

会同工商、发改、规划、安监等部门依托区县商务部门，深入调研，摸清底数，提出了总体思路和基本原则，并根据部门职责提出了属地负责、限制新建、加强立法等七条工作意见，获得市政府批准同意。根据市政府专题会议纪要要求，研究提出了《西城区重点市场调整提升意见》和《西城区各类商品交易市场规划调整的工作意见》。围绕解决交通拥堵问题，加强商业发展与交通问题研究。系统分析商业聚集与交通的内在相关性，通过对中心城区交通拥堵地点的分析，明确了容易引起交通拥堵的大红门、木樨园、十里河、动批 4 个商业聚集区，提出了缓解商业堵点的具体措施和意见，为缓解本市城区交通拥堵献计献策。

（丁　颖）

【蔬菜零售网点建设管理办法发布】 9 月 24 日，《北京市蔬菜零售网点建设管理办法》以市政府 249 号令发布，从 2014 年 1 月 1 日起施行。该办法通过 22 项条款具体内容，做到“十个明确”：一是明确了市、区县、街道乡镇三级政府以及商务部门和政府各相关部门的职责；二是明确了蔬菜零售网点作为居民区配套公共服务设施的基本属性和配套指标的强制性；三是明确了蔬菜零售网点用于卖菜的专用属性，蔬菜零售网点不得擅自拆除、迁移、改建或挪作他用；四是明确了开发商按照规定强制配建网点和书面告知区县商务部门的义务；五是明确了规划、建设、土地、工商等部门协助监管蔬菜零售网点建设运营的关键环节；六是明确了开发建设单位或其他产权单位违反规定后区县政府商务部门启动成本价收购网点的权利；七是明确蔬菜零售网点同步建设、同步交付使用和最迟运营时间的具体要求；八是明确了蔬菜零售网点规划的基本原则；九是明确市区两级政府资金保障、能源利用、交通通行等相关政策；十是明确了以开发建设单位和网点产权持有者违反规定的相应处罚条款。这一办法将蔬菜零售网点从前期规划建设，到中期运营和后期监管等各个环节都做出了较为明确清晰的规定。依据这一立法成果，制约蔬菜零售网点建设的一些关键问题将得到妥善解决。

（褚志磊）

【蔬菜网点建设区县绩效考核评价首次启动】 为贯彻落实市政府关于农产品流通“市抓批发，区抓零售”新体制要求，我委首次启动蔬菜网点建设区县绩效考核评价。通过五大类近三十项指标综合评价，西城区、东城区、昌平区、顺义区、门头沟区、房山区分别为中心城区、新城地区和郊区前两名。城六区在全市排名前六位。通过绩效考核，进一步明确了各区县政府推动蔬菜网点建设的属地责任，调动了基层深入开展蔬菜网点建设的积极性。

（褚志磊）

【修订和编制流通业领域规划】 启动本市商业流通行业发展指导目录修订筹备工作。按照建设国际商贸中心的新要求，对 2009 版商业流通行业发展指导目录重新进行修订，根据流通产业升级和城市精细化管理新要求，重点修订流通业限制类发展目录，对商品交易市场等低端商业业态在准入条件上和空间布局上提出更加严格的限制要求。完成“十二五”时期商业服务业发展规划中期评估。组织召开了政府相关部门和商贸流通专家的通州城市副中心商务规划专题研讨会，为研究制定通州城市副中心商务规划提供智力支持。积极推广西城菜篮子专项规划经验做法，为通州区商务委启动本区菜篮子专项规划提供服务指导。

（李洪臣）

【提出城区大型商品交易市场优化提升工作意见】针对部分媒体提出的京城中心城区大型批发市场去留的问题，根据市政府要求，会同市规划委、市工商局、东城区、西城区政府认真研究，向市政府上报了《关于本市城区大型商品交易市场优化提升工作的意见》，提出了属地负责、限制新建、加强立法、规划引导、专项整治等7条意见，得到了市政府批准同意。

（李洪臣）

【完成了“十二五”时期商业服务业发展规划中期评估工作】根据《北京市“十二五”规划中期评估工作方案》的统一要求，采取自我评估和专家评估相结合的方式，对《北京市“十二五”时期商业服务业发展规划》主要指标和重点任务进行了评估，对规划实施中存在问题，提出了针对性措施。

（李洪臣）

【新开业商业设施稳步助推消费增长】据市区商务部门跟踪调查，2013年全市新增大型商业设施（建筑面积5 000平方米以上）17个，建筑面积127.3万平方米，营业面积85.7万平方米。按经营业态分类，购物中心5个，百货店6个，超市3个，专卖店1个，家居建材2个；从建筑面积看，购物中心、家居建材店面积96.2万平方米，占总量的72.8%；从空间布局看，11个位于城市新区，建筑面积100.8万平方米，占总面积的79.2%。已开业大型商业设施9个，营业面积26.2万平方米，累计实现商品销售额5亿元。

（丁　颖）

【新设零售外资店铺529家】2013年，全市新设立零售外资店铺529家，新批准营业面积60万平方米，涉及百货店、大卖场、专卖店、专业店、便利店等业态。其中，百货7家，大型超市16家，专卖店375家，专业店127家，便利店1家，其他3家。主要集中在朝阳区（260家）、海淀区（75家）、东城区（71家），三个区占全市总数的77%。

（丁　颖）

【协会加媒体联合开展北京品牌新品宣传推介活动】在我委的引导推动下，北京品牌协会与北京商报社联合举办北京品牌新品发布推介活动，重点推介了伊文男装、菜百首饰等北京品牌新上市产品，举办了北京品牌商品进社区活动，发布了北京十大品牌年度事件，印发了北京品牌新品名录。组织北京主流媒体对北京品牌发展进行了集中宣传推介。

（林英杰）

流通发展

【概况】大力促进电子商务发展，市商务委会同相关部门牵头起草了《北京市人民政府关于促进电子商务健康发展的意见》，并于5月31日正式印发，成为本市优化发展环境，促进电子商务发展的纲领性文件。建立本市由市商务委牵头的21部门电子商务协调工作机制，电子发票试点工作取得阶段成果，6月27日中国内地首张电子发票在京东商城诞生；搭建电商交流合作平台，举办2013中国（北京）电子商务大会，打造“点击消费”品牌。深化农超对接工作实效，积极搭建平台，丰富商品品种。巩固社区商业便民服务体系建设，推进一刻钟社区服务圈功能全覆盖。深入推动特色商业发展，积极促进老字号发展。保护老字号品牌，推动北京老字号认定工作；加强“非遗”保护，推动老字号技艺传承。

（于　文）

【33家企业上榜特许经营连锁全国百强】 4月24日，中国连锁经营协会发布的《2012中国特许经营连锁120强名单》显示，2012年全市共有33家企业上榜中国特许经营连锁120强，名列全国第一。全市上榜企业合计销售规模近900亿元，加盟店数达到2万余个。

（耿英贞）

【举办2013中国（北京）电子商务大会】 5月28日至6月1日，商务部电子商务和信息化司、市商务委共同举办2013中国（北京）电子商务大会。其中：会议部分包括主论坛及中外电商高端对话、传统商业应用电子商务、电子商务生态圈构建、移动改变生活、电商政策发布及推介会等分论坛。大会主论坛吸引参会代表2 000余人，发布了《中国电子商务报告（2012）》，EBAY、INTEL等国际著名企业CEO及高层管理人员做了主题演讲。大会还举办了电子商务政策发布及推介会等项目推介活动，实现项目签约10.16亿元。展览部分面积1 480平方米，以突出电子商务应用体验为主线，设置整体形象区、推介区、聚集区展区及企业独立展区，35家企业、聚集区参展。

（许　凯）

【中国内地首张电子发票在北京诞生】 根据市国税局、市地税局、市商务委、市工商局发布《关于电子发票应用试点若干事项的公告》（2013年第8号），决定在本市开展第一期电子发票应用试点，由京东商城自营电子商务平台向北京地区个人消费者销售图书类商品时开具电子发票。6月27日，中国内地首张电子发票在京东商城诞生，标志着本市电子发票的试点工作取得阶段性成果，优化电子商务领域发展环境取得突破性进展，具有里程碑意义。

（许　凯）

【12家电子商务企业被认定为示范企业】 9月27日，商务部发布公告，确定全国100家企业为商务部2013—2014年度电子商务示范企业。其中，本市京东商城、中粮我买网、当当网、慧聪网、小米科技、凡客诚品、乐友孕婴童用品网、中国诚商网、敦煌网、国美在线、上品折扣网、易单网等12家企业入选，数量继续居全国首位。

（许　凯）

【电子发票在试点企业全品类推开】 10月16日，市商务委、市国税局、市地税局、市工商局发布《关于扩大电子发票应用试点范围若干事项的公告》，正式实施电子发票在试点企业的全品类推广工作。试点企业京东商城通过其电子商务平台向北京地区个人消费者销售的各类自营商品，均可开具电子发票。2013年，试点企业京东商城累计开具电子发票380万张。

（许　凯）

【“农电对接”拓展农产品销售渠道】 11月4日，国内大型电商平台——京东商城与中国农垦、广西柳州市人民政府共同举办“柳城蜜桔推介会”。京东商城自2012年7月起涉足生鲜农产品销售，在多地建立农产品直供基地，通过B2B和B2C方式连续开展澳大利亚脐橙、加拿大北极虾、法国鳕鱼等进口以及阳澄湖大闸蟹、新疆苹果、福建蜜柚、河北有机蔬菜等内地生鲜农产品的网上销售，减少流通中间环节，为固定客户群和年轻消费人群提供购买更高性价比生鲜食品的平台。

（张　爽）

【《推广电子发票应用试点公告》发布】 12月26日，市国税局、市商务委、市地税局、市工商局4部门联合发布《关于推广电子发票应用试点若干事项的公告》，明确自2014年1月1日起，本市将在电子商务领域深入开展电子发票应用试点推广，符合条件的电子商务企业均可申请加入试点。

（许　凯）

【老字号企业保持较快发展】 2013年，全市20家重点监测的老字号企业销售额、利润额和缴税额比上年同期分别增长16.7%、21.9%和49%。其中，文化类的荣宝斋销售增长75%，食品类的牛栏山酒厂和京华茶业分别增长36.5%和30.5%。百花蜂业、吴裕泰等主要连锁企业新增店铺100余家。

（耿英贞）

【网上零售额占社会消费品零售总额比重突破11%】 根据市统计局数据，2013年全市限额以上批发零售企业实现网上零售额926.8亿元，增长44.3%，占全市社会消费品零售总额的比重达到11.1%，拉动社会消费品零售总额增长3.7个百分点。

（许　凯）

三、市场运行与管理

消费品市场

【概况】2013 年，全市商务部门认真贯彻落实中央“坚持实施扩大国内需求的方针”和市委市政府的工作部署，主动应对复杂多变的市场环境，采取积极措施保增长、促转型、惠民生，在市相关部门和区县政府的共同努力下，持续推进消费经济结构调整和发展方式转变，不断提升消费对首都经济社会发展的贡献。

一、消费品市场运行平稳

2013 年，全市共实现社会消费零售额 8 375.1亿元，同比增长 8.7%。按商品用途分，吃、穿和用类商品分别实现零售额 1 672.6亿元、727.3 亿元和5 367.8亿元，同比分别增长 2.5%、1.0%和 13.5%，烧类商品实现零售额 607.4 亿元，同比下降 2.6%。按消费形态分，商品零售实现 7 592.0亿元，同比增长 10.4%；餐饮收入 783.1 亿元，同比下降 5.0%。

2013 年，全市限额以上批发零售企业销售的 25 类商品中，除通信器材类占限上批零企业零售额的比重比 2012 年提高了 1.5 个百分点、石油类和服装类的占比分别下降了 1 个百分点外，其他类商品的比重变化均在 1 个百分点之内。网上销售增势强劲，限额以上批发零售企业实现网上零售额 926.8 亿元，同比增长 44.3%。

二、继续出台促消费政策

2013 年继续以市政府名义向区县政府下达社会消费品零售额增长任务，并纳入对区县政府的考核内容。

继续实施对零售（餐饮）、批发企业的鼓励政策，根据零售（餐饮）企业对全市社会消费品零售额增长的贡献、批发企业的销售额和销售增幅分别给予资金鼓励。

三、系列主题促消费活动促进消费增长

按照 2013 年促消费活动方案，共开展美食、时尚、特色三大系列八项全市性主题促消费活动，举办了北京国际美食盛典、2013 北京购物季和京味婚庆文化节、金秋葡萄酒文化节、数字娱乐消费节活动，联合市旅游、文化等部门开展了北京旅游商品博览会、首届惠民文化消费季等活动，搭建平台，活跃市场，拉动消费，取得了良好的经济和社会效益。

（万薇薇）

【流通监测系统实现商业服务业重点行业全覆盖】2013 年，北京市重点流通监测系统样本企业数量继续增加，样本结构进一步优化，将多数获得“促消费”鼓励的批发、零售、餐饮企业纳入了监测系统，使重点流通企业监测系统样本企业达到了1 310 家，比年初增加 110 家，实现了对商业服务业重点行业的全面覆盖。新增样本企业在行业、业态、规模等方面更具有代表性，进一步增强了监测样本的代表性和监测数据的科学性、权威性。

（万薇薇）

【监测工作直辖市排名第一】继续加强

信息报送和市场分析工作。按照商务部要求，每月继续开展市场运行分析，每季度进行较全面的市场运行综合分析；继续加强对元旦、春节、清明、五一、端午、国庆、中秋等节假日市场的监测和分析；继续编纂《北京消费品市场监测月报》，加强对监测数据的分析利用和信息报送工作，为各级商务部门把握市场动态、进行宏观调控提供有效的参考。在商务部网站信息维护、各类市场分析报送工作中，北京市监测工作在全国各省市考核排名继续保持领先位置，在直辖市排名第一。

（万薇薇）

【完成2013年商贸流通业统计工作】通过建立协调推动机制、完善工作流程、强化考核机制等措施，进一步推动商贸流通业统计工作。由消费促进处牵头成立了11个处室共同组成的商贸流通业统计工作领导小组，通过统计部门、相关处室、相关协会、区县商务委选择典型企业，大力开展数据报送培训，及时组织企业报送数据，建立了对区县商务委、协会、企业的考核制度；将商贸流通统计工作列入了对区县商务工作考核的项目；根据考核结果，对相关协会和企业给予了一定的资金支持，协调各部门通力协作，形成了上下联动、合力推进的工作机制。为按期完成数据报送工作提供了保障。

（万薇薇）

【实施早餐示范工程】2013年，在东城、西城区实施早餐示范工程，采取以固定早餐门店为主、以便利店搭载早餐服务为辅的模式，指导区县政府和中标餐饮企业，严格按照建设规范，进一步加大固定早餐门店的建设和改造力度，全面提升早餐经营的整体形象，为消费者提供安全、放心、实惠、便利的早餐服务。截止11月30日，早餐示范工程全部完成，共新建、改造固定早餐门店130家，其中西城区改造71家，新建19家，东城区改造30家，新建10家。搭载早餐服务的便利店60家和主食加工配送中心2家。

（李志鹏）

【积极引导高端餐饮企业转型】一是引导企业转变经营策略，调整菜品结构，加大中低价位菜品开发，推出特色服务；二是引导企业拓展外延服务，为消费者提供贴心菜谱，方便消费者在家制作菜品，提供厨师送服务到家；三是引导企业创新营销方式，积极开展微博、微信等以网络为平台的营销方式，吸引消费者。

（李志鹏）

【农村市场联合采购金额6.9亿元】在联合采购平台推广、运营的基础上形成了平台自身的盈利和发展模式，引入了更多的供应商进入联合采购平台，吸引了更多的零售店铺加盟网络。在2012年实施“农商通”试点的基础上，协调北京农行、北京移动增加了“农商通”小额取现、空中充值等功能，切实发挥“万村千乡”市场工程一网多用的作用。郊区商业连锁网络用户达到10 423家。10家骨干企业实现销售额39.4亿元，商品配送额17.5亿元，联合采购商品定单14.8万份，同比增长35.8%，联合采购金额6.9亿元，同比增长4.1%。

（彭 峰）

【落实酒类备案登记和流通溯源制度】落实商务部《酒类流通管理办法》，采取了突出重点、分类推进、指标管理、借助外力、委托服务等措施，推动酒类备案登记工作。2013年，全市新增备案登记4 594户，累计完成备案登记85 059户。加强酒类溯源宣传、培训力度，提高酒类经营者的随附单使用率，增强规范性；简化机打随附单申请工作环节，利用市场检查等时机宣传推广机打随附单。2013 年，全市新增机打随附单企业 12 户，酒类批发企业购用随附单 135 万份。

（胡敬轩）

储备调控

【概况】2013 年，以保障生活必需品供应为重点，以提升会议服务保障水平为关键，以提高工作预见性、提升应急响应能力水平为工作着力点，未雨绸缪，积极主动，勇于创新，攻坚克难，确保本市生活必需品市场平稳运行，应急供应保障有力，有关行业规范有序，服务保障安全顺畅。

一、多措并举，保障重点，全力做好生活必需品市场供应保障

（一）加强市场监测，做好分析预警。2013 年增加牛羊肉品种市场监测，为牛羊肉市场供应及调控提供依据。及时将卓宸、御香苑等本市 5 家牛羊屠宰企业发展为生活必需品供应骨干企业。坚持日报、周报制度，为市政府采取调控措施提供决策参考。

（二）积极组织蔬菜货源，保障冬季首都蔬菜市场供应。2 月 2 日至 3 月 31 日，开展了“十一省区市服务产区菜农服务首都市民蔬菜保供联合行动”。活动期间，累计增加蔬菜供应总量约 14.9 万吨，日均增加 3 170吨，增幅 10.2％。

（三）完善蔬菜储备管理，加大储备蔬菜轮换。增加蔬菜政府储备量，有力补充了市场货源，保障了冬季市场供应稳定。

（四）及时组织市场调控，扩大本市牛羊肉供应。2 月 9 日至 3 月 31 日，组织实施了本市牛羊肉市场调控工作。调控期间，5 家企业周平均屠宰活牛和活羊较调控前分别增加 30.5％和 24％。

（五）紧急协调三大乳制品企业，保障“中秋”“国庆”期间牛奶市场供应稳定。9 月中旬，紧急与三元、蒙牛、伊利三大生产企业和物美、京客隆、超市发等主要连锁超市沟通协调，要求生产企业调整产品结构、加大货源调运，连锁超市增加商业库存，经多方协调联动，牛奶市场调控取得良好效果。

二、完善制度，未雨绸缪，着力提高储备管理水平和应急响应能力

（一）完善储备管理制度，强化对承储企业储备商品管理。续签了 2013 年度政府储备协议。制定并下发了《关于加强政府储备管理工作的通知》，进一步规范了承储企业对政府储备商品的管理。加强监督检查，对发现的问题督促企业及时整改，确保政府储备“储得住、管得好、调得出、用得上”。

（二）积极主动，未雨绸缪，不断提高工作的预见性和主动性。完成了对全市纯净水、矿泉水生产加工情况摸底工作；及时了解本市消毒用品库存及生产情况并上报市政府，后持续两个月监测消毒用品市场销售动态及企业库存情况；对加强全市粮食行业防火安全管理做出安排部署；对全市 12 家生猪屠宰企业加强冷库液氨安全管理提出具体要求。

（三）圆满完成 2013 年防汛安全管理工作。成立了市商务委防汛指挥部和防汛办，建立防汛工作制度和应急预案。6 月 1 日至 9 月 15 日汛期期间，严格执行蓝色预警委领导亲自带班、橙色预警防汛总指挥亲自带班、两名工作人员24小时值班制度。多次对防汛物资储备情况开展检查，高度重视承储企业自身防汛安全。积极组织开展防汛物资、应急物资投放演练，提高应急调拨处置水平。

（四）进一步加强应急和风险防范管理工作。一是完善应急供应体系。重新梳理城六区生活必需品应急供应体系，强化协调和应急处理机制，做到“责任到人、响应及时”，确保在应急状态下，我市生活必需品应急供应迅速、顺畅、到位。二是完善应急商品数据库。根据商务部要求和本市实际情况，调整并增加了4个商品种类和4个监测指标。

三、继续扩大“放心肉”工程覆盖范围，稳步推进肉菜流通追溯体系试点建设

（一）积极推进肉菜流通追溯体系建设各项工作。一是广泛调研，摸清底数。二是科学论证，形成方案。三是按照程序，加快审批。四是部署实施，确保进度。按照“先肉后菜”“先试点，后推广”的总体建设思路建设肉菜流通追溯体系。到2013年年末，已覆盖全市11家生猪定点屠宰企业及其所属肉品专卖店，8家大型批发市场及其零售摊位，21家大中型连锁超市所属门店，城六区规范化菜市场猪肉摊位，4家餐饮连锁企业门店，实现了猪肉从屠宰到批发、零售等流通节点的可追溯。在八里桥批发市场试点土豆追溯，在家乐福、华联两家超市以及石景山区蔬菜零售终端开展了蔬菜流通追溯试点建设。

（二）严格履行职责，加强生猪屠宰管理工作。一是强化日常监管，确保屠宰安全，有效保障了上市猪肉的食品安全。二是有效应对相关媒体报道“注水猪事件”食品安全应急事故。三是积极组织我市相关企业参加第九届中国肉业博览会，我委参与博览会中“放心肉”成果展，并组织相关企业参加展会，在食品安全知识竞赛中获得组织奖，进一步扩大我市肉类企业在行业中的知名度。四是部署开展生猪屠宰集中整治行动，切实落实责任制，为消费者提供安全放心肉食品。

四、进一步加强对成品油及食盐市场管理工作

（一）坚持依法行政，规范行政审批。进一步规范处室与办事大厅窗口业务流程，加强对区县初审业务培训，做到公开、公正、透明。完成了各类行政许可审批（审核）及年检工作。

（二）加强市场监测，规范成品油市场管理。严格执行商务部成品油企业监测周报、月报制度。积极参与由市公安局发起的规范成品油市场检查行动，加大对加油站经营行为的监管。

（三）严格落实清洁空气行动计划，抓好京Ⅴ车用汽柴油标准落实。严格要求各成品油经营单位，在北京市内销售符合第五阶段轻型机动车污染物排放标准的成品油。制定年度检查计划，对成品油经营企业每月进行检查。

（四）启动“放心食盐进社区”推广工作，继续大力推广低钠盐。指导和配合中盐北京市盐业公司，启动了“放心食盐进社区”和大型餐饮企业、餐饮示范街食盐直达配送工作。继续开展低钠盐推广，市民对健康低钠盐认可度逐年提高。

五、落实八项规定，圆满完成各项会议服务保障工作

认真贯彻落实全国“两会”关于转变会

风的措施要求，厉行节约，确保安全，积极配合驻地餐饮需求，做到食品供应品种丰富、安全优质、价格优惠、服务到位。2013年，共完成了中国共产党十八届二中全会，十二届全国人大一次会议及全国政协十二届一次会议，北京市第十四届人大第一次会议及北京市政协第十二届一次会议食品供应和服务保障工作。

（杨世巍、梁惊原）

【建立肉菜流通追溯体系管理平台】 2013年，在“放心肉”工程试点建设实施基础上，积极推进肉菜流通追溯体系建设。6月，市政府转发《北京市肉类蔬菜流通追溯体系建设试点工作实施意见》；10月完成招标工作，并部署实施；年底初步建立了全市肉菜流通追溯体系管理平台。猪肉追溯基本实现了全部生猪屠宰企业、大型批发市场、主要连锁超市的全覆盖；蔬菜流通追溯按照“先肉后菜”“先试点、后推广”的总体建设思路，在广泛调研、科学论证的前提下，借鉴其他试点城市经验与做法，形成了我市肉菜流通追溯体系建设项目可行性方案和技术方案。

（赵虹珍）

【严格履行职责，加强生猪屠宰管理工作】 一是强化日常监管，确保屠宰安全。2013年全市定点屠宰企业累计屠宰生猪861.4万头，其中无害化处理约4万头，有效保障了上市猪肉的食品安全。二是有效应对食品安全应急事故。针对有关媒体报道定点屠宰厂收购注水猪事件，立即启动食品安全突发事件应急预案，加强执法监督，部署开展集中整治行动。三是积极组织我市相关企业参加第九届中国肉业博览会，我委参与博览会中“放心肉”成果展，组织我市相关企业参加展会，组织企业参加食品安全知识竞赛，获得组织奖，进一步扩大我市肉类企业在行业中的知名度。

（赵虹珍）

【顺利完成生猪屠宰活动监督管理移交工作】 2013年，根据十二届全国人大一次会议通过的《国务院机构改革和职能转变方案》，原由商务部门承担的生猪屠宰监督管理职责调整到农业部门，包括制定生猪屠宰行业发展规划、负责生猪屠宰环节质量安全监督管理、负责行业统计，组织开展对生猪屠宰活动的监督检查等。12月26日，我委与市农业局完成了生猪屠宰活动监督管理职责移交工作。

（赵虹珍）

【圆满完成全国“两会”等重要会议的供应服务保障工作】 2013年，圆满完成了十二届全国人大一次会议及全国政协十二届一次会议的食品供应和服务保障工作，安全、优质、优惠的供应服务和细致、周到的服务保障，受到了全国“两会”总务组高度评价和表扬，并分别给我委发来感谢信，感谢多年来对大会服务保障工作的大力支持。

（邵　兵）

【提高放心食盐零售终端覆盖率】 2013年，协助中盐北京市盐业公司向大型餐饮企业、餐饮示范街商户、规范化社区菜市场、社区便利店等零售终端开展直达配送工作，不断提高放心食盐零售终端的覆盖率。

（邵　兵）

【继续在全市范围开展推广使用低钠盐】 2013年，根据市领导对于本市低钠盐推广工作做出的“商委此事做得很好，要继续完善并坚持下去”批示精神，为巩固低钠盐推广成果，进一步提高我市居民对低钠盐的认知程度，促进《“健康北京人”十年规划》的有效实施，降低心脑血管疾病的发病率，继续在全市范围开展推广使用低钠盐工作。全年销售低钠盐13 657吨，占食用盐销售总量的20%。

（邵　兵）

【完成我市2014—2016年度冻猪肉政府储备招标工作】12月，为了有效应对突发事件造成的市场波动，确保应急保障能力，公开、公平、公正地做好冻猪肉的政府储备工作，对我市2014—2016年度冻猪肉政府储备进行了招标。

（邵　兵）

【积极参与2014年亚太经合组织会议筹备工作】2013年，按照《2014年亚太经合组织会议北京市筹备工作领导小组工作机制》的职责分工，成立2014年亚太经合组织会议保障工作领导小组，制定了《市商务委2014年亚太经合组织会议保障工作方案》，并积极参与各工作小组的工作。

（邵　兵）

【增加牛羊肉监测品种】2013年，针对牛羊肉价格偏高的情况，在调研了解大型批发市场和大型连锁超市的基础上，分别选择牛羊肉日常交易量（经营量）较大的6个品种，经请示商务部批准后，纳入商务部生活必需品市场监测系统，使牛羊肉监测由单一品种，分别增加到7个品种。

（叶卫东）

【增加蔬菜监测品种】2013年，根据生活必需品市场监测工作的需要，结合52家社区菜市场经营的实际情况，将蔬菜的监测品种由18种增加到26种，纳入到市商务委生活必需品市场监测系统。

（叶卫东）

【面粉交易量增加，大米和食用油交易量减少】北京盛华宏林和锦绣大地玉泉路粮油批发市场粮油交易量约占全市交易总量的70%。2013年，2家批发市场大米交易总量105.5万吨，日均交易2 900吨，较2012年减少0.2%。面粉交易总量27.7万吨，日均交易759吨，较2012年增加4.5%。食用油交易总量11万吨，日均交易301吨，较2012年减少9.8%。

（叶卫东）

【蔬菜上市总量增加】2013年，监测的8家批发市场蔬菜上市量达113.5亿千克，日均3 111万千克，较2012年增长6.1%。

（叶卫东）

【生猪屠宰量持平】2013年，监测的12家定点屠宰企业生猪屠宰总量858.8万头，日均屠宰2.35万头，与2012年基本持平。

（叶卫东）

【牛肉交易量下降，羊肉交易量增加】2013年，监测的8家批发市场牛肉交易总量7 397万千克，日均交易量20.3万千克，较2012年减少2.3%。羊肉交易总量6 568万千克，日均交易量为18万千克，较2012年增长6.7%。

（叶卫东）

【鸡蛋交易量减少】2013年，监测的8家批发市场鸡蛋交易总量27 773万千克，日均76万千克，较2012年减少6.6%。

（叶卫东）

【新增5家骨干企业】2013年，根据生活必需品市场供应工作需要，新增卓宸畜牧有限公司、隆昊肉类食品有限公司、御香苑畜牧有限公司、北京窦店益生清真肉业有限公司和北京金维福仁清真食品有限公司5家企业成为生活必需品骨干企业和应急保供骨干企业，使骨干企业数量分别达到了40家和80家。

（叶卫东）

【充分发挥骨干企业主力军作用】2013年，进一步明确骨干企业在加强市场监测、充实企业库存、加强储备管理、建立应急预案、维护市场秩序等方面的责任，重点通过提高企业商业库存，切实发挥骨干企业在保障市场供应，维护市场稳定中的主力军作用。

（叶卫东）

【进一步完善蔬菜产销合作机制】2013年，通过市商务委建立的蔬菜产销合作机制，指导批发市场、连锁超市、直营直供企业加强与供京主产地农合组织对接，积极组织货源，加大蔬菜调运，保障市场供应充足。2月2日至3月31日，市商务委和市农委、中国蔬菜流通协会开展了“十一省区市服务产区菜农服务首都市民蔬菜保供联合行动”。活动期间，累计增加蔬菜供应总量约14.9万吨，日均增加3 170吨，增幅10.2%，保障了春节和“全国”两会期间蔬菜市场稳定供给。

（叶卫东）

【及时组织实施牛羊肉市场调控工作】2013年，按照市领导的批示要求，经市政府批准同意，2月9日至3月31日，市商务委会同市发改委、市财政局、市民委、市农委、市农业局组织实施了本市牛羊肉市场调控工作。调控期间，卓宸、隆昊、御香苑、窦店益生和金维福仁等本市5家牛羊屠宰企业周平均屠宰活牛和活羊较调控前分别增加30.5%和24%，起到了保障首都市场牛羊肉供应稳定的作用。

（叶卫东）

【强化对承储企业储备商品管理】年初，修改并与相关承储企业续签了2013年度政府储备协议。4月，市商务委制定并下发了《关于加强政府储备管理工作的通知》，要求各承储企业建立和完善储备商品管理制度和应急预案，并对储备商品专库（专区）存放、商品轮换“先进后出”、储备商品数据定期报送等做出明确要求，进一步规范了承储企业对政府储备商品的管理。加强监督检查，共检查承储企业150余次，对发现的问题督促企业及时整改，确保政府储备“储得住、管得好、调得出、用得上”。

（叶卫东）

【开展纯净水（矿泉水）政府储备检查和生产加工企业摸底工作】3月，上海黄浦江出现大量死猪。为防止出现死猪对水源污染造成居民抢购矿泉水情况波及北京，按照领导指示，两会期间两次对本市矿泉水（纯净水）储备情况进行了检查，对全市纯净水（矿泉水）生产加工企业情况进行了摸底，为应对突发情况做好了充分准备。

（叶卫东）

【完成了防控H7N9禽流感的相关工作】4月，根据市政府、市应急办和商务部的工作部署，及时下发通知，要求各区县商务委及相关商业企业，启动每日“零报告”制度，密切关注市场动向，防止出现任何商品抢购现象的发生。建立了信息报告制度，每日（包括周六日和节假日）定时收集16个区县商务委和40余家应急保供骨干企业的情况，汇总后及时上报市应急办，圆满完成了防控H7N9禽流感的相关工作。

（叶卫东）

【及时监测消毒用品市场销售库存情况】4月，针对我国浙江、安徽等南方省市出现

H7N9禽流感疫情病例增多情况，为防止本市居民出现抢购卫生消毒用品现象，市商务委主动及时了解本市消毒用品库存及生产情况并上报市政府，后持续两个月监测消毒用品市场销售动态及企业库存情况，为应对疫情暴发做好物资供应保障准备。

（叶卫东）

【检查粮库防火安全情况】5月31日，中储粮黑龙江林甸粮库发生重大火灾事故后，市商务委、市粮食局先后到房山窦店、顺义牛栏山粮库等单位检查防火安全管理情况，并对加强全市粮食行业防火安全管理做出安排部署。

（叶卫东）

【及时部署屠宰企业冷库液氨管理工作】6月3日，吉林德惠禽业公司冷库发生液氨爆炸后，市商务委第一时间了解本市12家生猪屠宰企业冷库使用液氨情况后，及时上报情况并对屠宰企业加强冷库液氨安全管理提出要求。

（叶卫东）

【圆满完成防汛安全管理工作】2013年，成立了市商务委防汛指挥部和防汛办，建立了防汛工作制度和应急预案，修订了防汛工作方案，重新梳理了应急调拨流程，落实措施、责任到人。6月1日至9月15日汛期期间，严格执行蓝色预警委领导亲自带班、橙色预警防汛总指挥亲自带班、两名工作人员24小时值班制度，多次对防汛物资储备情况开展检查，高度重视承储企业自身防汛安全，积极组织开展防汛物资、应急物资投放演练，提高应急调拨处置水平，确保防汛物资“响应及时、供应顺畅”，圆满完成了汛期安全管理工作。

（叶卫东）

【疏通生活必需品应急供应渠道】2013年，进一步疏通城六区生活必需品应急供应渠道，重新确定6个区商务部门、12个应急投放集散地、236个应急投放网点的联系方式，强化协调和应急处理机制，确保“责任到人、响应及时”。

（叶卫东）

【完善商务部应急商品数据库】2013年，根据商务部要求和本市的实际情况，调整并增加了4个商品种类和4个监测指标，进一步充实了应急商品数据库。应急商品数据库企业达到了41家，超过了商务部规定的样本企业不少于34家的要求。应急商品数据库监测涉及食品类、生活用品类、救生器材类、救灾物资等4大类31种应急商品，实现了准确、及时、全面监测，为有效应对突发公共事件奠定良好基础。

（叶卫东）

【完成蔬菜市场供应风险管理体系课题研究】2013年，根据市应急委的工作安排以及本市蔬菜市场供应的需要，按时完成了本市蔬菜市场供应风险管理体系课题研究工作，进一步提升了本市生活必需品市场供应风险管理水平。

（叶卫东）

【组织召开应急管理工作会议】12月20日，市商务委组织召开了应急管理工作会议。会上总结了2013年度市场供应应急工作，部署了2014年度工作；印发了《关于开展区县〈生活必需品市场供应应急预案〉工作的通知》；介绍了商务部应急商品数据库系统，对样本企业信息员进行了培训；邀请市应急办专家作了《进一步加强应急能力建设》专题报告。报告从应急准备、信息研判、应急响应、指挥决策、现场管理、灾害学习等6个方面指导区县商务委做好应急预案的编制工作。委有关处室、应急储备保障中心、商业信息咨询中心，16个区县商务委主管领导和相关负责人，41家商务部应急商品数据库系统样本企业、32家应急保供骨干企业、58家生活必需品市场监测优秀样本企业的相关人员参加了会议。

（叶卫东）

【市商务委获商务部2013年度应急商品数据库省级考核排名第一】在全国37个省、自治区、直辖市及部分计划单列市商务部门考核评比中，北京市商务委获商务部2013年度应急商品数据库省级考核总分排名第一，这是继2011年排名第一、2012年排名第三，2013年再获第一的好成绩。

（叶卫东）

【完成成品油、原油行政许可审批（核）工作】2013年，共审批成品油零售经营企业行政许可187件，初审成品油批发、仓储及原油经营资格行政许可事项26件。

（王云峰）

【完成原油、成品油经营企业年检工作】2013年，全市共有1 030家原油、成品油经营企业通过了年度资格检查，其中成品油零售企业936家，成品油批发企业64家，成品油专项用油企业16家，成品油仓储企业3家，原油经营企业11家。

（王云峰）

【全市成品油销售量同比增加】2013年，全市成品油表观销售量为732.57万吨，同比下降1.95%，其中：汽油348.57万吨，同比上升4.36%；柴油384万吨，同比下降7.04%。

（王云峰）

【落实北京市清洁空气行动计划】2013年，根据《北京市2013—2017年清洁空气行动计划》任务分工，严格要求经营企业在本市供应京Ⅴ标准成品油，制定了2013—2017年检查计划，每月对成品油经营企业销售的成品油进行执法检查。2013年累计出动检查人员621人次，检查成品油经营企业159家。

（王云峰）

【协力抓好对成品油市场管理】12月，市商务委与市公安局内保局等五部门联合制定印发了《关于强化加油站安全管理的工作意见》，协力抓好加油站安全管理工作。

（王云峰）

【完善生活必需品市场监测制度】2013年，按照“准确监测，全面分析，科学预测，快速反应”的原则，进一步完善生活必需品市场监测制度。监测范围已涵盖屠宰加工、批发、零售、社区销售4种业态110家企业，粮、油、肉、蛋、菜、盐、糖等12大类生活必需品近100种商品。监测体系能够根据工作需要，适时扩大监测商品范围和缩短监测时间，提高生活必需品市场波动的预测、预警和预报能力。

（刘　璇）

【加强生活必需品市场监测信息报告工作】2013年，定期采集相关数据，做好生活必需品市场供应日报、周报工作。撰写生活必需品市场季度运行报告，分析运行特点和市场走势，进一步提升分析能力，为市领导了解市场供应信息和市政府采取调控措施提供决策参考。全年共报送日报、周报、相关信息、运行分析报告等近300期（篇）。

（刘　璇）

【全力保障“中秋”“国庆”期间牛奶市场供应稳定】9月中旬，针对市民和媒体反映我市低价牛奶出现短缺的情况，市商务委紧急与三元、蒙牛、伊利三大生产企业及主要连锁超市沟通协调，要求生产企业调整产品结构、加大货源调运，连锁超市增加商业库存，确保“两节”期间牛奶市场供应稳定。9月16日至10月7日，本市液态奶供应总量约715万箱，日均供应32.5万箱，日均增加4.3万箱，增长15%。

（刘　璇）

粮食流通

【概况】2013年，北京市粮食行业认真贯彻落实党的十八大关于确保国家粮食安全的战略部署，深入贯彻习近平总书记关于“把保障粮食供应能力牢靠地建立在自己身上”“把饭碗牢牢端在自己手上”的重要指示和李克强总理关于守住管好“天下粮仓”、做好“广积粮、积好粮、好积粮”三篇文章的重要讲话，加大粮源组织力度，保持了充足的粮源供应和价格基本稳定；落实市储备粮增储计划，进一步夯实了政府调控的物质基础；完成粮食和食用油库存检查工作，促进了库存管理规范化建设；加强行政执法和监督检查，维护了良好的市场秩序；强化行业管理和服务，提升了粮食经济增长质量和效益。经过共同努力，完成了“守底线、保安全、惠民生、促发展”的工作目标，为首都经济社会持续健康发展做出重要贡献。

（任昌坤、梅　伟）

【粮食供需基本平衡】2013年，北京市粮食消费565.4万吨，同比增长5.4%。其中口粮消费345.8万吨，增幅5.1%；饲料用粮176.4万吨，增幅1.6%。人口增加促进了粮食消费的刚性增长。粮食总供给649.9万吨，其中自产粮食占20.1%，其余全部从外埠购进，共计购入数量526.4万吨，增幅10%。全市7家重点粮食批发市场上市量和交易量再创新高，分别达到262.1万吨和259.9万吨，同比增长8.8%和8.6%。市储备粮年末库存较年初增加13.8%，储备品种结构进一步优化。食用油消费57.3万吨，同比增长0.3%。

（焦洪文）

【粮油市场平稳运行】利用粮食竞价交易平台，开展市储备粮、国家临时储备粮、区县储备粮、军粮竞价交易，调节市场粮油供求和价格，引导大宗粮油贸易开展。全年举办交易会27次，交易量69万吨，交易金额19.9亿元。1-12月，北京市居民消费价格累计上涨3.3%，高于全国0.7个百分点；粮食上涨4.4%，低于全国0.2个百分点；油脂下跌0.2%，低于全国0.5个百分点。保持了粮油价格涨幅低于全国平均水平的好成绩。

（孔　晶）

【利用市储备粮轮换带动产业发展】全面完成了市储备粮两年增储计划。认真做好轮换工作，粮食购入63.9万吨、销售52.7万吨，食用油购入4万吨、销售3万吨。区县储备全部落实到位，管理逐步规范，在稳定区域市场中发挥了重要作用。完善“千分制”考评体系，促进了企业规范化管理。全市规范化管理优秀企业28家，占承储企业的56%。鼓励本市企业直接入市收购，采取委托采购和收购转储的方式支持贸易经营。委托本市企业到主产区收购粮食6万吨，郊区收购转储3万吨，储备粮轮换机制带动产业发展取得新成效。国有粮食企业调结构、转方式、增效益取得明显成效，全行业连续7年保持盈利，购销企业连续11年保持盈利。

（石红兵、孔令文）

【粮食应急保障能力进一步提高】全市16个区县完成了《粮食供给应急预案》的修订和与市级预案的衔接工作。加强粮油市场信息监测和预警体系建设，实时监测粮油购销、储存、加工、批发、零售等各环节的情况，准确掌握粮油价格、供求、库存信息。增加了成品粮油储备品种和小包装比重，夯实了应急投放的物资基础。调整了应急供应网点数量和布局，供应网点由342个增加到673个，布局和结构进一步优化。应急加工企业增加到21家，加工能力储备进一步提高。统筹考虑本市及周边地区的应急加工企业，形成4小时、12小时、24小时三层送达圈范围，建立有效的加工和运输保障机制。门头沟区粮食局、怀柔区粮食局、房山区粮食局坚持做好市场信息采集和报送工作，东城区组织开展应急演练工作，为完善应急保障机制积累了宝贵经验。

（孔　晶）

【外埠粮源基地年收购能力达到400万吨以上】巩固和发展与粮食主产区的产销合作关系，利益协调机制进一步完善。支持本市国有粮食企业与粮食产销合作，扩大合作规模，丰富合作方式。市财政近5年累计投入产销合作资金1.5亿元，支持外埠粮源基地建设，基地数量达到220个。其中拥有完全产权的粮源基地17个，仓储能力95万吨，粮食烘干能力达到40万吨/年，年收购能力达到400万吨以上。

（王　玲）

【开展面向全社会的粮食流通执法检查工作】重点开展对全市储备粮数量、质量和技术规范执行情况、粮食收购政策执行情况、政策性粮油购销情况、粮食流通统计制度执行情况的监督检查，进一步落实各项相关工作制度，加强对全社会粮食流通监管与服务。市和区县粮食行政管理部门共出动执法3 112人次，检查企业1 567家，有效地维护了粮食流通秩序。大兴区粮食局、昌平区粮食局、密云县粮食局发挥了很好的示范作用。

（张继红）

【粮食库存数量真实、质量良好】2013年，按照国家有关部委的统一部署，市和区县粮食、发展改革、财政、农发行等部门密切配合，相关企业大力支持，按照“有仓必到，有粮必查，查必彻底”的原则，开展了粮食和食用油库存检查工作。共涉及粮食企业87个、粮食465万吨，食用油企业11个、食用油13万吨，达到底数清、管理好的目的。

（张继红）

【绿色储粮范围同比扩大】度夏期间，市储备粮免化学药剂熏蒸的比例达到63%，同比增长6%；采用惰性粉和硅藻土防虫技术的比例达到23%，同比增长3%；应用准低温储粮技术的比例为34%，与上年持平；应用压盖控温等其他技术的比例为11%，同比增加5%。其中，市储备稻谷全部应用了准低温储粮技术并实现了免化学药剂熏蒸，连续两年实现绿色储藏。市储备粮宜存率连续7年达到100%。

（石红兵）

【11家非公有企业粮油承储纳入补贴范围】2013年，全市共有91家储备粮油承储企业申报免税，比2011年增加20家。其中北京佐竹精麦面粉有限公司、北京冰灯米业有限公司、北京金秋睡丰贸易有限公司等

11家合资、民营和私营企业首次纳入申报补贴范围，支持了粮食流通产业发展。

（孔令文）

【基础设施建设稳步推进】完成《北京市“粮安工程”建设规划（草案）》编制工作，初步完成与国家规划的衔接工作，加快粮食仓储设施、应急供应体系、质量监管体系、监测预警体系建设。开展了《北京市粮食流通“十二五”时期发展规划》中期检查和评估工作，加快基础设施建设，当年落实市储备粮仓储设施维修资金1 600万元，6个项目1.2亿元的投资计划进入市发展改革委审批环节。

（任昌坤、于燕麟）

【开展职业技能鉴定工作】人才兴粮战略稳步推进，行业教育和职业技能培训取得新成绩。开展粮油保管员初级、中级，及粮油检验员初级职业技能鉴定及培训工作，共有115人参加培训鉴定，86人取得了相应国家职业资格证书。按照“全员参与、层层选拔”的原则，举办第三届北京市粮食行业职业技能大赛，并组织北京市代表队参加全国第三届粮食行业职业技能竞赛。其中，一人荣获全国二等奖和全国技术能手称号。

（李亚婕）

【开展“爱粮节粮——你我的责任”主题宣传日活动】5月17日，在翠微广场举办2013年度北京市粮食科技周主题宣传日活动。活动延续“保障粮食安全、普及粮油知识、关注大众健康”的总体思路，传承“为耕者谋利、为食者造福”的粮食文化，广泛宣传粮油科普知识，大力推广放心粮油品牌，向市民发放粮油科普知识宣传书籍物品近万份，取得良好宣传效果。

（阎维洪、于燕麟）

【“放心粮油宣传日”主题活动深入区县】6月25日，围绕“社会共治、同心携手维护食品安全”主题，在通州运河文化广场面向社区居民开展“放心粮油宣传日”主题活动。市粮食行业协会向6家放心粮油示范企业颁发证书和标牌。展示了品种丰富、质优物美的放心粮油产品，邀请粮油专家和专业技术人员讲解食品安全知识，发放食品安全科普宣传材料和宣传品，受到参与市民的热烈欢迎和一致好评。

（宫玉富）

流通秩序

【概况】2013年，按照全市商务工作部署，继续加强消费环境规范管理、开展多项专项检查、大力推行商务诚信建设、开拓新型消费模式、提高服务质量和水平，促进首都市场健康、有序发展。

——强化消费环境规范，维护首都市场经济秩序。一是开展商业零售企业促销专项检查，全力推进商业零售企业诚信促销，完善促销秩序网络监管系统和全市促销监管联络员机制，组织区县商务委、执法大队对全市300多家商业零售企业促销进行专项检查。二是维护零售商供应商公平交易，将零售商违规收费纳入12312举报投诉体系，积极引导企业加强自律，建立投诉受理机制，充分发挥行业协会的桥梁纽带作用，协调解决零供关系纠纷。三是加强单用途商业预付卡管理工作，贯彻落实《单用途商业预付卡管理办法》，扎实推进备案审核工作，建立工作联络机制，开展专项检查，接受并处理社会各方的举报投诉。通过各项规范市场秩序的推进，企业经营行为进一步规范，违规收费势头得到遏制，明码标价制度得到较好落实，促销服务收费进一步规范，保障了首都商务领域良好的公平交易秩序。

——强化诚信服务理念，提升行业服务水平。一是继续开展商务诚信建设宣传活动。在商业服务业企业的显示屏、店堂内、收银台、卖场pop等重要位置展示“商务诚信建设”宣传标语，发放5 000多册《商贸企业商务诚信建设读本》，将诚信服务的理念传递给企业管理人员和广大员工，推动企业商务诚信服务活动的深入开展，在商务部开展的“商务诚信建设试点工作先进单位”推荐活动中，涌现出一批有代表性的企业。在9月份的“诚信兴商”宣传月中，会同市质监局开展质量月活动，联合印发《北京市服装纺织产品质量提升工作方案的通知》，加强对纺织产品质量信息沟通和监管，提升纺织产品质量。二是开展2013年商业服务业服务技能大赛活动。活动中，各有关协会和企业组织开展了职业道德、服务礼仪、法律法规基本知识、食品卫生安全知识、服务规范、商品知识以及公共性、常识性知识培训及实际操作考核，丰富了员工服务素质，进一步提高商业服务业企业员工服务意识和服务技能。通过层层选拔，推出了一批服务骨干。三是开展第三批零售企业分等定级工作。根据商务部办公厅要求，按照《百货店等级划分及评定》标准，组织区县商务部门进行动员部署，对信息系统使用进行了培训和问题解答。相关企业围绕服务、管理、诚信、环境、安全、节能六个方面要求，逐一进行了对照，并进行了完善和整改，提高了百货行业消费环境和服务水平。

——积极培育大宗商品市场，规范发展药品行业。首先，推进大宗商品市场健康发展和有序转型。一是增强了政府平抑物价和稳定市场的能力。北京华商储备商品交易所，通过对国家储备糖、储备肉的收储和投放，成为国家宏观调控食糖及肉类市场的重要平台。二是提高了北京乃至中国的产业主导权。全国棉花交易市场推出的“中国棉花价格指数”，成为反映中国棉花供求和价格走势的“晴雨表”，对国际棉花价格产生重大影响。三是全国棉花市场和北京石油交易所已先后突破了2 000亿元交易规模，全年交易量分别达到2 440.5亿元和2 152.1亿元。其次，推进药品流通行业发展。宣传贯彻商务部发布的《药品批发企业物流服务能力评估指标》《零售药店经营服务规范》等5项标准，召开标准宣贯会并提出具体要求。针对药品流通统计工作的新要求和新修订的《药品流通统计报表制度》，组织药品流通企业进行了培训，做好药品流通统计工作。通过贯标活动，进一步规范企业经营服务行为，提高药品流通效率，建立企业诚信经营机制，提升企业的管理和服务能力，规范和促进药品流通行业健康发展。

——推进信用消费范围，培育新的消费热点。一是大型零售企业联合商业银行开展“零首付、零利率、零手续费”“刷卡赠好礼”等信用消费活动，惠及京城百姓。二是北银消费金融公司联合商业银行根据消费者对婚庆、装修等的消费需求，联手大型零售商开展“消费金融进万家”“消费金融服务下乡进村”等系列活动，有效扩大百姓的消费需求，为提升居民生活品质做出积极贡献。

——推进节能减排工作，强化绿色低碳发展理念。一是开展“三绿工程”示范项目试点工作。5家项目试点企业采取加大资金投入和改造力度，采取各种措施，大力开展绿色采购、绿色运营、绿色消费工作。根据节能量验收测算，5家企业年节电总量为1 719.29万度，节电费将近2 000万元。经过节能改造，全年折合减少标准煤消耗近2 100吨。二是继续做好“两项标准”编制工作。组织开展了商场超市用能现状调查研究和能耗分析，起草了《北京市商场超市用能定额标准》和《北京市商场超市合理用能指南》两项标准，正在征求商务领域相关企业意见。三是开展商务领域节能宣传周活动。市商务委和北京节能中心联合开展“绿色消费·健康生活·绿能量公益活动”。期间，相关企业开展了“节能产品宣传及优惠活动”。四是做好“限塑”宣传和检查工作。全年，市商务委和区、县商务委对57家商场超市使用塑料购物袋情况进行检查，出动执法人员130余人次。

（褚庆丰）

【开展商业零售企业促销规范检查】 全年，市及区县商务部门共出动检查人员712人次，检查商业企业455家，现场纠正不规范促销行为为55件，并对一家商场的限时限量促销进行了处罚。

（孙景东）

【129家发售单用途商业预付卡企业进行了备案】 全年，本市共有129家发售单用途商业预付卡企业进行了备案。其中，集团发卡企业14家、品牌发卡企业12家、规模发卡企业93家、其他发卡企业10家，涵盖零售业、居民服务业、餐饮业、住宿业、影院和KTV等六大行业。

（孙　诺）

【开展刷卡手续费和单用途商业预付卡联合检查】 2月20日至22日，市商务委、人民银行营业管理部联合对庄胜崇光百货、菜市口百货、东方凯德华国际商务会馆和东兴楼等21家企业开展了刷卡手续费和单用途商业预付卡联合检查。联合检查组现场检查了企业银行卡受理协议换签、手续费设定、POS机具布放及标识张贴、商户MCC设置及商户收银员受理银行卡等情况。还通过查阅发卡企业工商登记、发卡制度、发卡记录等相关材料，询问发卡企业负责人和具体经办人员等方式对单用途商业预付卡实名登记、非现金购买、限额发行等“三项制度”落实情况、单用途商业预付卡内部管理制度的合规和风险控制、备案通过企业各种资金存管方式和业务系统报告的落实情况等进行了检查。

（孙　诺）

【48家企业获得“商务诚信建设试点工作先进单位”】 在商务部组织开展的“商务诚信建设试点工作先进单位”评选推荐中，经城六区商务部门和有关行业协会推荐，本市48家企业获得“商务诚信建设试点工作先进单位”荣誉，涉及百货、超市、餐饮、美容美发、洗染等多个行业。

（庄秋凤）

【2013年商业服务业服务技能大赛系列活动圆满结束】 大赛设有服装服饰搭配、餐厅服务、美发、美容、服装熨烫、足部保健、电视故障排除、婚礼摄影造型等8个比赛项目。组织企业初赛1 200余场，市级选拔赛服务知识和技能实操考试15场。先后有2万多家企业门店的20多万人次员工参与服务技能大赛系列活动。

（庄秋凤）

【服务技能大赛培训取得成果】 2013年商业服务业服务技能大赛系列活动中，各有关协会共编制培训教材8套，服务知识试题

20余套、实操试题20余套。组织企业小教员培训45次，培训人员2 446人。企业小教员对本企业员工进行了全面培训。

（庄秋凤）

【集体和个人荣获“全国巾帼文明岗”和“全国巾帼建功标兵”称号】2013年“三八”国际妇女节期间，全国妇联对全国城乡妇女岗位建功先进集体、先进个人进行了表彰。市商务系统的北京翠微大厦股份有限公司总服务台、北京吴裕泰茶业股份有限公司王府井店、北京京客隆甜水园店荣获“全国巾帼文明岗”称号。西单商场副总经理、西单店党委书记，总经理徐民荣获“全国巾帼建功标兵”称号。

（庄秋凤）

【大宗商品交易额增长201.6%】全年，本市大宗商品现货市场涉及燃料油、钢铁、铁矿石、棉花、食糖、农产品等多个交易品种。全年累计交易额4 901.6亿元，同比增长201.6%。

（刘　伟）

【棉花交易市场交易规模达2 440.5亿元】全年，棉花交易市场交易额2 440.5亿元，成为本市继北京石油交易所之后，第二家突破2 000亿元规模的大宗商品交易市场。

（刘　伟）

【信用消费额大幅增长】全年，参与信用消费的12家企业实现信用消费额约35.5亿元，比上年同期增长38%，推动了信用消费业务的快速发展。

（刘　伟）

【开展“绿色消费·健康生活·绿能量公益活动”】根据市发改委“开展2013年北京市节能宣传周——传递绿能量”系列活动安排，5月10日，市商务委、北京节能中心组织召开“绿色消费·健康生活·绿能量公益活动”。节能周期间，相关企业要开展为期一周的“节能产品宣传及优惠活动”，要统一制作条幅、展板、海报等宣传品，普及节能低碳行动、绿色消费、限塑、减少过度包装等相关知识。

（孙景东）

【市节能考评组考评商务领域节能目标完成情况】5月15日，市节能考评组对市商务委2012年度节能目标完成情况和节能措施落实情况进行现场评估考评，通过情况汇报、现场审查核查相关材料，考评组对市商务委2012年节能工作完成较好给予充分肯定。

（孙景东）

【开展“绿色消费日”主题活动】6月15日上午，市商务委会同市发改委、北京节能环保中心开展“绿色消费日”主题活动。活动中，播放了绿色节能环保宣传片，苏宁易购与华新绿源签署了废旧电器回收战略合作意向书，苏宁电器负责人代表零售企业发起绿色消费倡议。期间，发放《节能电器宣传知识手册》2 000多册，环保购物袋3 000多个。

（孙景东）

【北京市商业服务业协调劳动关系三方机制建立】11月14日，北京市商业服务业协调劳动关系三方机制召开成立大会暨第一次会议。会议审议并原则通过了《北京市商业服务业协调劳动关系三方机制工作方案》和《餐饮连锁企业和特色美食街区工资集体协商工作推进方案》。建立三方机制，对于协调商业服务业劳动关系，维护商业服务业职工队伍稳定，推动商业服务业健康和谐发展具有深远意义。

（谢凤珍）

市场秩序协调

【概况】 市场秩序协调处负责北京市打击侵犯知识产权和制售假冒伪劣商品工作领导小组办公室的日常工作。2013年，在市委、市政府的正确领导下，按照全国统一部署，结合首都实际，进一步健全工作体系和机制，大力开展各项整治行动，积极推进双打两法衔接工作，有效推动了本市打击侵权假冒工作，维护了首都公平良好的社会经济秩序。

一、进一步加强制度机制建设，完善工作体系

北京市双打工作重视法治建设。2013年9月市人大常委会修订了《北京市专利保护和促进条例》，2014年3月1日起开始施行。修订后的条例增加了13条，更加注重建立全社会共同保护和促进专利体系。市双打领导小组及办公室不断加强制度机制建设，完善组织领导体系，及时调整领导小组成员名单，切实保证双打工作的组织领导；建立了统计月报、信息专报等制度，11家行政执法机关和刑事司法机关定期报送信息和数据；市领导小组办公室加强指导，督促各区县建立双打领导体系和工作机制，16个区县全部设立了打击侵权假冒工作领导小组及办公室；进一步完善打击侵权假冒工作绩效考核办法，2013年连续第二年对全市16个区县进行双打考核，考核结果计入首都综治工作考核。

市双打办及成员单位不断加强业务能力建设，各行政执法机关和刑事司法机关在培训中坚持“请进来，走出去”。一方面，邀请知识产权领域相关专家为一线执法人员授课，另一方面，组织人员分批到其他单位学习，交流沟通执法工作技巧和相关信息。市公安局、市食药监局等单位积极探索提高执法办案效率的新路子，结合职能积极创新工作方式，坚持协作机制，取得了明显的效果。

二、进一步依法严厉打击侵权假冒行为

各成员单位根据各自职责，严厉打击危及人民群众切身利益的侵权假冒违法行为。2013年行政执法机关对侵权假冒立案5 021件，涉案金额2 512.64万元，办结案件2 296件，捣毁制售假冒伪劣产品窝点61个，移送司法机关涉嫌犯罪案件53件。全市公安机关共破获侵权假冒案件5 792件，抓捕犯罪嫌疑人4 115人，涉案金额18.67亿元。全市检察机关共批捕侵权假冒案件犯罪嫌疑人1 209人，审查起诉案件2 033件。全市审判机关共受理侵权假冒刑事案件872件，审结647件，生效判决人数868人。

各区县也积极开展打击侵权假冒工作。通州区双打办配备了专人负责此项工作。一些区县在市双打办的协调下，配合市级执法部门开展重点问题的整治。朝阳区关闭了存在侵权假冒问题的永安里地下通道市场；海淀区对中关村电子商城进行了专项整治，净化了市场秩序，回击了境外所谓“恶名市场”的不实污蔑，营造了良好的消费环境和国际形象。

三、打击侵权假冒“两法衔接”不断强化

一是两法衔接信息平台建设推进顺利。16区县中已有13个建立行政执法和刑事司法两法衔接信息共享平台。市商务委筹措资金，将市级打击侵权假冒“两法衔接”信息共享平台列入2013年市级预算。该项目已经完成市经济信息化委的审核立项，已经进入招标建设阶段。

二是行政执法部门与刑事司法机关加强工作联动。强化协作配合，建立线索通报、案件协办、联合执法等制度，充分发挥部门联合办案优势，双打“两法衔接”工作取得积极成效。

四、积极开展双打宣传工作

各成员单位积极开展双打宣传工作，多维度宣传效果明显。一是积极开展媒体宣传。利用4月26日世界知识产权日，举办北京知识产权保护状况新闻发布会；在《北京日报》等平面媒体发稿150余篇，中央电视台等电视媒体报道18次。二是开展活动，扩大知识产权宣传效果。组织了“首都知识产权领域十大事件十大人物十大案件评选活动”等公益宣传活动；在首都国际机场3号航站楼举办“海关打击侵权假冒成果展”。三是开展区县行，宣传地方工作。四是加大户外宣传力度。制作主题视频，在人流量集中的地铁换乘站点，通过LED大屏播放，强化群众对知识产权的认识。五是主动发放宣传材料。2013年发放宣传册20 000本、悬挂知识产权宣传海报300张、发放知识产权保护书签2万枚、制作知识产权公益宣传展板30余块、发送知识产权保护公益短信40万条。

（葛子建）

【永安里地铁非法市场彻底关闭】永安里地铁地下一层通道内长期形成无证照市场，悬挂“秀水地铁商城”的牌匾，大肆推销多种假冒伪劣商品，造成不良国际影响，被列为我市打击侵权假冒工作重点治理对象。3月以来，由市打击侵权假冒领导小组办公室统一部署，各部门联合对非法市场内商户进行清理，现场查获存放、销售侵犯注册商标专用权商品的库房18间，涉及手袋、钱包、皮带等商品共计31 024个，价值金额约900万元。市公安、工商、文化执法、朝阳区、北京地铁运营公司等部门全力配合支持，于9月初彻底关闭该非法市场。

（张成成）

【集中开展中关村电子卖场整治】市双打办会同有关部门和海淀区于12月10日至12月31日集中开展了中关村电子商城专项整治行动，共检查企业及经营户500多户，对存在问题的5家商户责令停业整顿并限期整改。接到并办结消费举报57件，调解消费申诉82件，为消费者挽回经济损失8.77万元。消费投诉数量和各类警情明显减少，日均不足5起。

（孙　颖）

【区县打击侵权假冒工作绩效考核】12月初开始，市打击侵权假冒办公室对全市16区县打击侵权假冒工作进行年度考核。考核项目细分为16大项50余个小项，突出了双打工作机制的建立和完善、两法衔接平台建设、危害人民群众切身利益的侵权假冒行为的打击力度和成效。对商标、著作权、专利保护、查办侵权假冒犯罪案件、成立双打机构等重点工作，增加了分值权重；坚持考核、调研、指导等工作“合并同类项”，进一步了解基层情况，研究区县工作思路。通过完善绩效考核机制，有力地促进了全市双打工作的推进。

（韩建中）

【打击制售假药的违法行为】2013年，市打击侵权假冒办公室统筹协调市食品药品监督管理局、市公安局等成员单位密切配合，持续打击制售假劣药品的违法行为。共出动执法人员19 595人次，监督检查涉药单位3 519家次，立案查处141件，涉案金额110.622 6万元，移送司法机关30件，捣毁制售假药窝点50个。先后查办了“5·31”十里河保健品市场和8个区县的保健食品违法窝点，查获“6·28”非法进口、生产、经营、使用美容用假药、假医疗器械团伙，开展了“9·06”非法收售药品行动和“10·29”非法收售药品清理整治行动等，有效打击了制售假劣药品违法行为，震慑了犯罪分子，切实保护了人民群众的用药安全。

（张炳词）

【打击侵权假冒工作机制进一步完善】截至12月，全市16个区县全部成立了打击侵权假冒工作领导小组和办公室。

（张炳词）

【打击侵权假冒年中工作推进会】7月9日，市打击侵权假冒办公室召开2013年打击侵权假冒年中工作推进会，33家成员单位和16个区县打击侵权假冒领导小组办公室参加会议。会议传达了汪洋副总理和姜增伟副部长在全国打击侵权假冒工作会议上的讲话。公安、药监、文化执法、海淀区等各部门或地区做了典型发言。市打击侵权假冒领导小组办公室主任许康总结了上半年工作，分析了目前存在的困难和薄弱环节，提出了下半年工作重点。

（葛子建、张成成）

【全国双打办来我市调研食品药品打假工作】7月5日，全国打击侵权假冒领导小组办公室负责人柴海涛率队来我市调研食品药品打假工作，了解目前食品药品领域打击假冒伪劣工作存在的难点、重点，制假售假违法犯罪行为特点，研究提出深入推进打击制售假冒伪劣食品药品违法犯罪行为的政策措施。市打击侵权假冒领导小组办公室召集公安、药监、检察院、法院等部门参加了调研座谈会。各参会单位详细介绍了北京市食品药品领域打假的难点、重点，并对如何做好顶层设计给出了明确建议。

（葛子建、张成成）

安全监管

【概况】2013年是贯彻落实“十八大”精神的第一年，也是扎实开展安全生产大检查、全面打基础的重要之年。在委党组的高度重视和正确领导下，全市商务部门认真筹划、全面部署，狠抓各项工作落实，行业安全生产形势持续稳定，没有发生较大以上生产安全事故，并实现了商务委系统内部年度安全工作零事故目标。全市商务部门全年共出动安全生产执法检查人员24 441人次，检查经营单位9 318家次，发现并消除安全隐患问题3 842个，行政处罚16起。

2013年，市商务委荣获“2013年度北京市安全生产工作先进单位”“北京市预防煤气中毒工作先进集体”，在北京市防火安全委员会考核中获得行业系统主管部门消防工作优秀等次，并在北京市安全生产月活动获得“优秀组织奖”和“最佳实践活动奖”等奖项。

一、加强专项治理，提升安全管理工作水平

根据国务院、市政府工作部署，按照“全覆盖、零容忍、严执法、重实效”的总体要求，从6月下旬到年底组织开展了安全生产大检查工作。组织召开8次动员会、推进会、汇报会对区（县）商务部门和全市大中型连锁集团企业安全生产大检查工作进行部署、推进。从7月份开始启动委领导带队检查安全工作机制，市商务委领导轮流带队检查经营单位安全生产大检查工作落实情况，组织成立19个督导组，采取不发通知、不打招呼、不听汇报、不用陪同和接待，直奔基层、直插现场的形式对428家经营单位进行明察暗访，并对永辉、家乐福等大检查工作不落实的连锁企业集团负责人进行了约谈，行业安全生产大检查工作取得预期成效。区（县）商务部门多次召开规模以上商业零售、餐饮经营单位安全生产行业大会、未参会企业约谈会、违法违规企业约谈会等，全面细致地部署安全生产大检查工作，确保将安全生产大检查工作动员部署到所监管的每一个企业。

二、加强宣传教育，夯实行业安全生产基础

2013年，全市商务部门积极组织开展了“两个规定”“安全生产月”“安全生产大课堂”等各类安全生产宣传培训活动。针对大中型商业连锁企业集团所属门店安全生产检查中发现的共性问题，实施分类指导培训，先后对华联、华堂、小肥羊等6个连锁企业集团的69个门店150多名店长和安全生产负责人进行了培训；编写了《北京市商业零售经营单位员工安全生产教育读本》和《北京市商业零售和餐饮经营单位安全生产管理制度指南》，指导制作了《安全生产应急管理培训系列教学光盘》；组织安全生产检查、安全生产标准化建设、安全生产法规等专题讲座3次，对全市商务部门安全监管、执法人员和大型连锁企业集团安全负责人进行授课培训。2013年，全市商务部门共发放各类宣传材料15万多份，指导企业开展应急演练1 500多次，组织培训安全生产管理人员2万多人次。

三、加强重大节日和重要活动期间的安全保障

元旦、春节、全国“两会”、十八届三中全会、京交会等重要节日、重大活动期间，启动了市、区商务部门领导带队检查的工作机制，实施台帐管理，对重点街区、重点单位和重要活动场所周边商业零售和餐饮经营单位的安全生产工作进行反复检查、督查，及时消除整改安全隐患和问题，确保了重大节日期间商务行业安全稳定。全国“两会”期间对“两会”代表、委员驻地周边200米范围内商业零售和餐饮经营单位进行调查摸底、建立台账；对会议场所、代表委员驻地周边规模以上商业零售和餐饮经营单位安全生产工作进行反复检查，实行动态管理；同时启动“两会”期间商务行业生产安全事故“零报告”机制，确保了全国“两会”期间行业安全生产平稳有序；京交会期间及时启动重大活动期间行业安全生产工作机制，加强应急值守，集中对繁华商业街区和京交会周边的商业零售和餐饮经营单位开展安全生产检查，为第二届京交会的成功举办创造了安全稳定的运行环境。

四、加强协调联动推进安全生产工作

市商务委先后制发了年度《安全生产工作指导意见》《安全生产隐患排查整治工作方案》《区（县）商务部门安全生产监管工作综合评价方案》等文件30多份，并召开全市商务行业安全生产年度工作会、季度形势分析会、经验交流会和重点时期工作部署会等会议20多次，对行业安全生产工作及时进行安排部署和推进。各区（县）商务部门根据统一部署有针对性地进行了部署和落实。各连锁企业集团也结合单位实际和特点落实市商务部门安全生产工作要求。形成上下联动、政企联动的工作格局。

（宋　军、郑　苑）

【举办“两个规定”施行六周年宣传月活动】4月1日，市、区商务部门组织了安全生产主题宣传咨询日活动，现场向广大市民开展了安全生产法规、安全生产知识宣传咨询活动。结合系列专题培训和专项安全检查活动，市商务委开展了“两个规定”主题宣传月。先后举办了以餐饮经营单位烟道和燃气安全管理为内容的行业安全生产培训班；以行业“两个安全生产规定”为主题，通过贴标语、挂横幅、发放安全生产法律法规和安全生产事故图片，讲解安全生产知识、意外情况自救方法等形式，以鲜活的事例提醒广大消费者在购物及消费中增加安全自我保护意识；昌平区商务委采取视频培训和现场讲解的形式，吸引2 200多名员工踊跃参加，并进行了安全生产知识考试，及格率达到了100％。

（宋　军、郑　苑）

【举办商务行业安全生产大课堂】6月19日上午，市商务委举办了商务行业安全生产培训，各区（县）商务部门安全生产工作主管领导和科室负责人，市商务执法监察大队、市商联会、市餐饮行业协会、部分大中型商业零售和餐饮连锁企业集团安全生产负责人及企业安全生产联组组长等150余人参加。邀请了市安全生产监督管理局有关负责同志围绕着全国安全生产形势和国务院、市政府对加强当前安全生产工作的要求，结合商务行业安全生产工作特点，对安全生产法律法规体系和企业安全生产标准化达标创建工作内容进行了全面具体的解析。

（宋　军、郑　苑）

【推进企业安全生产联组建设】组织各区（县）商务部门在全市规模以上商业零售和餐饮经营单位开展企业安全生产联组建设活动，先后在西城区复兴商业城和怀柔区京北大世界召开联组工作推进暨现场观摩会。各区（县）商务部门积极会同相关部门指导企业组建联组，通过联组活动，企业安全生产主体责任意识和管理水平得到进一步提高，全行业企业安全生产联组达115个，参加经营单位1 391家。

（宋　军、郑　苑）

【开展安全生产标准化建设】按照《北京市人民政府办公厅关于进一步推进企业安全生产标准化建设工作的意见》，市商务委组织召开了商业零售和餐饮经营单位二级标准化企业建设工作座谈会，起草了《北京市商业零售和餐饮企业二级标准化评审工作方案（征求意见稿）》和组织工作流程。各区（县）商务部门也积极推动辖区内商业零售和餐饮经营单位三级标准化创建工作，组织制定评定标准、工作方案、动员部署和开展试点工作，行业安全生产标准化建设工作已取得初步成效，全行业已有279家经营单位申请三级评审，其中190家通过评定达标。二级评审工作也已经完成了前期的准备工作。

（宋　军、郑　苑）

【组织开展区县商务部门互查互访活动】市商务委制定了《2013年区（县）商务部门安全生产互查互访活动方案》，组织各区（县）商务部门，分组开展相互学习交流活动。各牵头区（县）商务部门在形式和内容上不断创新，通过安全生产互查互访活动，加强了区（县）商务部门间安全生产工作的交流，促进了行业安全监管水平提高。

（宋　军、郑　苑）

【落实商务行业安全生产工作会议制度】每季度，召集各区（县）商务部门召开重点工作推进会，分析季度工作形势，听取区县重点工作进展情况和下一步工作打算，安排部署下季度重点工作。每半年，市商务委召开一次全市商务行业安全生产工作会。市安监局、消防局、商务执法监察大队、商联会、餐饮协会有关领导以及各区县商务部门主管领导参加会议，总结全市商务行业安全生产工作，部署下一步重点工作，全面指导各区（县）商务部门推动行业安全监管工作平稳发展。

（宋　军、郑　苑）

【深入开展科技创安活动】根据首都综治委创安办的统一部署，在部分重点商业零售和餐饮连锁企业集团组织开展技防系统普查活动，对31家连锁企业集团所属企业技防系统设置情况开展了摸底调查工作，并建立了台账，规范了重点经营单位技防工作。

（宋　军、郑　苑）

【开展连锁企业安全生产培训指导工作】根据对连锁企业的集中检查结果，市商务委制定详细培训计划，分别对华联、华堂、小肥羊等大中型商业零售和餐饮连锁企业集团所属59个门店130个店长和安全生产负责人进行了安全生产法规培训，强化了他们的安全意识，推动了企业主体责任的落实。

（宋　军、郑　苑）

【开展安全生产月系列活动】市商务委根据市安委会的统一部署，6月份，组织开展了“安全生产月”活动。在全国第十二个安全生产月活动期间，制定了《商务行业2013年“安全生产月”活动方案》，开展了以“强化安全基础，保障商务安全发展”为主题的商务行业“安全生产月”系列活动。开展了安全生产宣传咨询日；举办了商务行业安全生产检查培训班，各区（县）商务部门安全生产主管领导和科室负责人、市商务执法监察大队负责人、部分大中型商业零售和餐饮企业集团安全生产负责人参加了培训；部署了企业隐患排查治理等相关工作。通过系列活动，进一步提高了行业安全生产防范能力，促进了经营单位安全生产主体责任落实，在全行业营造了浓厚的安全生产工作氛围。

（宋　军、郑　苑）

四、生活服务业和特殊流通行业

生活服务业

【概况】2013年，生活服务业按照市商务委“扩大内需”，“不断提升商务发展水平，提高商务增长质量和效益，全力做好服务和保障民生工作”的总体思路，以扩内需促消费和加强行业管理为工作重点，积极开展各项工作。

支持生活性服务业开展公益便民服务。大力开展家政行业“春节保供”工作，400余家企业参与活动，为3万多个家庭缓解了燃眉之急；理发行业扩大实施“老人一元理发”项目，参与门店由2012年的100家增至200多家，覆盖15个区县；沐浴行业开展了“的士驿站”和“足美进社区”活动；摄影行业启动了“敬老惠民1＋1”活动，公益性便民项目不断实施扩大。

加强规范生活服务行业经营行为。贯彻落实商务部新出台的《家庭服务业管理暂行办法》《家电维修服务业管理办法》，开展政策宣讲，推进新政策实施。引导行业加强自律，协同市工商局对家电维修行业、洗染行业开展规范治理活动，要求相关行业依照法规规范经营、诚信服务。

引导提升生活服务行业服务水平。家政协会授予100名一线家政服务员“2012年度最佳服务明星”荣誉称号；6 000多名家政服务员参加了技能培训；组织美发美容等5个生活服务行业的6类岗位参加商业服务业技能大赛。

支持生活服务业企业规模化、连锁化、品牌化发展。完成了新一轮家政服务体系建设工作，培育了16家大型龙头和中小型家政服务企业，新增连锁门店126家。开展了家政服务单位等级评定工作；启动了家政企业为家政服务员购买商业保险的政府补贴项目，7家企业参与，惠及上万名家政服务员。继续支持中华传统技艺技能大师工作室建设和技艺传承。

推进再生资源便民回收体系建设。一是推进再生资源便民回收渠道建设。2013年，以再生资源站点空白区域为重点，新建规范化回收站点200个，加强废弃电器电子产品回收，电子废弃物在线回收网站“香蕉皮”开通。二是开展再生资源回收宣传。开展北京市再生资源回收宣传周活动，全市16个区县再生资源回收主体企业以多种形式走进社区、企业、学校进行宣传，进一步增强了广大居民、社会单位参与再生资源回收意识，促进了再生资源回收。三是开展行业整治行动。配合首都环境整治，对回收站点进行规范化治理。四是开展再生资源统计调研工作。启动全市再生资源可回收目录调研和再生资源回收量统计调研，改进再生资源回收量统计方法。

扩大实施家具以旧换新。2013年在2012年试点一个月的基础上，进一步完善家具以旧换新方案和办法，继续开展为期半年的家具以旧换新活动，通过公开招标、组织培训、开发信息管理系统，家具以旧换新工作进展顺利，销售逐月递增，为扩大内需做出积极贡献。

（周丽霞）

【商务部部长陈德铭调研传统商贸服务业】2月2日，商务部部长陈德铭、部长助理仇鸿对北京市传统商贸服务业进行了专题调研，先后考察了北京福奈特洗衣服务有限公司、东方名剪美容美发连锁有限公司等商贸服务企业，了解北京市传统生活性服务业发展情况。北京市政府副市长张延昆、副秘书长杨志强陪同调研。

（傅乐衡、张炳词）

【组织起草《家政服务合同》】5月，受商务部委托，市家政服务协会联合吉林、广东等七个省市的家政协会，起草了《家政服务合同》“员工制”“中介制”“派遣制”三种示范文本，该合同于12月报商务部，于2014年5月发布，合同实施对于规范家政服务经营，提升家政服务质量，减少服务纠纷，促进行业有序发展具有重要意义。

（傅乐衡、张炳词）

【家政协会新评定20家星级单位】12月26日，北京家政服务协会举行北京市家政服务行业星级单位颁牌大会，为2013年度评定的20家北京家政服务星级单位颁发了星级牌匾。2010年以来共评定了75家星级家政服务门店，其中五星级2家，四星级10家，三星级37家，二星级21家，一星级5家。星级家政服务单位的评定对规范家政服务行业发展，提升企业经营管理水平起到积极推动作用。

（傅乐衡、张炳词）

【开展家政“春节保供”活动】春节期间，动员支持16家大型龙头和中小型专业家政服务企业、12家“家政服务工程”自主培训企业、5家员工制试点企业、55家星级家政服务组织、约200家北京家政服务协会理事单位、近200家《北京服务消费手册》入选门店等400余家家政企业积极参与春节家政市场保供工作，采取应急替补、错峰返乡、加大奖励和人文关怀等措施，开通50部求职电话，安排大学生等求职人员约400人上岗，储备人员8 600多人，约为35 000个家庭缓解了春节燃眉之急。

（傅乐衡、王喜艳）

【促进家政人员跨区域就业】8月10日至11日，“2013年全区促进就业招聘会暨京津蒙辽吉黑跨区域促进就业招聘会”在内蒙古自治区通辽市举办，本市家政服务协会20余家会员企业参加了“京津蒙辽吉黑工会跨区域促进就业工作座谈会暨校企洽谈签约会”活动。

（傅乐衡）

【新修订《北京市美发美容行业自律公约》】12月12日，市美发美容行业协会组织召开《北京市美发美容行业自律公约》修订工作会，有关专家参与了研讨和修订工作。新修订的《北京市美发美容行业自律公约》，更体现科学、规范、严谨和务实，为行业的准入、运营和监督管理奠定了坚实基础。

（傅乐衡、张炳词）

【200多家企业参与“关爱老人，一元理发”活动】11月16日，市美发美容行业协会召开了第二批“关爱老人，一元理发”颁牌大会，百余家门店获得标牌，市商务委、市社工委等有关部门出席了会议。现已授牌参与企业达200多家，覆盖15个区县，受到广大老年人的欢迎，也展示美发美容行业人一直以来关注老龄化人群、促进和谐社

会建设、弘扬爱心的风采。

（傅乐衡、张炳词）

【规范家电维修市场】6月，联合市工商局等单位对做好北京市家电维修市场规范工作进行部署，要求利用好北京市家电维修经营者及从业人员数据库，清理虚假知名家电授权维修网点，规范家电维修企业经营行为，支持行业协会推动建立以集群式售后服务为特色的连锁服务模式。

（王喜艳）

【印发商业服务业大师宣传册】6月，组织完成了1 000册《北京市商业服务业中华传统技艺技能大师宣传册》（2010—2011）的印制和发放工作，并向市属有关部门、行业协会、大师（个人）单位及有关处室和下属单位发放了大师宣传册。

（傅乐衡、张炳词）

【3家传统技艺技能“大师工作室”通过验收】为传承发扬中华非物质文化遗产，开展技艺技能“大师工作室”建设。3家由传统技艺技能大师申报的“大师工作室”建设项目通过评审验收。

（傅乐衡、王喜艳）

【生活服务行业积极参与“技能大赛”】6月至12月，市商务委组织美发美容、服装熨烫、足部保健、电视故障排除和婚礼摄影造型5个行业、6个岗位、10多万人次参加商业服务业服务技能大赛，对推进商业服务业内涵的扩展和延伸，起到了积极推动作用。

（王喜艳）

【开展再生资源回收宣传】6月，围绕推进商务部“五进”示范工程，在全市开展以“做文明有礼的北京人，资源回收、规范发展、利国利民”为主题，积极推进绿色回收进社区、进校园、进机关、进商场、进园区“五进”的再生资源回收宣传活动。全市16个区县再生资源回收主体企业开展了形式多样的再生资源回收系列宣传活动。

（张炳词、魏　拓）

【首家废旧家电回收网站上线】6月，北京首家废旧家电回收网站“香蕉皮”上线。这是北京首个电子垃圾绿色回收、绿色交易、环保处理的网络服务平台，给消费者提供了便捷环保的电子废弃物回收处理渠道。

（张炳词、魏　拓）

【开展再生资源回收站点综合整治】配合首都环境建设，对回收站点进行规范化治理。2013年，全市累计检查回收站点626个，出动车辆163车次，出动人员442人次，规范整改回收站点294个，清理无照经营废品回收点82个，进一步规范了本市再生资源回收经营行为。

（周丽霞、魏　拓）

【开展再生资源产生回收量统计方法研究】12月，完成了《北京市再生资源产生和回收量统计方法研究》调研报告，为加强再生资源回收量统计工作开展提供数据支撑，为推进再生资源产业布局及发展方向提供科学依据。

（周丽霞、魏　拓）

【继续开展家具以旧换新工作】在7月1日至12月31日家具以旧换新政策实施期间，11家企业参与家具以旧换新工作，销售柜体、沙发、床具、桌椅四类家具20余万件，销售额13.1亿元，带动全市各类家具销售增长13.5%。

（魏　拓）

特殊流通业

【概况】加强拍卖、典当行业监管。本市拍卖、典当企业总量增长较快，截至年底，全市拍卖企业498家，典当企业302家、分支机构104家。2013年，开展拍卖企业、典当企业2012年度核查，对60家典当企业开展现场检查。通过年度核查和现场检查，进一步规范了企业经营行为。为加强典当企业的资金监管，开展本市典当企业验资银行遴选及委托北京典当协会开展典当企业财务审计会计师事务所遴选工作。

开发建设北京市拍卖行业管理信息系统。在2012年12月招标确定系统开发单位的基础上，2013年抓紧实施系统的开发建设，完成硬件设备采购和系统功能开发。该系统建立了商务、文物、工商等部门联动监管平台，实现了对拍卖企业、拍卖会、拍品的信息化管理。

开展“2013北京拍卖季”活动。“2013北京拍卖季”重点加强北京拍卖行业宣传。2013年12月在北京电视台财经频道播出两集《2013北京拍卖季》专题电视片；2013年10月和2014年1月分别在《北京商报》刊登北京拍卖季专版宣传；在新浪收藏进行网络专题宣传，在多家网站发布拍卖季新闻248件次；首次启用新媒体传播形式，建立北京拍卖季官方微博和官方微信。通过北京拍卖季宣传，提升了北京拍卖的影响力，促进北京拍卖行业进一步健康发展。

加强汽车流通行业管理，促进行业稳步发展。截至2013年年底，本市报废汽车回收拆解企业8家，备案二手车交易市场6家。2013年，积极推动国家老旧汽车报废更新补贴政策和北京市老旧机动车淘汰更新政策实施，二手车交易量与上年基本持平，报废机动车回收量创历史最高水平。组织协调相关部门开展报废汽车专项整治工作，各部门累计出动检查人员5 031人次，共追查逾期未报废车辆603辆，切实加强了报废汽车回收拆解监督管理。

加强内资融资租赁行业管理。向商务部推荐内资融资租赁试点候选企业，3家企业获得试点资格，全市累计有内资融资租赁试点企业25家，试点企业数量居全国各省市之首；积极贯彻商务部《融资租赁企业监督管理办法》，督促企业上线运行商务部融资租赁企业管理信息系统，实现内资融资租赁行业信息化监管。

（赵　洁、周丽霞）

【新增拍卖企业69家】2013年，批准拍卖企业设立69家。

（赵　洁、曾　青）

【拍卖成交额增长36.7%】据统计，2013年北京拍卖企业共举办拍卖会2 623场次、成交总额364亿元，同比分别增长28.6%、36.7%。

（赵　洁、曾　青）

【开展拍卖企业2012年度核查】根据《中华人民共和国拍卖法》、商务部《拍卖管理办法》的有关规定，北京市商务委开展2013年北京拍卖企业年度核查，对拍卖企业2012年度经营资质、经营情况、拍卖人员情况及企业变更事项等进行了核查，共有330家拍卖企业通过了核查。

（赵　洁、曾　青）

【第七届北京拍卖季】第七届北京拍卖季活动于10月至12月期间举办，纳入了第八届中国（北京）国际文化创意产业博览会系列活动。本届拍卖季共有131家企业参与，共举办文物艺术品、房地产、股权、债券、机动车等各类拍卖会656场次，总成交额155.7亿元。

（赵 洁、曾 青）

【国内首个机动车拍卖专业组织成立】 10月，中国拍卖行业协会机动车拍卖专业委员会成立。2013年，国内机动车拍卖成交额创历史新高，达到59.6亿元，北京机动车拍卖成交额为15.6亿元，占全国的1/4。

（赵 洁、曾 青）

【新增典当企业及分支机构63家】 2013年，北京市新增典当企业44家、典当分支机构19家。

（赵 洁、安玉新）

【典当总额同比增长37.7%】 2013年，北京典当企业达到302家、典当行分支机构104家、从业人员3 885人。2013年全市典当总额269.8亿元，同比增长37.7%；典当余额60.7亿元，同比增长37.4%；利润总额4.1亿元，同比增长5.8%；应交税金1.8亿元，同比增长8.1%。典当充分发挥了面向小微企业和居民的融资服务功能。

（赵 洁、安玉新）

【开展典当企业2012年度核查】 开展北京市典当企业及外省分支机构2012年度核查。241家典当企业和外省分支机构被评为A类企业，17家典当企业和1家外省分支机构被评为B类企业，6家典当企业暂缓通过年审，3家典当企业停业整改，2家典当企业被收回《典当经营许可证》。

（赵 洁、安玉新）

【开展典当企业验资银行遴选】 根据《典当管理办法》《典当行业监管规定》及商务部有关要求，为加强本市典当企业验资账户资金的监督管理，2013年11月开展了本市典当企业验资银行遴选工作，并确定工商银行北京分行为本市典当企业验资银行。

（赵 洁、安玉新）

【新增二手车鉴定评估机构2家】 2013年，新增二手车鉴定评估机构2家，累计21家。

（赵 洁、曹 民）

【新增汽车品牌经销商备案8家】 2013年，新增备案汽车品牌经销商8家，累计129家。

（赵 洁、曹 民）

【新车、旧车销售额均呈增长态势】 2013年，全市新车销售量58.5万辆，与上年基本持平，新车销售额1 242亿元，同比增长6.4%；旧车交易量69.7万辆，与上年基本持平，旧车交易额649.7亿元，同比增长14.6%。

（赵 洁、曹 民）

【淘汰老旧机动车36.6万辆】 2013年，积极配合相关部门推进北京市老旧机动车淘汰更新工作，共淘汰老旧机动车36.6万辆，完成任务总量的203%。

（赵 洁、曹 民）

【回收报废汽车量创历史新高】 2013年，本市8家报废汽车回收拆解企业回收报废汽车总量7.9万辆，同比增长58%，创历史最高水平。

（赵 洁、曹 民）

【发放国家老旧汽车报废更新补贴】 根据《老旧汽车报废更新补贴资金管理办法》和财政部、商务部2013年第70号公告规定，组织开展本市老旧汽车报废更新补贴资金发放工作，共审核通过老旧汽车报废补贴54辆，其中重型载货车23辆、半挂牵引车

31辆，发放补贴资金97.2万元。

（赵 洁、曹 民）

【组织报废汽车专项整治】根据商务部等六部委《关于开展报废汽车专项整治工作的通知》要求，组织市经济信息化委、公安、交通、工商、质监等相关部门深入开展报废汽车回收拆解专项整治工作。在各部门分别开展报废汽车回收拆解企业、二手车交易市场和汽车维修企业检查的基础上，我委于2013年3月组织开展了本市报废汽车回收拆解企业联合检查。通过专项整治，进一步规范了本市报废汽车回收拆解经营秩序。

（赵 洁、曹 民）

【旧机动车鉴定评估机构设立审批下放】根据《国务院关于第六批取消和调整行政审批项目的决定》（国发〔2012〕52号）要求，设立旧机动车鉴定评估机构审批项目实施机关由省级人民政府商务行政部门调整为设区的市级人民政府商务行政部门。经请示商务部，我市自2013年1月起，旧机动车鉴定评估机构设立审批下放到区县商务委。

（赵 洁、曹 民）

【摩托车下乡政策结束】截止1月31日，国家摩托车下乡政策结束。

（赵 洁、曹 民）

【内资融资租赁试点企业达25家】2013年，根据商务部、国家税务总局《关于从事融资租赁业务有关问题的通知》，通过推荐上报，北京农机租赁公司等3家企业获得商务部、国家税务总局批准的内资融资租赁试点企业资格。目前，全市累计有25家内资融资租赁试点企业，是全国获批试点企业最多的省份。

（魏 拓）

【商务部融资租赁企业管理信息系统上线运行】10月，商务部融资租赁企业管理信息系统上线，实现了融资租赁行业信息化监管。为保证系统顺利运行，会同北京市租赁行业协会开展了本市60余家融资租赁企业培训。

（张炳词、魏 拓）

五、物流产业

【概况】2013年，物流发展工作积极贯彻落实《关于落实促进物流业健康发展政策措施的实施意见》，紧紧围绕《北京市“十二五”时期物流业发展规划》建设目标和重点任务，加强调查研究，稳步推进城市共同配送体系建设等重点工作，积极支持培育第三方物流企业，创新服务业态，努力促进现代物流业发展。

一、优化物流业发展环境

积极争取中关村现代服务业试点政策扩大范围，经国家四部委批复同意将顺义空港物流基地、通州马驹桥物流基地纳入北京中关村现代服务业试点政策范围，加大试点政策宣传力度，组织辅导企业申报项目。2013年共有9个现代物流项目获得中关村现代服务业综合试点资金补助，总支持资金为6 532万元。推动物流基础设施建设，提升物流基地功能。2013年，本市顺义空港、通州马驹桥、平谷马坊和大兴京南四大物流基地共实现营业收入757亿元，同比增长6.3%；全年完成固定资产投资45亿元；新增注册企业378家，累计达到1 360余家。加强调查研究，强化规划引领。开展本市仓储业资源现状调查；开展“十二五”物流业发展规划中期评估，系统梳理本市物流业在建重大项目，加大项目推进力度；研究编制城市副中心现代物流业发展规划；协调本市相关部门，开展全市物流设施状况调查，积极推进本市物流设施规划的研究编制工作，为物流业发展提供空间和政策支持；积极参与北京大兴新机场物流规划工作。

二、增强物流服务保障能力

稳步推进城市共同配送网络建设。深入挖掘和利用社区网点资源，加强与现有小微商户、便利店、洗衣店等合作，利用现有社区商业服务网点搭载共同配送功能，不断丰富共同配送站点服务功能；在完成基础配送业务同时，提供代发快件、代缴水电费、信用卡还款等便民服务。强化物流配送对电子商务发展的支撑作用。举办物流企业与电子商务企业对接会，为本市仓储、城市共同配送、快递与电商企业搭建对接平台，宣传推广面向中小电商企业的仓配一体化物流新模式，提高共同配送水平。

三、提升物流业绿色发展水平

积极构建绿色物流配送体系，推动纯电动车示范运营。积极协调电力公司、车辆制造厂家和示范运营企业，加强对驾驶员车辆性能和安全行驶的培训，实现快速消费品、农产品、快件和烟草配送的70辆纯电动物流车上路运行，在车辆载重、行驶情况和技术性能方面收集了大量数据，为今后纯电动物流车发展积累了经验。积极落实《北京市2013—2017年清洁空气行动计划》，促进本市货运车辆结构调整及节能减排，推动全市物流园区使用第三阶段及以上排放标准车辆进行货物运输，开展了本市物流基地货运车辆现状调查，为提高物流基地货运车辆排放标准做好基础工作。

四、提升物流业科技发展水平

强化物流信息平台建设。丰富完善“物

流中国”公共物流信息平台功能，搭建物流交易服务和物流金融服务等子平台。支持推动“北京物流金融平台”建设，解决物流金融运作中存在的重复质押、虚开仓单等问题，促进物流金融生态圈的良性发展。

（卓海静）

【示范运营70辆纯电动物流车】2月26日，纯电动物流车示范运营工作推进会在新发地国际农产品会展中心召开，本市首批70辆纯电动物流车投入运营。市商务委、市科委联合组织北京新发地农产品电子交易中心有限公司、北京神州泰岳良品电子商务有限公司、中国烟草总公司北京市公司物流中心、北京城市一百物流有限公司和北京交通大学共同实施“纯电动物流车示范运营”项目。投入运营的70辆纯电动物流车选择在城市快速消费品、农产品、快递和烟草物流等领域进行为期1年以上的示范运营。这是国内首次在物流领域开展规模化纯电动汽车的商业性运营示范，将为推进首都电动汽车的产业化发展，为物流领域构建绿色物流体系积累经验。

（卓海静）

【北京物流协会完成第三届换届工作】4月26日，北京物流协会二届五次全体会员大会在北京商务会馆成功举行，北京物流协会会员单位代表200余人参加会议。会议审议通过了北京物流协会第二届理事会工作报告、监事会工作报告、财务工作报告和修改后的章程草案。经全体会员表决，选举产生了新一届的理事会和监事会组成成员。经新一届理事会和监事会成员表决，选举王国丰担任会长，田野等担任副会长，李燕川担任监事长，林有来担任秘书长。

（卓海静）

【现代服务业综合试点政策扩大范围】4月，财政部、商务部、国家发展改革委和科技部批复同意，将顺义空港物流基地、通州马驹桥物流基地纳入北京中关村现代服务业试点政策范围，入驻两基地的近千家企业具备了现代物流项目资金申报条件。此次扩围有利于促进现代服务业综合试点在现代物流领域取得更大成效。

（卓海静）

【组织召开快递行业规范服务交流活动】7月16日，北京市快递协会、北京物流协会和北京电子商务协会在市商务委、市邮政管理局的支持下，共同组织召开了快递行业规范服务交流活动。十家骨干快递企业向全行业发起“规范快递服务”倡议。倡议全行业要提高规范服务的自律意识，努力做到“节假日期间不歇业、高峰期间不爆仓、文明操作不野蛮、重视用户满意度、有效降低投诉率”。50余家品牌快递企业、物流仓储及电商企业代表参加了活动。

（卓海静）

【开展物流基地货运车辆调查】8月，为落实《北京市2013—2017年清洁空气行动计划》有关工作要求，促进货运车辆结构调整及节能减排，推动实现全市物流基地企业使用国三及以上标准车辆进行货物运输，市商务委制定了《〈北京市2013—2017年清洁空气行动计划〉物流车辆升级任务工作实施方案》，开展对顺义空港、通州马驹桥、平谷马坊、大兴京南四大物流基地企业货运车辆状况的调查。

（卓海静）

【北京在物流节点城市评价中位居前列】8月，中国物流与采购联合会发布《全国性物流节点城市竞争力评价报告》，从物流发展基础、物流运营能力和物流产出及效率三个方面，对全国21个物流节点城市进行了竞争力评价。数据显示：北京物流总部分布数量和电信业务量处于全国领先水平，显示物流运营能力较强。较高的社会物流总额、物流业增加值，较低的社会物流总费用与GDP的比率，显示北京市物流业的产出、效率较好。北京在三项指标排名中均位居前三名。

（卓海静）

【开展全市物流设施状况调查】10月，为落实市领导关于开展北京市物流设施专项规划的有关批示精神，全面了解本市物流设施状况，为制订物流设施规划提供依据，市商务委开展了全市物流设施和物流聚集区专项调查。本次调查范围覆盖全市乡镇，调查内容包括物流设施用地面积、位置、用地性质、最终用途、货物种类等信息。调查数据将成为本市物流设施的基本数据，为科学合理地制订物流设施规划奠定基础。

（卓海静）

【召开电子商务物流对接会】11月15日，为贯彻落实全国商贸物流工作会精神，积极推动城市物流，特别是电子商务物流加快发展，市商务委组织北京物流协会、北京电子商务协会、北京快递协会共同召开电子商务物流对接会。三家协会分别介绍了各行业发展情况和对发展趋势的展望和需求。北京物资学院介绍了“本市物流仓储资源供给情况”调查结果，为电商与快递企业介绍了仓储资源信息。百利威作为专业第三方物流企业介绍了为中小电商企业提供仓配一体化物流配送服务的创新成果。

（卓海静）

【新增共同配送网点100个】2013年，本市新建社区及高校共同配送网点100个，全市累计完成共同配送网点200个，对接电子商务、快递、冷链配送、电视购物等各类企业36家，日均配送量4万余单，其中电子商务类自提业务呈现上升趋势，每周代收货款金额达1 300万元。

（卓海静）

【新增6家A级物流企业】8月，中国物流与采购联合会发布第16批A级物流企业名单，北京市6家企业榜上有名。截至第16批，全国有5A级物流企业148家，其中北京有19家，占全国的12.8%，数量位于第一。

（卓海静）

【21家企业位列中国物流企业50强】12月，中国物流与采购联合会发布“2012年中国物流企业50强名单”，其中总部设在北京的企业有21家，物流业务收入排名第一位的是中国远洋运输（集团）总公司，为1 587.8亿元。

（卓海静）

【新增国际货运代理企业备案92家】2013年共完成国际货运代理经营资格备案94个，变更105个。其中，新备案的内资总公司77个，外商投资总公司3个，内资分公司6个，外商投资分公司8个；办理变更的内资总公司78个，外商投资总公司12个，内资分公司7个，外商投资分公司8个。另外，办理国际货代经营资格注销2个。

（卓海静）

六、对外贸易

货物贸易

【概况】2013 年，北京市对外贸易工作紧紧围绕转方式、调结构、稳增长的目标，创新外贸发展方式，提升贸易便利化水平，努力优化外贸发展环境，各项工作取得了积极进展。

一、北京市进出口总体情况及主要特点

2013 年，本市进出口总值完成4 291.03亿美元，同比增长 5.1%，其中出口 632.46亿美元，同比增长 6.1%；进口3 658.57亿美元，同比增长 5%；累计进出口、出口、进口分别在全国排名第四、第八、第二位，实现了年初确定的超过4 000亿美元的工作目标。

（一）工业制成品出口占比超八成，初级产品进口占比近六成

全年本市工业制成品出口 517.03 亿美元，同比增长 3.1%，占全市出口的81.7%；初级产品进口2 176.65亿美元，同比下降 3.5%，占全市进口的 59.5%。

（二）机电产品和高新技术出口保持稳定增长

全年本市机电产品出口 390.89 亿美元，同比增长 4.6%；高新技术产品出口 203.54亿美元，同比增长 7%，高于全市出口增幅0.9 个百分点。其中：首位出口商品手机出口 110.94 亿美元，同比增长 9.7%，占全市出口的 17.5%；集成电路出口 18.17 亿美元，同比增长 14.1%。

（三）对传统市场出口增势平稳，对新兴市场出口保持快速增长

2013 年，本市对亚洲、北美洲出口分别增长 11.2%和 16.4%，分别高于全市出口增幅 5.1 和 10.3 个百分点。对新兴市场出口增势良好，其中：对东盟出口 95.95 亿美元，同比增长 25.7%；对土耳其、匈牙利、乌兹别克斯坦、俄罗斯出口分别增长39.8%、49%、89.4%和 11%。

（四）加工贸易和对外承包工程出口快速增长

全年本市加工贸易累计出口 256.61 亿美元，同比增长 14.9%，高出全市出口增幅 8.8 个百分点；对外承包工程出口 65.63亿美元，同比增长 30.4%，高出全市出口增幅 24.3 个百分点。

（五）中央在京企业对本市外贸拉动能力进一步增强

全年中央在京企业出口 261.53 亿美元，同比增长 10.8%，占全市出口总值的41.4%；进口 2740.71 亿美元，同比增长5.8%，占全市进口总值的 74.9%。

二、主要工作及措施

（一）政策引导，改善外贸发展环境

研究和制定促进外贸转型升级示范基地发展的有关政策，目前，相关促进政策已草拟完成；积极推进天竺综合保税区进口贸易促进创新示范区建设和雅宝路市场民间贸易外汇管理改革；开展跨境电子商务收付汇业务试点，目前我市有 9 家支付机构获得全国

跨境电子商务支付业务试点资格；积极推动扩大出口货物贸易人民币结算企业范围；开展重点培育内外贸结合商品市场试点工作。

（二）多措并举，提升外贸发展水平

一是强化宣传培训，帮助企业用足用好各项政策。联合相关职能单位共同主办了第七届、第八届“进出口政策服务咨询会”，每届都有300多家外贸进出口企业500多人参加；举办了3场“北京市中小企业及‘双自主’企业国际市场开拓资金政策培训会”，以及多场区县培训会，同时对短期出口信用保险政策进行讲解，来自全市500多家进出口企业的近800人参加了培训。

二是搭建外贸专业平台，优化主体结构。进一步推进外贸转型升级，启动了第二批市级外贸转型升级示范基地申报和评审认定工作。经过各区县申报、专家评审和社会公示等认定程序，丰台区应急救援产业基地等8个基地被认定为第二批北京市级外贸转型升级示范基地，加上2012年获得认定的8个示范基地，我市示范基地总共达到16个，其中国家级示范基地2个，市级示范基地14个；大力支持外贸公共服务平台的建设工作，自2010年以来，已重点支持了5批103个外贸公共服务平台项目。

三是进一步完善口岸功能区建设。指导天竺综保区打造飞机维修、医药分拨、文化创意等重点产业平台，充分发挥北京天竺综合保税区政策优势，积极推动汽车整车进口口岸建设工作；指导亦庄保税物流中心加强基础设施建设和规范化管理，协调检验检疫入驻物流中心，开展检测业务，完善功能；推进平谷马坊国际陆港加快特色口岸建设，利用与天津新港直通的优势，扩大口岸货物进出口吞吐量；开辟口岸进口红酒特色商品展示区，举办进口红酒展示交易会，60余家红酒进口企业300余款进口红酒参展。

四是积极推进跨境电子商务发展工作。2013年4月，成立了以我委和北京海关为组长单位，北京国检局、北京市国税局、北京外汇管理部和天竺综保区管委会为成员单位的推进北京市跨境电子商务工作小组，选择北京邮政速递物流有限公司（EMS）和京东商城作为首批试点企业，依托天竺综保区开展跨境电子商务运行试点。9月16日，经国家外汇管理局批准，我市有4家支付机构获得全国首批跨境电子商务收付汇试点资格。9月18日，程红副市长主持召开会议，决定成立市级层面的工作小组，研究制定推进跨境电子商务发展总体方案，扩大试运行范围。随后，起草了《北京市推进跨境电子商务发展总体方案》。

（李　倩）

【进、出口额均增长】 2013年，全市进口总值3 658.57亿美元，其中进口目的地为外埠省市的占75.7%，比2012年提高1.5个百分点；全市出口商品632.46亿美元，其中出口货源地为外埠省市的占50.3%，与上年持平。

（李　倩）

【工业制成品出口占比超八成】 2013年，北京市工业制成品出口517.03亿美元，同比增长3.1%，占全市出口的81.7%，其中机械及运输设备出口347.8亿美元，占全市出口总额的55%。

（李　倩）

【初级产品进口占比近六成】 2013年，北京市初级产品进口2 176.65亿美元，同比下降3.5%，占全市进口的59.5%，其中矿物燃料、润滑油及有关原料进口1 877.9亿美元，占全市进口总额的51.3%。

（李　倩）

【出口和进口均以一般贸易为主】2013年，北京市一般贸易出口272.9亿美元，占全市出口总额的43.1%，加工贸易出口占比为40.6%；一般贸易进口3 269.3亿美元，占全市进口总额的89.4%，加工贸易进口占比为5.6%。

（李　倩）

【11种商品出口超10亿美元】2013年，北京市出口超10亿美元的商品有11种，分别是手机、成品油、钢材、船舶、服装及衣着附件、集成电路、肥料、农产品、汽车零件、食品和汽车，比上年增加3种。

（李　倩）

【前五大贸易伙伴进出口占比34.3%】2013年，北京市前五大贸易伙伴分别是美国、瑞士、沙特阿拉伯、安哥拉和德国，五国的进出口占全市进出口总额的34.3%。

（李　倩）

【亚洲为第一大出口和进口市场】2013年，北京市对亚洲出口355.4亿美元，占全市出口总额的56.2%，从亚洲进口1 601.8亿美元，占全市进口总额的43.8%。

【国有企业出口占比过半】2013年，北京市国有企业出口338亿美元，占全市出口总额的53.4%；外资企业出口227.7亿美元，占全市出口总额的36%。

（李　倩）

【7家企业出口超10亿美元】2013年，北京市出口超10亿美元的企业有7家，其中50亿美元以上的有3家。

（李　倩）

【原油是北京市首位进口商品】2013年，北京市原油、汽车和农产品分列进口前三位，其中，原油进口1 589.8亿美元，占全市进口总额的43.5%。

（李　倩）

【进口额超百亿美元的企业有4家】2013年，北京市进口额超100亿美元的企业有4家，与上年持平。

（李　倩）

【全年审批加工贸易合同4 531份】2013年，北京市商务委办理进出口企业加工贸易业务4 531份。全年加工贸易出口256.6亿美元，增长14.9%，进口206.5亿美元，增长23.5%。

（李　倩）

【深入开展跨境电子商务发展现状调研】2013年，市商务委会同北京海关先后到大兴区、北京经济技术开发区、京东商城、易单网、亿赞普、敦煌网、EMS等开展跨境电子商务发展现状调研，为制定本市推进跨境电子商务发展工作方案奠定了基础。

（柏际平）

【启动运行跨境电子商务试点工作】4月1日，市商务委会同北京海关、北京国检局、北京市国税局、北京外汇管理部和北京天竺综合保税区等部门成立推进北京市跨境电子商务工作小组，由市商务委和北京海关共同任组长单位；确定京东商城和北京邮政速递物流有限公司（EMS）为首批跨境电子商务试点企业。6月13日，北京市首单跨境电子商务出口邮包通过天竺综合保税区顺利通关。截至年底，EMS共测试发运跨境电子商务出口货物43票，共计包裹746个，出口货值达15.11万美元，出口货物包括服装、箱包、电子产品等产品，出口涉及目的国20多个。

（柏际平）

【市政府高度重视北京跨境电子商务发展工作】9月18日，程红副市长主持召开市政府专题会议，研究推进本市跨境电子商务发展工作，并亲自担任北京市推进跨境电子商务发展工作小组组长。

（柏际平）

【国税总局货劳司领导来京调研跨境电子商务】12月18日至21日，国家税务总局货劳司王振华副司长连续两次到我市进行跨境电子商务调研，对北京市前期试点工作、公共信息平台建设、监管设施等给予了充分肯定，表示北京跨境电子商务运行和监管体系为国家出台跨境电子商务出口退税政策坚定了信心。

（柏际平）

【4家企业获全国首批跨境电子商务支付业务试点资格】9月16日，北京爱农驿站科技服务有限公司、北京通融通信息技术有限公司、钱袋网（北京）信息技术有限公司、北京银盈通管理咨询有限公司4家支付机构获得全国首批跨境电子商务支付业务试点资格。9月27日，北京爱农驿站科技服务有限公司成功办理全国首笔、首批货物贸易跨境收、付汇业务；同日，北京通融通信息技术有限公司成功办进首笔服务贸易跨境购付汇业务。

（柏际平）

【第二批北京市级外贸转型升级示范基地被授牌】12月5日，市商务委对2013年认定的8个北京市级外贸转型升级示范基地进行命名并授牌，其中，丰台区应急救援产业基地、平谷区食品农产品基地、海淀区集成电路设计基地、汽车及零部件产品基地、丰台区轨道交通产业基地被认定为北京市外贸转型升级专业型示范基地；趣游集团游戏出口基地、华录百纳影视文化产品出口基地、中建材国际营销集成服务基地被认定为北京市外贸转型升级企业型示范基地。

（李　倩）

【平谷区创建国家级出口食品农产品质量安全示范区通过验收】9月15日，国家质检总局组织专家组对平谷区创建出口食品农产品质量安全示范区工作进行了考核评审，一致同意通过考核验收。

（李　倩）

【天竺综合保税区保税进出口增势显著】天竺综合保税区全年进出口733.5亿美元，同比增长5.5%，其中保税功能区进出口33.75亿美元，同比增长41.1%。

（李　倩）

【亦庄保税物流中心进出口货物成倍增长】2013年，亦庄保税物流中心全年出入中心货物量4.17万吨，同比增长205.6%；海关监管货值12.38亿美元，同比增长68.2%；进出口报关单8 045份，同比增长93.3%。

（李　倩）

【平谷马坊国际陆港货物吞吐量超4万标箱】2013年，平谷国际陆港加快特色口岸建设，利用与天津新港直通的优势，扩大口岸货物进出口吞吐量，全年完成外贸集装箱吞吐量4.1万标箱，同比增长24%；货重19.8万吨，同比增长29%；货值14.3亿美元，同比增长30%；开辟口岸进口红酒特色商品展示区，举办进口红酒展示交易会，60余家红酒进口企业300余款进口红酒参展。

（李　倩）

【短期出口信用险支持北京出口增长】2013年北京市短期出口信用保险支持一般

贸易出口 157.4 亿美元，同比增长 10.6%，对一般贸易的覆盖率为 57.7 %，高于全国 27.6 个百分点，创历史新高。

（刘均环）

【短期出口信用险覆盖面达到 71%】 2013 年本市投保短期出口信用险的外贸企业达到 939 家，同比增长 13.7%；加上统一投保企业，本市出口信用险覆盖面达到 71%。

（刘均环）

【出口信用险保单项下贸易融资额超亿美元】 2013 年艾尼克斯电子（北京）有限公司等 23 家公司分别与 8 家银行合作实现保单项下融资额10 016.3万美元，同比增长 24%。

（刘均环）

贸易管理

【农产品进口关税配额企业】 2013 年北京市羊毛、毛条进口关税配额企业 10 家；食糖农产品进口关税配额企业 3 家。

（谢　江）

【原油、燃料油非国营贸易进口企业】 2013 年北京原油非国营贸易进口企业 4 家；2013 年新增燃料油非国营贸易进口企业 2 家，目前北京燃料油非国营贸易进口企业达到 20 家。

（谢　江）

【出口配额、出口许可证管理商品出口企业】 2013 年，新增铁合金出口企业 3 家，截至年底，北京共有铁合金出口企业 12 家；柠檬酸出口企业 1 家；稀土出口企业 1 家；甘草出口配额招标中标企业 3 家；锯材出口 1 家；磷矿石出口企业 1 家；水镁石出口配额招标中标企业 1 家；供港活牛企业 1 家。

（谢　江）

【取消焦炭出口配额，矾土、碳化硅出口配额招标管理】 根据商务部、海关总署 2012 年第 97 号公告，公布《2013 年出口许可证管理货物目录》，将焦炭由出口配额管理调整为出口许可证管理；矾土、碳化硅由出口配额招标管理调整为出口许可证管理。

（谢　江）

【取消废纸、废铜、废铝、天然气、铜自动进口许可管理】 根据商务部、海关总署 2013 年第 60 号公告，自 2013 年 9 月 1 日取消废纸、废铜、废铝、天然气、铜自动进口许可管理。

（谢　江）

【取消铁矿石和氧化铝进口限制】 根据商务部办公厅《关于铁矿石和氧化铝自动进口许可证实行网上申领的通知》（商办贸函〔2013〕第 523 号）要求，自 2013 年 7 月 1 日起，对铁矿石和氧化铝自动进口许可证实行网上申领，取消铁矿石进口企业资质管理和氧化铝的商品用途管理。

（谢　江）

【办理各类货物进出口许可证14 662件】 2013 年，为北京市进出口企业办理各类货物进出口许可证14 662件。其中：外商投资企业自动进口许可证 995 件；农产品进口关税配额证签发 80 件；进出口商品配额管理 21 件；易制毒化学品进出口审批（核）170 件；货物自动进口许可管理（非机电类）8 976件；授权范围内出口许可证签发 4 420件。

（谢　江）

机电产品进出口

【概况】 2013 年全年，全市机电产品进出口总额累计1 106.58亿美元，比上年同期增长1%。其中：累计出口390.89亿美元，比上年同期增长4.6%，占全市出口总额的61.8%；累计进口715.69亿美元，比上年同期下降0.80%，占全市进口总额的19.60%。

一、机电产品出口情况

1. 国有、民营、外资三类企业出口均保持增长，同比增幅依次增大。

2013年，国有企业出口158.35亿美元，同比增长2.9%；民营企业出口30.11亿美元，同比增长3.83%；外资企业出口202.43亿美元，同比增长7.77%。

2013年，全市实现机电产品出口的企业4 984家。其中，出口超过亿美元的企业有63家，累计出口287.95亿美元，同比增长7.56%，占机电出口总额的73.67%；出口超过千万美元的企业有288家，累计出口352.59亿美元，同比增长4.63%，占机电出口总额的90.20%。

2. 加工贸易出口保持增长，一般贸易出口有所下降。

加工贸易出口181.49亿美元，同比增长了8.26%，其中进料加工贸易出口180.68亿美元，同比增长了8.34%；一般贸易出口145.24亿美元，同比减少3.3%；对外承包工程出口货物出口55.08亿美元，同比增长了27.42%。

3. 对亚洲、北美洲出口增长，对拉丁美洲、大洋洲出口下降。

2013年，全市机电出口贸易市场遍布五大洲209个国家（地区）。

4. 本市货源出口值所占比重持续增大。

本市货源出口值为242.02亿美元，同比增长10.92%，占总值的61.91%，增幅较上期提高3.01个百分点；外埠货源出口值的148.87亿美元，同比下降2.20%，占总值38.09%。

二、机电产品进口情况

1. 外资企业进口降幅减缓，国有企业进口转降为增。

2013年，全市实现机电进口的企业有7 821家。外资企业进口451.82亿美元，同比下降2.7%，较上年度降幅减缓2个百分点；国有企业进口200.67亿美元，同比增长3.8%；民营企业进口63.2亿美元，基本持平。

2. 加工贸易进口增长，一般贸易进口下降。

机电产品进口贸易方式中，一般贸易进口占总值的82.94%。一般贸易进口593.61亿美元，同比下降0.56%。加工贸易进口63.41亿美元，同比增长9.12%，其中进料加工进口62.18亿美元，同比增长10.13%。

3. 北京目的地进口值占总额近八成。

机电产品进口境内目的地中，目的地为北京市的进口值为570.60亿美元，同比下降2.1%，占进口总值的79.73%；目的地为外埠的进口值145.09亿美元，同比增长5.8%，占进口总值的20.27%。

4. 非洲、拉丁美洲进口增长显著，大洋洲进口下降明显。

2013年，全市机电进口市场跨越五大洲，遍布138个国家（地区）。

（雷　堃）

示范区专题

【国家质检总局和市政府主要领导到示范区调研】8月26日，国家质检总局支树平局长、孙大伟副局长和市政府王安顺市长、程红副市长一同到北京地区出口汽车产品质量安全示范区调研指导工作。总局和市领导参观了示范区企业——北汽集团自主品牌乘用车生产线，听取了示范区建设领导小组商务、国检、北汽等3个成员单位的工作汇报。王安顺、支树平分别讲话，对示范区的建设给予肯定，并就示范区下一步发展提出希望。

（杜　磊）

【示范区企业扩展到41家】 经企业申请、行业协会推荐、示范区建设领导小组审核，同意北京三兴汽车有限公司等32家汽车整车生产、零部件配套、流通等企业加入示范区。至此，示范区企业数量达到41家。

（杜　磊）

【示范区建设领导小组成员单位力量充实到8家】 为加强示范区的组织领导，整合相关部门政策，示范区建设领导小组成员单位在原有商务、国检、经信、协会、北汽等5家的基础上，增加了市科委、市财政局、北京国税局等3家单位进入示范区建设领导小组成员单位。

（杜　磊）

【国家质检总局为示范区授牌】 7月30日，市政府副秘书长马林、市商务委副主任宋建明代表本市参加国家质检总局在沈阳召开的推进出口工业产品质量安全示范区建设座谈会。全国首批9个出口示范区所在地政府相关负责人参加会议。马林代表北京市政府做示范区建设经验交流发言。国家质检总局授予北京市等9个省市国家级出口示范区牌匾。

（杜　磊）

【组织示范区企业政策宣贯会】 11月1日，示范区建设领导小组成员单位组织41家示范区企业召开了政策宣贯会。示范区建设领导小组成员单位分别介绍了相关政策，并回答了企业现场提问。

（杜　磊）

【示范区被授予北京市外贸转型升级示范基地】 12月，北京地区出口汽车产品质量安全示范区通过专家评审，被授予北京市外贸转型升级示范基地，成为双品牌产业聚集区。

（杜　磊）

整车口岸专题

【汽车整车进口口岸通过国家部委联合验收】 7月2日至3日，海关总署、商务部、国家发改委、工信部、质检总局等5部委组成联合工作组对首都机场整车进口口岸进行检查验收。经实地检查并综合评议，联合验收组一致认为，北京整车口岸基础设施齐全、监管制度完善，基本满足整车进口条件，同意通过验收。这标志着全国唯一空港型整车进口口岸正式运行。程红副市长参加验收纪要签字仪式。

（杜　磊）

【汽车整车进口口岸平稳运行】 截至年底，宝马（中国）汽车贸易有限公司、上海通用汽车有限公司、沃尔沃汽车销售（上海）有限公司、一汽一大众汽车有限公司等企业通过首都机场整车口岸进口整车106辆，进口总额3 289万美元，海关实征税款共计人民币2.76亿元。主要品牌为劳斯莱斯（95辆）、沃尔沃、宝马及别克，进口整车的平均申报单价为31万美元。

（钟　源）

日常业务

【组织双自主企业参加国际专业展览会成果显著】组织汽车、医疗器械、电子信息等3个行业44家双自主企业组成“北京展团”参加国际性专业展览会，开拓国际市场。5场活动签订1 300万美元订单和203份意向合作协议。2013年，“北京展团”累计出口2.7亿美元，同比增长73.4%。

（杜　磊）

【187家单位通过国际招标采购15亿美元的机电产品】2013年，共受理机电产品国际招标文件1 236包，同比增长47.0%；评标报告788份，占全国国际招标项目的4.45%，委托金额17.99亿美元，占全国的4.31%，中标金额15.01亿美元，占全国的4.36%，节资率16.5%。共涉及187个用户单位，35个招标机构。处理投诉2个。

（安　琪）

【轨道交通项目国际招标全部进入有形市场】2013年，继续贯彻落实市政府轨道交通建设廉政监督审计委员会的工作要求，市轨道交通重点项目——北京市现代有轨电车西郊线工程车辆采购项目和地铁10号线增购车辆电气牵引系统项目全部进入有形市场开展招标评标活动。中标金额共计1.41亿美元。

（安　琪）

【62家企业获进口贴息资金6 000余万元】2013年，我市62家企业共获得鼓励先进技术设备、关键零部件进口贴息资金6 258万元，涉及进口金额2.67亿美元。

（安　琪）

【办理机电产品自动进口许可证23 488份】全年共审核和转报机电产品自动进口许可证23 488份，累计金额425亿美元。其中市商务委批准办理14 289份，涉及金额44亿美元；商务部批准办理9 199份，涉及金额381亿美元。

（钟　源）

【办理《最终用户和最终用途》初审586份】全年共办理《最终用户和最终用途》初审586份，涉及金额9.3亿美元。

（钟　源）

【办理两用物项出口业务669份】全年共办理两用物项出口许可证申请630份；办理两用物项出口经营资格登记35份；办理两用物项出口咨询函2份；办理两用物项出口通用许可申请2份。

（钟　源）

贸易促进

【概况】根据《国务院关于加强进口促进对外贸易平衡发展的指导意见》（国发〔2012〕15号），促进北京进出口贸易发展，帮助进出口企业开拓国际、国内两个市场。全年办理新备案外贸经营企业件数7 361件；核发外国人来华邀请函40 907份，邀请人数为45 163人，同比分别增长17%和18%；审批在京举办的对外经济技术展会139个，同比增长35%。

（王　孜）

【清理规范展会工作】按照市清理和规范节庆论坛展会活动工作领导小组关于清理规范展会工作的要求，对各单位报送的52个项目进行了认真梳理，确定不属于展会清理范围的活动29项（其中不属于展会范围的活动18项，不涉及财政拨款的商业性专业展会11项），确定清理和规范范围的展会共23项，涉及资金11 178.4万元（财政资金9 068.4万元，自筹资金2 000万元，其他资金110万元），提出取消和调整展会7项，保留16项，取消及合并各类展会涉及资金414万元（其中涉及财政资金277万元，涉及自筹资金137万元）。

（王 孜）

【北京交易团参加广交会】第113届（春季）“广交会”北京交易团共有333家企业参加，其中：品牌企业27家、首次参展企业18家。共有展位1 278个。北京交易团累计成交18 652万美元，比上届增长13.6%，成交形势好于大会总成交。第114届（秋季）“广交会”北京交易团共有317家企业参加，其中：新参展企业15家，共有展位1 257个，品牌展位119个。北京交易团累计成交19 044万美元，比上届增长2.1%，其中品牌展区累计成交1 549.28万美元，同比增长20%。（第114届广交会大会总成交316.88亿美元，比上届下降10.9%。）

（赵旗舟、吕 娜、王 孜）

【进口商品购物节】2013年，共举办进口商品购物节3场，分别是“加拿大进口商品购物节暨魁北克省特色产品展”、“意大利进口商品购物节”和“英国进口商品购物节”。每期活动为期10天左右，3场活动共组织25大类1 000多种进口商品进行集中展卖，现场零售额超过1 000万元。20余家外国厂商在国内找到了合作伙伴或直接成为活动卖场的供应商，一批品牌产品成功入驻本市商业中心，如加拿大皮具品牌“M0851”在北京嘉里中心开设国内首家旗舰店。

（赵旗舟、王 孜）

【举办外贸培训28期】2013年，委托北京进出口企业协会举办各类培训班28期，参加单位1 530家，参训人次2 106人。在抓好培训中除了做好从业人员岗位需要的应知应会的基础知识和技能教育外，还突出了对专业知识和业务技能的深度培训。

（王 孜）

【参加境内外展会15场】2013年，组团参加境外国际展会7场，组织本市50余家次企业参加美国广播电视设备展、哈萨克斯坦中国商品展、巴西圣保罗国际家庭用品博览会、荷兰广播电视设备展、莫斯科秋季国际服装展览会、多米尼加中国商品展、印度孟买“中国制造展览会”，境外展会实现成交900多万美元。组团参加“华交会”“渝洽会”“哈洽会”“南亚博览会”“东盟博览会”“亚欧博览会”“东北亚博览会”“中阿博览会”等8场境内展会，本市参展企业达24家次，总成交1 000万元。

（赵旗舟、王 孜）

服务贸易

【概况】服务贸易发展势头良好，2013年本市服务贸易总额突破1 100亿美元，同比增长10%以上，继续保持国内领先。服务贸易结构进一步优化，服务贸易出口中的通信、保险、金融、计算机和信息等服务贸易新兴领域总额增长迅速，占服务贸易出口总额比重进一步提高。服务外包继续保持高速增长的势头，2013年本市离岸服务外包执行总额达48.26亿美元，同比增长35.6%，其中朝阳、海淀、昌平等6个服务外包示范区占比达85.3%，集聚效应明显。北京市服务外包高端化趋势明显，以生物医药外包为主的知识流程外包执行额9.20亿美元，占执行总额的19.1%，与上年同期相比增长近10个百分点。执行额位居前五位的发包国家和地区是美国、芬兰、日本、爱尔兰与新加坡。2013年，我市文化贸易额达35.33亿美元，同比增长15.71%。其中，进口19.14亿美元，同比增长23.52%；出口16.20亿美元，同比增长7.67%。

（张华雨）

【第二届京交会成功举办】由商务部和北京市共同主办的第二届京交会于5月28日至6月1日在北京国家会议中心举办。本届京交会以“服务贸易：价值提升新引擎”为主题，共举办了峰会、专业大会、推介洽谈、综合展示、主题日活动、权威发布6类148场次活动。洽谈展览总面积7.59万平方米，比首届增长34%；共有中外企业1 900余家参展，比首届增长10.4%；近30家世界500强企业参展。来自117个国家和地区的到会客商及代表累计达13.8万人次，分别比首届增长41%和35.3%。组委会与联合国贸发会议共同发布的《北京宣言》，提高了发展中国家的话语权。

（于新成）

【成功举办第二届北京馆日活动】第二届京交会北京馆以“辉煌成就”“异彩纷呈”“北京足迹”“未来憧憬”四个板块，全面展示了北京市服务业和服务贸易发展现状、特色服务业集聚区和北京服务贸易“走出去”项目，共接待国内外来宾2万多人次。北京主题日活动，通过典型访谈、成果签约、集聚区授牌和区县长百秒秀等一系列活动，全景式展示北京服务业和服务贸易发展历程和对未来的美好憧憬，现场签约活跃，共78个单位签订57个项目，签约成交额约135.1亿美元。

（许 鑫）

【组织企业参加中国（上海）国际技术进出口交易会】5月8日至11日，由商务部、科技部、国家知识产权局和上海市人民政府共同主办的中国（上海）国际技术进出口交易会（简称“上交会”）在上海举办。上交会以“创新驱动发展，保护知识产权，促进技术贸易”为主题，以“新技术、新市场、新网络”为要素，通过生动鲜明的展览展示和专业权威的交易服务，构建成为四个平台，即国际技术展示交易平台、国际高新技术推广应用平台、企业获得国际技术支持平台和发明创造技术转化平台。北京展团组织我市9家企业参展，期间取得较好的效果，与30余家中外企业达成意向合作，接受客户咨询200余次，共发放宣传材料1 500多份。

（郑 勇）

【组织服务外包企业参加日本高德纳IT大会】10月15日至17日，组织我市11家企业参加了日本高德纳IT（Gartner Symposium/ITxpo2013）大会。我市对日服务外包企业首次集体亮相，通过组织大会演讲推介、开放式演讲、展台展示、发放宣传资料等形式，将我市对日服务外包企业的实力和能力直接展示在日本主流客户的面前，力求直接打入日本主流信息服务市场，争取高端的上游服务业务，较好地展示与宣传“北京服务”品牌。

（刘树民）

【举办首届两岸服务外包企业一台北交流会】10月21日，在台北举办了首届“两岸服务外包企业一台北交流会”。出席交流会的有台湾财团法人资讯工业策进会、台湾科技化服务协会、31家台湾企业与7家北京企业，共计63人。双方就今后的合作领域和合作模式展开了深入的探讨和交流，为两岸企业搭建了合作桥梁与交流平台。

（刘树民）

【4家企业入选中国服务外包领军企业】 2013年，我市离岸服务外包业务额超过千万美元的企业达84家，新增企业达21家，其中，离岸服务外包业务额过亿美元的企业有8家。企业人员规模达到千人以上的服务外包企业共30多家，文思海辉技术有限公司、软通动力信息技术（集团）有限公司、北京中软国际科技服务有限公司3家企业人员规模已超万人。在2013年度评选的中国十大服务外包领军企业中，我市有软通动力信息技术（集团）有限公司 、北京中软国际科技服务有限公司 、文思海辉技术有限公司和方正国际软件（北京）有限公司4家企业入选，行业实力国内领先。

（刘树民）

【组织企业参加第十一届中国国际软件和信息服务交易会】 6月，我市组织了17家软件企业参加了大连“第十一届中国国际软件和信息服务交易会”。在北京展区，通过展板、沙盘、互动展示体验设备、大屏幕等声光电手段，集中展现了北京软件产业蓬勃发展的整体形象，促进了北京软件企业的国际交流，展示了“北京服务，全球共享”这一鲜明主题。本届软交会北京展团交易笔数为58项，意向成交金额合计达8.75亿元，居各省市展团前列，充分展现了北京软件企业蓬勃发展的新面貌。

（刘树民）

【首次引入第三方机构审核国家承接国际服务外包发展资金申报】 为严格落实国家承接国际服务外包发展资金政策，经多方协调，引入2家会计师事务所，对每位申报培训支持人员资料逐项审核，严格把关。通过引入会计师事务所审核国家承接国际服务外包发展资金，进一步提高了审核质量，加快了审核进度，做到了既严格把关又能让企业满意的目的。根据商务部信息，我市2013年度服务外包企业人才培训项目审核通过率达96.3%，服务外包培训机构人才培训项目审核通过率达95.7%，分居全国第二位和第一位。

（刘树民）

【积极申报国家文化出口重点企业和重点项目】 根据《商务部办公厅、中宣部办公厅、财政部办公厅、文化部办公厅、广电总局办公厅、新闻出版总署办公厅关于请组织申报2013—2014年度国家文化出口重点企业和重点项目的通知》（商办服贸函〔2013〕122号）（以下简称《通知》）要求，我委会同北京市委宣传部、市财政局、市文化局、市广电局、市新闻出版局，组织在京注册的相关文化出口企业申报了2013—2014年度国家文化出口重点企业和重点项目。根据商务部网站公示信息，我市60家企业被评为国家文化出口重点企业，37个项目被评为国家文化出口重点项目。

（于新成）

【认定首批6家中医药服务贸易试点单位】 根据商务部、国家中医药管理局联合下发的《商务部、国家中医药管理局关于开展中医药服务贸易重点项目、骨干企业（机构）和重点区域建设工作的通知》（国中医药国际发〔2013〕45号），市商务委会同市中医管理局联合制定《北京市中医药服务贸易试点单位认定及管理暂行办法》。认定北京同仁堂国药有限公司、中国中医科学院等6家单位为北京市首批中医药服务贸易试点单位。

（许　鑫）

【认定我市第二批服务外包人才培训机构及实习实训基地】为贯彻落实商务部、教育部、北京市人民政府《关于共建中国服务外包人才培训中心的协议》，加强中国服务外包人才培训中心（北京）的建设，加快我市服务外包人才培养的步伐，提升我市服务外包产业人员素质，促进高校毕业生就业，市商务委和市教委联合开展了第二批中国服务外包人才培训中心（北京）服务外包人才培训机构及实习实训基地认定工作。本着“成熟一批，认定一批”的原则，市商务委和市教委联合认定了北京市商务委员会教育中心等4家单位为服务外包人才培训机构，路通世纪（中国）科技有限公司等2家单位为服务外包人才实习实训基地。

（许　鑫）

世贸事务

【概况】2013年，我市遭遇国外主要贸易救济调查的案件数量持续攀升。从措施类别看，本市遭遇反倾销调查案件25起，较2012年增长25%；反补贴调查8起，同比增加3起；保障措施2起，与2012年持平；特别保障措施0起，同比减少2起。7起“双反”调查均来自美国、欧盟、加拿大和澳大利亚发达经济体，涉案金额0.13亿美元，同比下降61.5%。从国别看，对我市发起贸易救济调查案件最多的国家（地区）是印度与欧盟，立案数量均为5起；其次是澳大利亚与巴西，立案数量均为4起；加拿大与美国并列第三，立案数量均为3起。涉案产品主要集中在轻工、化工、建筑材料、机电以及金属制品等行业。在发达经济体对我市立案数量高企的同时，新兴工业国家和发展中国家与我市贸易摩擦增多。

一、配合国家积极应对中欧贸易摩擦

自欧盟启动对华光伏产品“双反”调查以来，按照商务部“四体联动”应对要求，市商务委会同有关部门紧密联系本市光伏产业发展现状，积极配合国家做好应对工作。一是始终与商务部、中国机电进出口商会保持互联互通，深刻领会国家的应对策略及口径，并及时向涉案企业通报中欧贸易形势和应对进展情况。二是协调市政府有关部门认真梳理补贴项目，共同研究应对策略，按时完成并提交了反补贴政府答卷。三是积极响应企业诉求，指导企业转变发展方式，开拓新兴市场。

二、指导企业妥善应对美国337调查

当前，美国频繁启动对我市的337知识产权调查，在相当程度上构成高新技术产品对美出口的贸易壁垒，成为本市出口产业升级的障碍。一方面，配合商务部积极搭建知识产权法律援助服务平台，及时发布美国337调查案件预警信息，主动向涉案企业提供相关法律服务，帮助企业排忧解难。另一方面，会同海淀区商务委、中关村高企协主动协调有关部门，积极动员本市部分对美出口的高新技术企业参加商务部举办的“中美337调查研讨会”。同时，加强典型案件和重点问题的研究，完成了《神舟生物公司应诉美国“337调查”案件的调研报告》，探索维护我市高新技术产业利益的新途径。

三、积极稳妥地推进本市产业损害预警体系建设

2013年，深入海淀、大兴、丰台、通州、房山等区县、研究机构和样本企业调研，掌握和了解本市重点产业情况，并两次召开产业损害预警机制建设座谈会，对建立符合当前北京产业特征的损害预警长效机制以及搭建共建共享的预警工作平台进行充分论证，初步形成了政府、专家、协会、企业“四位一体”的工作体系，为深化首都产业安全维护工作奠定了基础。

（梅 焱）

【反倾销案件量居全国第11位】中国贸易救济信息网的统计显示，2002—2013年在全球对华发起的反倾销调查（722起）中，北京企业参与应诉的案件有33起，低于江苏（132起）、浙江（125起）、山东（123起）、广东（90起）、上海（85起）、河北（53起）、天津（42起）、辽宁（38起）、四川（36起）以及福建（34起），在各省份中居第11位，占同期全球对华反倾销案件总数的4.6%。

（梅 焱）

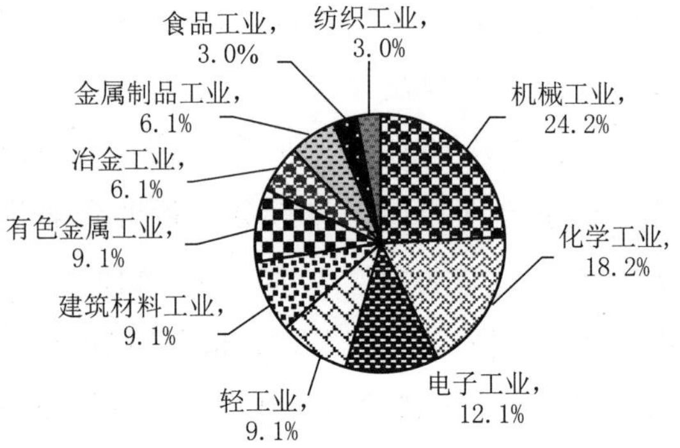

2002—2013年国外对华反倾销调查
北京企业应诉案件行业分布情况

【美国是北京企业参与反补贴案件应诉最多的国家】2002—2013年，在北京企业应诉的反补贴案件中，由美国发起的案件最多，共5起，占同期北京企业应诉反补贴案件总数的62.5%；由加拿大、澳大利亚以及欧盟发起的案件各1起，分别占比12.5%。

（梅 焱）

【配合应对中欧最大贸易摩擦案件】2013年，欧盟对华光伏产品启动迄今最大规模的“双反”贸易救济调查，涉案金额超过200亿美元，影响本市出口5 000余万美元。期间，市商务委配合商务部、中国机电进出口商会开展工作，最终与欧委会就中国输欧光伏产品贸易争端达成价格承诺。

（梅 焱）

【申请并实施贸易救济调查数量居全国之首】据中国贸易救济信息网统计，按WTO统计方式，1997—2013年，我国启动的贸易救济调查涉及北京市的案件共计60起，在各省份居首位；按我国统计口径，北京企业申诉贸易救济案件共23起，在各省份也位列首位，产品包括：丙烯酸酯、聚苯乙烯、聚氯乙烯、苯酚、锦纶6、66长丝、双酚A、初级形态二甲基环体硅氧烷、辛醇、丙酮、气相色谱—质谱联用仪、碳钢紧固件、白羽肉鸡、葡萄酒、小轿车和越野车（排气量在2.0升及2.0升以上）、部分钢铁产品。

（梅 焱）

【美国FDA对北京产品扣留数量下降】中国贸易救济信息网统计显示，2013年，美国食品和药物管理局（FDA）拒绝原产地为北京的商品共37批次，占同期美国FDA拒绝进口中国商品总量的1.2%，降幅为32.7%。其中，美国FDA拒绝进口北京产医疗器械共计25批次，数量最多，占比67.6%，同比下降37.5%。美国FDA对北京商品拒绝进口的主要原因为“国外制造商未根据《联邦食品、药品和化妆品法案》510(i)(1)的规定注册”及产品缺少使用说明提示。

（梅 焱）

【北京企业遭遇美国337调查增多】 2013年，北京企业涉及美国337知识产权调查案件3起，比2012年增加2起，3家中关村高新技术企业被列为强制应诉方。涉案产品分别为睡眠障碍呼吸系统、光盘启动器及其同类组件、手持式电子助视器。近两年来，涉及北京企业的337调查案件全部集中在高新技术产品专利侵权上。

（梅 焱）

【美国337调查影响本市高新技术产品对美出口】 自1986年美国启动首起涉华337调查以来，北京企业被列为强制应诉方的案件共17起。其中涉案最多的行业是电子工业，共5起，占比29.4%；涉及轻工业的案件有5起，占比29.4%；涉及机械工业的案件有3起，占比17.6%；涉及有色金属工业的案件2起，占比11.8%；涉及食品工业的案件1起，占比5.9%；涉及医药工业的案件1起，占比5.9%。在上述17起案件中，单独以专利侵权为由启动调查程序的案件就达13起，占比76.5%。

（梅 焱）

【借助京交会分享企业海外维权成功经验】 在第二届京交会的“WTO与中国：北京国际论坛”上，首次在应对美国337调查中取得胜诉的北京企业神舟生物科技有限公司代表，与联合国贸发会议秘书长素帕猜、世贸组织副总干事辛格及其他中外专家一起，分享了企业知识产权海外维权的成功经验。

（梅 焱）

【市商务委指导北京企业有效利用规则维护自身权益】 2013年，市商务委积极响应企业贸易救济诉求，配合商务部两次赴燕山石化开展丙酮反倾销措施复审实地核查，维护企业合法权益。2010年我国对日韩等亚洲国家丙酮产品实施贸易救济措施后，以燕山石化为主的国内丙酮产业获得了恢复性发展，但目前仍存在救济措施终止后国外产品大幅增加的可能性。

（梅 焱）

【市商务委成功举办全市产业安全数据库监测业务培训会】 7月26日，市商务委成功举办了2013年全市产业安全数据库监测业务培训会，商务部产业损害调查局、区县商务委有关负责同志及样本企业信息员共200余人参加会议。通过此次培训，提高了商务系统产业安全维护工作质量和水平，增强了企业信息员的监测数据报送能力，取得了良好效果。

（梅 焱）

【市商务委召开深化本市产业损害预警机制座谈会】 9月18日，市商务委组织召开深化本市产业损害预警机制座谈会。会议邀请商务部产业损害调查局、国家科研机构、有关行业组织及部分区县商务委等30余位专家领导出席。会议明确了当前和今后一个时期的工作重点和任务目标，通过积极稳妥地推进重点产业损害预警机制建设，研究和探索服务北京地方产业安全的新方法、新途径，更好地为领导决策服务，为本地区产业发展服务。

（梅 焱）

七、口岸通关

空港口岸

【概况】2013 年，首都机场旅客吞吐量达 8371.2 万人次，增长 2.2%，稳居世界第二。其中进出境旅客达2 102.5万人次，增长 3.3%，占首都国际机场吞吐量的 25.1%，较 2012 年提高了 0.3 个百分点。过境旅客 61.9 万人次，同比增长 10.9%。72 小时过境免签政策正式实施；首都机场整车口岸顺利通过验收，正式投入运行，使口岸通关效率进一步得到提升。启动全面深化区域通关业务改革，对 AA 类企业无须查验的低风险货物实行“属地申报、属地放行”通关模式，使口岸监管能力不断增强。通过联动协作，机场属地管理取得新进展，大型活动抵离保障能力逐步巩固。

（龚俊飞）

【72 小时过境免签政策顺利实施】1 月 1 日，在北京口岸对美国等 45 个国家持有第三国签证和机票的外国人实行 72 小时过境免签政策正式实施。并于 12 月起，新增中东欧 6 国公民享受该政策。截至 2013 年 12 月 31 日 24 时，北京边检总站共办理“免签”入境外籍旅客13 784人次。6 月份后，每月办理人数均在1 000人以上，总体呈上升趋势。全年共有来自 43 个国家的旅客享受了此政策。72 小时过境免签外国人中以俄罗斯人和美国人为主。载运免签外国人来京以国航（CA）为主，其中来自香港方向人员最多。72 小时过境免签政策的顺利实施，有助于北京以更加开放的姿态展示出巨大的衍生和示范力，对入境旅游、商务等产业具有积极的拉动效应，对京津冀的区域经济及社会发展发挥良好作用。

（龚俊飞）

【首都机场旅客吞吐量及旅客满意度持续向好】2013 年，首都机场航班起降架次、旅客吞吐量和货邮吞吐量分别达到 56.8 万架次、8 371万人次和 184.4 万吨，旅客吞吐量连续 4 年高居世界第二。2011 年、2012 年，国际机场协会（ACI）旅客满意度连续两年位居全球第三，2013 年第三、第四季度，旅客满意度跃居全球第二。

（范　硕）

【首都机场地区“中国梦”公益广告宣传工作有成效】首都机场地区文明办认真落实中宣部、中央文明办等七部委下发的《关于深入开展“讲文明树新风”公益广告宣传的意见》要求，从 6 月份开始，首都机场“中国梦”公益广告位置选取按照覆盖旅客全流程，在主要节点、显著位置的播放原则，既注重大画面的展示，又注重旅客的身边的体验感受的标准。率先在全国机场刊播“中国梦”公益广告。目前，通过电视、刷屏机、大型看板、LED、室内展架等多种媒体形式进行播放展示，覆盖三个航站楼的所有登机口、贵宾休息室、进出港大厅、停车楼、机场高速出入口、出租车等候区等区域。

（范　硕）

【237起违法出入境，1 328起海关结案】驻场相关单位密切配合，多措并举，通过科技强警、排查安全漏洞隐患，不断严密口岸管控。2013年，首都国际机场口岸共查获违法出入境人员237起269人次，首都机场海关共立案走私案件1 240起，结案1 328起，共计罚没入库3 882.9万元。

（吕宛颗）

【以“科技创安”为重点推进平安机场建设】2013年，首都机场地区综治委加大对各单位综治工作开展的指导和监督，有计划地开展业务培训，统一认识，形成合力。与地区各单位签订社会管理综合治理责任书，层层落实责任制，加大综治工作的投入和力度。根据首都综治委科技创安专项工作安排，全面启动地区的网格化治安综合管理，开展地区安全技术防范系统建设应用情况普查。“7·20”机场爆炸案件后，积极完善突发事件应对措施，及时解决地区肇事肇祸精神异常人员救助处置工作经费问题，为机场公安分局、首都机场医院、首都机场股份公司的精神病人救助处置提供了有力的经费保证。

（新 从）

【深入宣传贯彻《北京市食品安全条例》】为配合《北京市食品安全条例》（以下简称《条例》）的正式实施，按照市食安办的部署，机场食安委组织召开《条例》培训会，特邀市工商局食品监督处领导讲课，地区110余家食品生产经营企业的主管领导、门店经理等170余人参加，机场电视台等媒体第一时间报道了这次培训活动。《条例》实施当日，在进出京旅客密集的3号航站楼进行了《条例》实施的公益宣传。同时根据航站区、工作区、生活区不同特点，利用机场电视台、广告媒体、社区宣传栏等现有资源，因地制宜地开展了《条例》宣传工作，取得了良好效果。

（李亚平）

【扎实开展北京新机场前期工作】为在推进北京新机场建设中底数清、情况明，市口岸办系统收集摸排了在首都机场的边检、海关、国检现场及非现场的用房、场所、大中型设备，以及其功用、规模（面积、数量）等基本情况，掌握了各联检单位提供新机场联检基础配套设施建设依据，为今后新机场建设提供了数据支撑。

（李亚平）

【市口岸办圆满完成APEC非正式高官会来宾机场迎送】12月9日至11日在京举行的APEC非正式高官会是2014年APEC“中国年”的首场重大活动。市口岸办按照市筹备领导小组指示，承担迎送专项组主任单位工作职责。在工作推进中，一是加强领导，完善方案。及时牵头成立由机场联检部门等15家单位组成的“APEC参会人员首都机场迎送工作协调小组”，制定了《APEC机场迎送协调工作小组暨首次非政府高官会议迎送工作方案》。二是周密部署，扎实推进。召开多次协调会，到航站楼实际勘测，明确接机流程、手续；落实志愿者培训、迎送台布置、车辆、证件办理等工作细节，共迎接参会人员146名，送VIP 19批37人。三是形成合力，敢于创新。首次牵头负责专项工作，形成合力；首次整体汇总抵离信息，做到多管齐下全覆盖；首次建立全流程迎送方案，逐步形成全流程意识；首次办理台胞“代持代办”流程，把握政策，反映良好；首次建立公共信息平台，实现共享互通；首次协调机场提供形象大使，以

"最美"姿态迎接来宾。迎送工作得到了市领导及筹备小组的充分肯定。

（李亚平）

铁路口岸

【概况】2013 年，北京西站铁路口岸处在市政府口岸办党组的正确领导下，在北京西站铁路口岸和北京丰台货运口岸各查验单位、运营单位的全力配合下，较好地完成了全年工作任务。北京西站铁路口岸正式开放各项工作有序推进：完成口岸正式开放相关备忘录、协议、合同的签署，完成口岸出入境联检大厅和西公寓的非现场办公用房的施工改造，完成联检单位在华夏明珠宾馆的非现场办公用房旧有装饰的拆除；西站铁路口岸全年运送出入境旅客 9.9 万人次，其中外籍人员 0.8 万人次，同比增长 0.7%。丰台货运口岸整体运营情况转好：停运三年的铁路专用线整车业务恢复运营，口岸开通海运业务；丰台货运口岸全年累计海关监管进出口货物17 642.0吨，同比增长 90.5%；海关监管货值6 571.0万美元，同比增长 75.2%；海关征收关税及代征税5 033.0万元，同比增长 34%。

（宋自力）

【与铁路局签署西站口岸正式开放备忘录】6 月 18 日，市政府口岸办与北京铁路局签署北京西站铁路口岸正式开放合作备忘录。

（宋自力）

【完成联检大厅和部分非现场办公房改造】7 月 17 日，西站铁路口岸联检单位在西站西公寓的非现场办公用房改造工程动工，标志着西站铁路口岸正式开放施工改造工作启动。截至 12 月底，已完成口岸出入境联检大厅和西公寓非现场办公用房的施工改造，完成华夏明珠宾馆非现场办公用房旧有装饰的拆除。

（宋自力）

【与西站联检单位签署办公用房租赁合同】6 月 18 日，市政府口岸办、北京铁路局作为承租方与实际使用方北京出入境边防总站、北京国检局、北京海关以及出租方北京京铁行车公寓管理有限公司、北京华夏明珠宾馆有限公司签署租赁合同。

（宋自力）

【西站联检单位积极应对强台风暴雨影响】8 月，受强台风"尤特"带来的暴雨影响，广东和河南两省境内铁路沿线出现泥石流和山体滑坡，京港直通车 T98 次入境列车从 8 月 18 日至 24 日连续数日晚点，累计晚点 37 小时 40 分钟，最长晚点 28 小时 23 分钟。面对列车晚点，西站口岸联检单位团结一致，分工合作，严格把关，热情服务，有效地履行了口岸查验职责，保证了口岸运营安全。

（宋自力）

【西站海关打击侵权走私成绩显著】2013 年，驻西站铁路口岸海关查获携带超量货币进出境案件 4 起，价值 26.3 万元人民币；携带濒危动植物进境案件 1 起；携带禁止限制出境文物 1 起，禁止出境文物 3 件，限制出境文物 3 件。在打击侵权盗版方面，查获 1 起 2 名外籍旅客携带涉嫌侵犯海关知识产权保护的商品入境案件，共查获带有"CK""GUCCI"等标识的手表 79 块。

（宋自力）

【西站边检站随车检查保障"两会"安全】为保障"两会"期间西站铁路口岸的通关安全，铁路边检站派员分别前往广州、郑州等地进行随车监护检查，以全员排查的方式查处闹访人员，打击社会不稳定分子，维护了口岸安全，发挥了“国门卫士”的作用。

（宋自力）

【西站国检局多措并举宣传疾病防控知识】为提高旅客的疾病防控意识，西站国检局利用电子显示屏宣传H7N9禽流感、疟疾等疾病的防治要点，通过发放宣传资料、张贴宣传画等方式向出入境旅客和列车乘务人员普及相关疾病防控知识，并在口岸现场设立健康咨询台，为出入境旅客提供疟疾等疾病的防控健康咨询服务，并免费提供疟疾快速检测。

（宋自力）

【丰台口岸铁路专用线恢复运行】5月10日，经中国铁路总公司运输局批准，丰台货运口岸铁路专用线在石景山南站接入全国路网，自5月15日起正式恢复运行。丰台货运口岸铁路专用线恢复运行对打造良好通关环境、促进口岸经济发展有重要的意义。

（宋自力）

【丰台口岸铁路专用线正式发运整车货物】7月10日，首批整车货物在丰台货运口岸通关，从石景山南站启运，发往蒙古国。这标志着，停运三年的丰台货运口岸铁路专用线正式恢复走货。

（宋自力）

【丰台口岸启动海运通关业务办理】经北京海关批准，自6月起，丰台货运口岸可办理海运通关业务。截至年底，驻丰台货运口岸海关共受理海运业务157票，占同期全部进口票数的35.9%，征收关税3 312.3万元，占同期全部税收的81.4%。

（宋自力）

【丰台口岸报检窗口进行标准化改造】2013年，北京国检局出资对丰台口岸报检大厅进行了标准化改造。改造后的报检大厅已具备C类窗口达标条件，同时添置绿植、电子阅读屏、备用计算机和不间断电源等A、B类窗口要求具备的设备，为报检企业提供了更加便利和舒适的报检环境。

（宋自力）

【完成铁路专用线恢复贸易带动效果调研】按照程红副市长在《商务信息》第90期上的批示精神，市政府口岸办会同市商务委，就丰台货运口岸铁路专用线恢复运行后的贸易带动效果进行了多方调研，并撰写了预期效果专题报告。

（宋自力）

【协办“第八届进出口政策服务咨询会”】9月23日，市政府口岸办协助市商务委举办了“第八届进出口政策服务咨询会”。口岸办对丰台货运口岸的通关环境、服务措施等向与会企业进行了介绍并接受了企业咨询。

（宋自力）

陆港口岸

【概况】2013年，北京市人民政府口岸办公室陆港管理处按照办党组的工作部署，坚持以科学发展观为指导，以“加强口岸建设、优化通关环境、促进经济发展”为中心，认真履行综合管理、协调服务的职能，进一步提高口岸通关效率，提升口岸服务水平，不断推进陆港口岸健康快速发展。2013年，北京朝阳口岸海关监管货物120 920标箱，海关征收关税及代征税117.4亿元；平谷国际陆港海关监管货物26 898标箱，海关征收关税及代征税20.3亿元。

一、加快推进朝阳口岸外移通州马驹桥工作

通州口岸建设项目是市政府重点工程，被列为市政府折子工程。为加快朝阳口岸外移至通州马驹桥工作进度，陆港管理处积极协调了市发改委、市住建委、市规划委、市商务委、市国土局、通州区政府和北控集团等单位，就立项、规划、土地、建设和资金安排等问题，进行了充分的沟通，形成了工作意见。同时也积极加强与天津口岸管理部门的协调沟通，争取更多的优惠政策和扶持措施落实到通州口岸，积极促进天津港集团通过股权投资的方式参与通州口岸建设，以推动京津两市社会和经济发展为纽带，实现口岸发展互惠共赢的良性局面。12 月 18 日，通州口岸基础设施工程正式在通州物流基地开工，完成了市领导要求年底前实现通州口岸正式开工建设的目标。

二、不断推动平谷国际陆港实现特色口岸转型升级

继续大力推进平谷国际陆港建设，积极协调平谷国际陆港联检单位，加强与天津口岸相关部门的沟通，不断优化区域通关环境，完善区域通关模式和口岸直通模式，提高口岸通关效率，降低进出口企业通关成本。随着平谷国际陆港（口岸功能区）二期建设工程正式开工建设和平谷区创建国家级出口食品农产品质量安全示范区获得批准，平谷国际陆港正逐步实现特色口岸的转型升级，不断扩大进出口规模，提高口岸通关箱量，2013 年完成集装箱吞吐量 4 万标箱的工作任务。

三、继续加快京津口岸合作，助推区域经济发展

为贯彻落实《北京市天津市关于加强经济与社会发展合作协议》，进一步深化京津口岸合作，服务京津一体化发展，北京市口岸办与天津市口岸办经充分协商，明确了服务北京市开放型经济发展、促进北京市无水港做大做强、加强空港口岸合作、加强口岸信息化合作、完善便捷通关服务措施、加强干部人才交流合作等 6 个方面内容的全方位合作。在进一步促进北京内陆港的建设发展方面，京、津两市口岸办共同推动东疆保税港区政策延伸，确定北京平谷国际陆港成为东疆保税港区启运港退税政策的首批试点无水港之一；天津港集团将设立无水港服务窗口，在港口资源、手续、作业等方面给予北京内陆港优先安排；在人才培训交流方面，天津市每年将免费为北京市内陆港相关人员提供培训，通过举办内陆港高级管理人员研修班、管理和专业技术人员培训班，学习港口政策和业务知识，在天津港实地培训，提高内陆港运营管理和业务操作水平。

（徐敬松）

【平谷国际陆港二期工程正式开工建设】为建设特色口岸，进一步完善马坊物流基地基础设施，提升物流基地发展水平，3 月 24 日，平谷国际陆港二期工程正式开工建设。该项目拟建 15 万吨冷库、1.5 万平方米普通库及 6.1 万平方米展示中心。项目建成后，为陆港进出口货物及泛平谷地区特色食品农产品提供体验、展示、仓储、交易、物流等一站式供应链服务体系，为发展口岸经济，带动区域发展，催生新兴产业提供有力支撑。

（徐敬松）

【京津两市口岸管理机构加快推进两地口岸全方位合作】4 月 25 日，北京市政府口岸办、天津市政府口岸办就落实《北京市

天津市关于加强经济与社会发展合作协议》，推进京津两地口岸全方位合作进行了座谈，并重点就服务北京市开放型经济发展、促进北京市无水港做大做强、加强空港口岸合作、加强口岸信息化合作、完善便捷通关服务措施、加强干部人才交流合作等6个方面内容交换了意见、达成了初步共识，并商定京、津两市口岸办共同组织天津海关、天津国检、天津港集团深入北京亦庄开发区、平谷国际陆港，向北京外贸货代企业做好天津港与北京内陆港跨关区便捷通关推介工作，加快推进北京内陆港建设等措施。

（徐敬松）

【通州口岸基础设施工程正式开工】 12月18日，通州口岸基础设施工程正式在通州物流基地开工，项目总投资1.1亿元，包括口岸周边兴贸南街、融商二路等四条道路工程，同步实施市政管网、五支渠改造和高压线路迁移工程，建成后可实现口岸功能区周边路网的全线贯通，为便捷通关运营创造良好的市政交通条件。通州口岸建成后可承接朝阳口岸全部功能，成为服务北京、连接天津港的重要城市配套设施，更好地促进京津两市经济合作的进一步加强。

（徐敬松）

【2013年北京平谷国际陆港进出口商品展交会在马坊物流基地内举办】“2013年北京平谷国际陆港进出口商品展交会”于12月27日至28日在马坊物流基地内举办。此次展交会由北京物流协会、北京国际葡萄酒交易所、中国物流与采购联合会大宗商品交易市场流通分会主办，北京京津商谷国际物流有限责任公司承办，主题为展示陆港文化、搭建交易平台、建立沟通渠道、带动区域经济、打造京津商谷。展交会开辟了口岸进口红酒特色商品展示区，以北京国际葡萄酒交易所加盟企业和北京二商骏德酒业有限公司为首的60余家红酒进出口企业展示了300余款进口红酒。为促进马坊物流基地电子商务聚集区、冷链仓储体系、特色口岸建设，展交会期间举办了口岸电子商务论坛、城市共同配送与冷链物流研讨会、中国进口葡萄酒口岸交易创新论坛。28日举行了成果报告会，其中华电福新能源股份有限公司在马坊物流基地投资6亿元，建设集天然气、风能、太阳能等为一体的绿色物流基地项目；北京国际葡萄酒交易所在平谷国际陆港打造中国北方地区最大的葡萄酒进口特色口岸项目；北京汇迈电子商务有限责任公司、北京易泰易联科技有限公司在马坊物流基地建设电子商务平台项目。马坊物流管委与中国物流与采购联合会合作建设现代流通综合服务平台项目成为展交会的焦点。展交会期间，共有100余家企业参展，参展商品达300余种。

（徐敬松）

八、利用外资

【概况】2013 年，本市努力应对全球经济的复杂形势，吸收外资规模稳步扩大、质量不断提高。实际利用外资 85.2 亿美元，同比增长 6%，连续 12 年实现增长，再创年度引资规模新高。主要特点如下：

一是近七成外资投向现代服务业。服务业实际利用外资占全市的 82.2%，其中以商务、信息、科技等服务为主的现代服务业实际外资增长 17.5%，占全市的 68.2%，较上年提高 6.7 个百分点。商贸流通、信贷消费和文体娱乐业实际外资分别增长 22.5%、1.1 倍和 1.3 倍。

二是外商投资领域和方式不断拓展。创业投资、融资租赁、电子商务等领域投资踊跃。跨境人民币投资 9 亿美元，占全市合同外资的 8.1%。

三是世界 500 强投资增长迅猛。新投资 27 个项目，合同外资增长 41.5%，占全市的 18.5%，已有 285 家世界 500 强企业在京投资了 679 个项目。

四是战略性新兴产业成为外商投资热点。新材料、新能源汽车制造业实际外资分别增长 5.1 倍、2.3 倍，新能源生产供应业实际外资增长 68.5%，生物医药产业合同外资增长 2.2 倍。

五是高端企业形态进一步聚集。新增总部企业 17 家，累计 248 家，其中 142 家为本市认定的跨国公司地区总部；新增研发机构 34 家，累计 466 家。本市跨国公司总部企业和研发机构达到 714 家。

六是外资大项目加快落地步伐。共有 128 个千万美元以上项目入资，占全市近八成。其中，服务业项目 110 个，入资金额占全市六成以上；1 亿美元以上项目 15 个，入资金额占全市近四成。

七是欧美投资快速增长。欧洲投资增长 1.5 倍，由上年占全市的 8.7%提高到 20.7%，其中德国投资增长 3.2 倍，占全市的 12.6%。美国投资增长 84.3%，占全市的 4.6%。

八是利用外资亮点区域频现。通州区引资增长近 2 倍，丰台区引资增长 13 倍。朝阳区作为重点区域，引资规模继续保持在全市四成以上。

（韦　肖）

【累计利用外资 797.8 亿美元】截至年底，北京市累计批准外商投资企业37 119家，累计实际利用外商直接投资 797.8 亿美元。

（焦　刚）

【153 个国家和地区来京投资】截至年底，共有 153 个国家和地区来北京市投资。目前在北京实际投资前十位的国家和地区分别是中国香港、英属维尔京群岛、日本、开曼群岛、德国、美国、韩国、新加坡、荷兰和法国。

（高　茜）

【服务业吸收外资比重超八成】2013 年，服务业实际利用外资 70.1 亿美元，占全市的 82.2%，继续成为外商在京投资的重点领域。

（马俊杰）

【城市功能拓展区吸收外资比重超六成】 2013年，四大功能区中，城市功能拓展区实际外资53.0亿美元，占62.1%；城市发展新区实际外资14.0亿美元，占16.5%；首都功能核心区实际外资11.6亿美元，占13.6%；生态涵养发展区实际外资6.6亿美元，占7.8%。

（马俊杰）

【外商投资企业联合年检参检率93.3%】 3月1日至7月15日，北京市开展了外商投资企业网上联合年检工作，共有14 376家外商投资企业参检，参检率为93.3%。参检企业累计投资总额1 923亿美元。外商在本市投资主要体现以下四个特点：独资是外商投资的主要方式，占实际外资的72.1%；外资集中投向租赁和商务服务业、制造业，两者占实际外资的46.8%；位居前十的国家和地区投资占实际外资的90.3%；入资千万美元（含）以上的企业实际外资额达到了706.2亿美元，占全部实际外资的83.6%。

（许雪梅）

【投资性公司经营状况良好，贡献突出】 2013年北京市外商投资企业联合年检数据显示，2012年度158家投资性公司实现营业收入3 603.7亿元，占全市外商投资企业营业收入的15%；净利润总额449.6亿元，占全市外商投资企业净利润的28.7%；实现纳税353.9亿元，占全市外商投资企业纳税总额的13.1%。

（马俊杰）

【参检外商投资企业业绩良好】 2013年北京市外商投资企业联合年检数据显示，14 376家参检企业共实现营业收入23 960.5亿元，同比增长4.5%；上缴税金2 708亿元，同比增长18.4%；从业人数124.1万人，同比增长1.1%。

（马俊杰）

【北京代表团参加第十七届中国国际投资贸易洽谈会】 9月8日，来自本市16家单位、78家企业的149名代表参加了第十七届中国国际投资贸易洽谈会，设立了北京主展区，举办了投资环境暨“京交会”说明会，发布了16个项目，项目总金额逾200亿元人民币，接受来访咨询约2 000人次，参观者超过1万人次，发放宣传资料近2万册。大会期间，通过网上发布招商项目283个，与152家企业进行了交流对接洽谈，现场推介项目42个，达成意向投资项目19个，其中5个投资项目进行签约，合同金额达83亿元人民币，走访企业、商协会31家。

（庄　平）

【第十七届京港洽谈会成功举办】 第十七届北京·香港经济合作研讨洽谈会于10月23日至24日在北京成功举办。本届京港会以“产业引领、创新驱动、转型发展、共创繁荣”为主题，共举办各种活动14项，近万人次参会。其中，在京港服务贸易合作暨第三届京交会推介会上，中国国际经济技术交流中心、商务部外贸发展事务局、市商务委和香港贸易发展局签署了第三届京交会合作备忘录。

（庄　平）

【世界500强上榜企业跃居世界城市首位】 在2013年《财富》世界500强排行榜中，中国95家企业上榜（含香港4家、台湾6家），仅次于美国（132家）居第2位，排名第3位至第6位的国家依次是日本（62家）、法国（31家）、德国（29家）、英国（27家）。本市有48家企业入围（2012年

44家)，首次超过东京（47家)，上榜企业数位居全球城市第1位。排名第3位至第5位的城市分别为纽约（19家)、巴黎（19家)、伦敦（17家)。

（田　鹏）

【大力宣传外资企业对我市社会经济的贡献】市商务委员会与北京电视台、北京日报等媒体合作，以宣传报道我市外资企业和北京融合发展情况为重点，开展外资企业为首都社会经济发展和民生服务做贡献系列报道，编辑制作《财经锋汇》高端访谈等节目，进一步为外资企业在京投资营造良好氛围。

（王立峰）

九、对外经济合作

【概况】2013年，北京市境外直接投资累计额41.3亿美元，比上年增长144.53%；对外承包工程业务完成营业额33.59亿美元，同比增长15.87%；新签劳务人员合同工资总额（新签合同额）1 943万美元；劳务人员实际收入总额（完成营业额）5 192万美元；派出各类劳务人员17 000人，同比增长36.12%；月末在外21 036人，同比增长25.61%，呈平稳增长态势。

一、北京市境外投资创历史新高

2013年我市境外直接投资41.3亿美元，同比增长144.53%，创我市境外投资业务历年最高纪录。从地区分布看，亚洲、拉丁美洲和北美洲仍是我市对外投资集中的地区，占全市总额的94%，在香港的直接投资为14.48亿美元，占全市总额的47.09%；从行业分布看，批发和零售业、租赁和商务服务业、科学研究和技术服务业成为我市对外投资集中的行业，分别占我市境外直接投资的29.08%、26.90%和10.49%；从投资规模看，直接投资额超千万美元以上的境外企业51个，直接投资额25.86亿美元。

二、对外承包工程业务迈上新台阶

2013年我市对外承包工程新签合同额56.24亿美元，新签合同额首次突破50亿美元，同比增长39.38%，呈快速发展态势。其中，5 000万美元以上的项目26个，合同额为31.94亿美元，占新签合同总额的56.89%。其主要业务特点：一是亚非地区仍是我市对外承包工程业务的主战场。2013年，我市对外承包工程完成营业额中，亚洲占总额的27%，完成营业额9.06亿美元，同比增长46.33%；非洲占总额的65.27%，完成营业额21.92亿美元，同比增长2.21%。亚非地区占比高达九成以上，是历年来我市对外承包工程业务的主战场。欧洲完成营业额1.47亿美元，首次突破1亿美元，同比增长276%。二是行业优势突出，领域更加拓宽。2013年，我市对外承包工程完成营业额房屋建设类12.99亿美元，占总额的38.67%；交通运输建设类10.33亿美元，占总额的30.75%。我市在承揽房屋建设、公路、铁路、水利、电力工程等方面优势突出。2013年，我市在环境工程、电力工业和通信工程等高新行业领域有了新的突破和发展，累计完成营业额2.05亿美元，同比增长28.93%。三是大项目增多，规模显著扩大。2013年，我市新签合同额5 000万美元以上大项目26个，比上年同期增加4个，累计合同额31.94亿美元，为2014年对外承包工程业务发展奠定了坚实基础。2013年以来，我市承包工程企业在转变发展方式上有了新突破，从数量规模型向质量效益型转变，承建海外多个中高端项目和经贸园区，成为海外工程项目的新亮点。按照中国标准承建的阿尔及利亚歌剧院是我国在该国第一个大的成套经援项目，是我市技术含量及附加值较高的高端建筑项目的典范。

（王　虹）

【我市老字号企业进军台湾市场】6月，我市“中华老字号企业”——北京红星股份有限公司经商务部批准，与台湾京泰发展有限公司、台湾联华食品工业股份有限公司共同出资，设立合资公司“台湾红星股份有限公司”，注册资本和投资总额均为5 000万新台币（约合172.4万美元），主要从事白酒生产与销售，销售区域面向台港澳及东南亚地区。该境外企业是我市在台直接投资的首家酒类企业，有助于我市白酒产业走出大陆市场，加快与国际饮酒市场接轨的步伐，也是我市企业响应“陆资入岛”战略，推动两岸经贸合作的良好示范。

（谢智虹）

【清华紫光收购全球第四大手机基带芯片供应商】12月，经商务部批准，清华紫光集团通过其下属北京紫光展讯科技有限公司出资16.897亿美元收购展讯通信有限公司。展讯通信有限公司注册于开曼群岛，在美国纳斯达克证券交易所上市，主要从事设计和销售无线通信芯片，2012年芯片出货量占全球出货量的11%以上，是全球第四、中国第一大手机芯片供应商。该收购项目对中国企业掌握无线通信领域的核心技术，确保中国无线通信的发展和安全，打造世界一流的芯片企业有重大意义。

（谢智虹）

【北京王府井东安集团收购中国春天百货】1月，北京王府井东安集团所属北京王府井国际商业发展有限公司与中国春天百货集团有限公司签署股权买卖协议，通过其境外全资子公司——贝尔蒙特香港有限公司购买控股股东所持有的中国春天39.53%的股份。该项目投资总额68 478万美元，是近年来北京市零售业投资额最大的境外收购项目。收购对象中国春天为香港上市公司，旗下拥有北京赛特购物中心、北京赛特奥莱等知名百货商场。此次收购将进一步扩展王府井百货在全国的网络布局，显著提高市场覆盖率，丰富王府井百货的业态类型，并对国内零售行业的兼并整合起到积极的示范作用。

（谢智虹）

【对外承包工程模式取得新突破】10月份，北京建工集团与英国曼彻斯特机场集团（MAG）共同投资开发建设曼彻斯特机场城项目达成一致。该项目总规划面积约500万平方米，总开发成本6.5亿英镑（约合人民币61.7亿元），其中总建设成本5.75亿英镑（约合人民币54.7亿元）。项目包括办公用房、物流用房、2 400间酒店房间和制造用房等。这是北京建工集团继利用中国工程技术标准承建坦桑尼亚桑岛国际机场项目后，在发达国家基础设施建筑领域，实现了以参股（20%）投资带动对外承包工程方式的新突破。

（郝晓星）

【“搭平台、建桥梁”，助推企业国际化发展】7月11日，在我委的积极协调和指导下，北京国际经济技术合作协会召开了第四届换届暨发展会员大会。协会发展和吸纳了包括我市在对外承包工程、对外投资合作、对外劳务合作等多行业、多领域的企业45家；聘请了中国出口信用保险公司、中国银行北京东城支行等9家金融机构作为我市企业走出去的“金融保险顾问”；产生了新一届领导班子，北京建工集团副总经理、建工国际董事长马铁山担任会长职务。

（郝晓星）

【做好集合化走出去服务工作】为给企业提供更多的境外业务拓展机会，3月份我委组织中地海外、华锐风电、中钢联等16家境外业务开展较好的民营企业，召开了境外业务拓展联席会议，为我市不同类型企业间沟通合作，拓展获取项目信息途径，搭建共享商机平台；6月份联合中关村召开了首创置业在法国经贸合作园区对我市高新技术企业的推介会，发挥经贸园区的平台和载体作用，更好地推进我市集合化走出去工作；8月份组织北京建工集团、首创置业、首开集团、北京同仁堂等我市有代表性的23家对外投资合作企业与驻沙特使馆经济商务参赞、驻塞尔维亚、埃塞俄比亚等9个国家驻外人员进行了座谈。为更好地推进我市有条件的企业联合“走出去”工作，为我市企业与我驻外使领馆间搭建沟通与联系平台，起到了重要的促进作用。

（郝晓星）

【加强检查，强化企业境外安全发展意识】根据国家相关部委要求，我委会同市安全监管局、市政府外办、市发展改革委、市住房城乡建设委、市国资委于2月1日联合印发了《北京市商务委员会等六部门关于开展境外中资企业安全生产质量大检查专项行动的通知》（京商务经字〔2013〕43号），联合我市六部门召开专题会议、制定检查工作方案，对我市一千余家对外投资、承包工程、劳务合作和援外企业进行了专项检查。

（郝晓星）

【稳步推进对口支援和区域商务合作】2013年，认真落实对口支援和区域商务合作机制，积极开展各项交流对接活动。陪同市领导出席了“津洽会”“2013中国•廊坊国际经济贸易洽谈会”，组织相关企业参加“中博会”“渝洽会”“内蒙古绿色农畜产品博览会”“内蒙古锡林郭勒盟肉品博览会”“第十七届中国廊坊农产品交易会”等展会，组织大型超市代表赴什邡市开展区域商务合作交流，通过积极为企业搭建平台，充分发挥企业的主体作用，把区域合作落实到企业、落实到项目。

（郝晓星）

【“南水北调情·京堰一家亲——十堰名优特产进京安家”首场推介会在京举行】为落实国家南水北调战略部署，我委与湖北十堰市签订了《对口协作发展商务经济战略性合作框架协议》，积极开展对口协作工作。12月19日，由市商务委和十堰市人民政府共同主办，十堰市商务局、北京市朝阳区商务委员会承办的“南水北调情·京堰一家亲——十堰名优特产进京安家”首场推介会在北京国家会议中心隆重举行。北京市对口支援办领导，我委主管领导、十堰市主要领导出席了推介会。京堰两地商贸流通领域企业代表，北京市和十堰市新闻媒体代表300余人参加了会议。两地商务合作的开展，有力地推动了两地经贸往来，在促进消费、丰富市场、惠及民生等方面产生了积极作用。

（王宏运）

【外派劳务项目审查工作开展顺利】按照商务部的相关规定，全年共审核我市对外劳务合作项目45件；开具劳务人员出境证明31件；审核备案登记输澳劳务项目984件。

（崔春玲）

【精心组织和实施我市境外承包工程和援外工程巡查工作】为加强对北京市对外投资合作企业安全管理质量的督导和检查，提高境外企业安全管理意识和能力，建立和完善快速、有效的境外安全应急和劳务事件处置机制，促进和保障“走出去”事业健康可持续发展，8月12日至19日，由我委组团与市政府办公厅、市外办、市住建委共同开展了对我市援外工程——北京城建集团承建的援阿尔及利亚歌剧院项目和北京建工集团桑给巴尔国际机场2号航站楼在建工程等项目进行了巡查。对于进一步强化企业境外安全管理意识，防患于未然，保障“走出去”事业又好又快发展起到了积极推动的作用。

（崔春玲）

【对外援助工作取得新进展】根据商务部充分发挥地方援外工作积极性和加强属地化管理的精神，按照商务部的文件要求，审核上报我市援外成套和施工监理企业3家；审核上报援外物资项目实施企业8家；为企业参加援外投标出具意见函17件；向援外司推荐2014年度我市具有援外培训资格的3家企业承担25个援外培训项目。

（崔春玲）

十、商务服务

【概况】 2013年，商务服务业促进工作紧紧围绕促发展、拓空间、增能力、树形象开展，着力在加强商务楼宇和商务服务业集聚区发展培育，促进商务服务业国际化高端化发展，加强会展业政策落实，推进“会展之都”建设等方面下工夫，努力开创商务服务业工作新局面。

一、商务服务业运行情况

2013年全市租赁和商务服务业实现增加值1 536.6亿元，增速为9.5%。对全市经济增长贡献率（地区生产总值占比）为7.88%，比上年同期提高0.51个百分点；在第三产业占比10.3%，比上年同期提高0.60个百分点。

全市限额以上租赁和商务服务业企业法人单位营业收入8 165.6亿元，同比增长17.1%。租赁和商务服务业收入全年增长17%任务完成。

二、完成商务、商贸、科技等服务业全社会固定资产投资200亿元工作任务

2013年，全市商务、商贸、科技等服务业全社会固定资产投资为322.2亿元（不含物流业），已完成全年全社会固定资产投资200亿元的任务，其中，批发和零售业51.4亿元，住宿和餐饮业78.2亿元，租赁和商务服务业50.5亿元，科学研究和技术服务业127.4亿元，居民服务、修理和其他服务业14.7亿元。

三、加大商务服务业主题示范楼宇培育力度

围绕推动本市商务服务业的振兴发展，带动产业结构调整和升级，引导本市商务服务业企业提高综合集聚、专业集聚程度的目标，加大了主题示范楼宇的培育力度。一是印发了《北京市商务委员会关于本市主题商务楼宇改造升级项目申报依据和内容及相关标准的函》，进一步规范主题商务示范楼宇改造升级工作。二是根据各区县项目申报情况，对10个区上报的67个商务服务业主题示范楼宇升级改造项目，通过材料审核、现场考察、领导审批，从中确定将东城区恒基中心等8个区19座商务主楼宇纳入支持升级改造和培育范围。19座商务楼宇建筑总面积139万平方米，楼均面积7.3万平方米；驻楼企业总收入641亿元，楼均收入33.7亿元；驻楼企业总缴税165.2亿元，楼均缴税8.7亿元；项目改造总投资9 756.06万元。三是实地督查。为了确保楼宇改造项目顺利实施，会同有关区县商务委，深入到拟支持的19座商务服务业主题示范楼宇升级改造项目现场，听取汇报、实地查看、核对材料、督导改造进度，确保项目有计划、有步骤地顺利推进。

四、首次开展商务服务业集聚区认定命名工作

围绕提高商务服务业企业集聚效应，引导企业集聚发展，首次在全市开展了商务服务业集聚区认定命名工作。会同总部经济处联合印发了《北京市商务委员会关于开展总部经济和商务服务业集聚区（第一批）认定命名工作的通知》（京商务总部字〔2013〕2

号），制定了《关于总部和商务服务业集聚区（第一批）认定命名评审办法》。经自主申报、区县商务委推荐和专家评审，从全市申报命名的 34 个商务服务业集聚区中评选出北京商务中心区等 6 个“北京市商务服务业集聚区”，并在第二届京交会（6 月 1 日）上授予了“北京市商务服务业集聚区”称号。据不完全统计，全市 6 个已命名的商务服务业集聚区共有规模以上入驻企业4 533家，纳税 472 亿元，其中商务服务业企业数量2 886家，占入驻企业数量的 64%。

五、会展业运行情况

2013 年，北京市会展业围绕国际化、品牌化建设，积极促进商业会展业发展。先后组织了北京市引导支持品牌展会名录的申报、评审及项目申报工作，建立了会展业重点企业联系制度，调研了会展业发展情况，引导会展企业注重品牌建设，引进大型国际展会，推动会展业做大做强。全市七大场馆共举办展览 418 个，同比下降 1.2%。但举办大型展览 172 个，同比增长 13.9%，国际展览 185 个，同比增长 3.9%，大型国际展览 111 个，同比增长 9.9%。会展业鼓励支持政策效果初步显现，呈现出展会规模扩大、结构优化的现象。

（胡　滨）

【认真落实会展业促进政策】为认真落实《关于促进我市商业会展业发展的通知》（京商务贸发字〔2012〕55 号），进一步促进我市商业会展业发展，加快建设国际会展之都，年初会同市财政局印发了《关于本市商业会展业发展项目申报有关事项的通知》（京商务商服字〔2013〕1 号）和《关于公开征集北京市引导支持品牌展会名录的通知》（京商务商服字〔2013〕2 号），从引进国际大型展会、培育品牌展会、会展场馆改造及宣传推介、优化会展环境等四大方面对全市商业会展进行适当的财政补贴和支持。

（胡　滨）

【首次发布品牌展会名录】8 月 7 日，为加强北京市会展业品牌化建设，推动北京市会展业向品牌化、规模化、国际化发展，经会展企业自主申报，组织专家评审，网上公示，我委首次发布了 2012 年、2013 年北京市引导支持品牌展会名录，对带动效应好、规模影响大、行业特点鲜明的中国汽车用品暨改装汽车展览会等 25 个展会和中国（北京）国际工程机械、建材机械及矿山机械展览与技术交流会等 31 个展会分别列入 2012 年度、2013 年度北京市引导支持品牌展会名录。

（范　启）

【北京商务服务业联合会正式成立】11 月 28 日，北京商务服务业联合会召开成立暨第一届第一次会员大会。会上，审议通过了北京商务服务业联合会章程（草案），选举产生了联合会第一届理事会和监事会。商务服务业联合会目前共有发起单位 149 家，涉及投资与资产管理、会计、审计、法律服务、会展业等 13 个领域，其中多数为具有影响力的行业领军企业。北京商务服务业联合会成立后，将秉承“全面服务、搭建桥梁、资源共享、创新品牌、协同发展”的理念，努力打造成为同时兼具行业自律组织及配套商务服务平台于一身的实干型社会团体，为各成员单位提供全方位服务，充分发挥沟通政企的纽带作用，为推动本市商务服务业振兴发展、带动本市商务服务业产业升级发挥积极作用。

（胡　滨）

【建立商务服务业重点企业联系服务制度】按照创建规范化服务型政府的要求，为了进一步密切市区两级商务主管部门与商务服务业企业的联系，促进商务服务业集聚化发展、国际化发展、高端化发展，制定并印发了《北京市商务委员会关于建立商务服务业重点企业联系服务工作制度的意见》（京商务函字〔2013〕474号），选取会展业场馆、企业，主题商务楼宇企业，商务服务业企业联合会主要成员企业作为重点联系企业，开展“走进企业、送服务、送政策、共谋发展”为主题的服务企业活动。同时，通过商务服务业信息监测与公共服务平台、各相关业务QQ群、深入企业调研等方法，加强与企业的沟通联系，研讨行业发展现状，解决企业遇到的问题，融洽了政企关系，促进行业全面发展。

（胡　滨）

【培育发展19座商务服务业主题示范楼宇】全年共培育19座主题商务楼宇，其中，中海地产广场、保利大厦、新盛大厦、北京华彬国际大厦有限公司、平安国际金融中心、中环世贸中心、中关村大厦、搜宝商务中心、时代风帆大厦、国基创新园、奥宇科技英巢11座商务楼宇获得市财政资金支持，市财政共支持资金1 399.58万元。

（李　春）

【命名首批6个商务服务业集聚区】在第二届京交会（6月1日）上命名首批商务服务业集聚区6个，分别是东二环高端商务服务业发展带、北京商务中心、北京奥林匹克公园、中关村玉渊潭科技商务区、银河综合商务区、北京市大兴区国基创新园。

（李　春）

【加快商务服务业信息监测与公共服务平台建设】2013年平台建设已通过了市经信委、市发改委的立项批准，计划于2014年第一季度进行系统试运行，第二季度进行系统正式上线运行。通过建立市（市商务委）—区（区县商务委）—重点企业（商务楼宇、商务服务业集聚区、会展企业）动态监测体系，实现面向全市商务服务行业多元化、有行业特色、内容鲜活的数据监测、分级管理和动态分析，为相关政府部门、行业协会、企业提供全方位服务，促进行业发展，优化行业发展环境，为政府制定相关政策提供依据，为全市商务服务业经济运行和领导决策提供有力支持。

（胡　滨）

【配合做好营业税改增值税工作】积极配合做好营业税改增值税效果评估工作，5月份召开了融资租赁、货运代理、物流、会展、服务贸易、技术贸易、服务外包、国内总部和跨国公司在京总部等行业20家企业参加的营改增试点企业调研座谈会，并形成营改增试点改革效果评估调研情况报告报市税改工作小组办公室，为北京市营改增工作提供决策参考。

（胡　滨）

十一、总部经济

【概况】2013 年，在中共北京市委和市政府的正确领导下，北京市商务委员会着眼于全面增强首都服务功能，打造世界高端企业总部聚集之都的目标，注重政策首创，引导产业选择，优化企业发展环境。鼓励和支持在京地区总部企业增设财务中心、采购中心、研发中心、销售中心、结算中心等功能性机构，开展实体化经营。积极引导具有高端、高效、高辐射特征的总部企业在京健康快速发展。

目前，全市各类一级总部企业1 533家（其中一、二级总部企业合计7 982家），比上年增加 228 家。2013 年，我市新认定外资跨国公司地区总部 15 家，累计认定跨国公司地区总部 142 家，其中世界 500 强企业 87 家。北京总部企业以占全市 0.4%的单位数、25%左右的就业人数，创造全市近一半的增加值，实现全市近六成的收入和税收，成为全市经济的重要支撑。

市商务委牵头起草了促进总部企业在京发展新政策，9 月以市政府的名义正式印发了《关于加快总部企业在京发展的工作意见》（京政发〔2013〕29 号），以市发展总部经济工作部门联席会议办公室（设在市商务委）名义印发了《关于促进总部企业在京发展的若干规定暂行实施办法》，不断强化外资跨国公司地区总部、在京央企、市属国企和民营企业公平发展的市场主体地位。

初步建立了商务部门总部经济工作网络体系、市政府相关部门总部经济工作网络体系、总部企业工作网络体系及与北京市商业联合会、北京市外商投资企业协会等行业协会的工作网络体系等四个工作网络体系。

积极培育和打造总部经济集聚区，正式授予北京金融街、北京商务中心区等 8 个园区“北京市总部经济集聚区”称号，授予北京雁栖经济开发区等 4 个园区“北京总部经济发展新区”称号。上述 12 个园区，2013 年共有规模以上入驻企业 1.7 万家，其中总部企业数量占全市总部企业数量的 65%左右，较上年度增加 4 个百分点左右，总部企业集聚程度正在稳步提高。

（孟志军、蔡小军）

【协调总部企业外汇资金集中运营管理试点工作】4 月 26 日上午，市商务委主持召开跨国公司总部外汇资金集中运营管理试点企业工作座谈会。市国税局、市地税局、国家外汇管理局北京外汇管理部相关业务处室负责人及中粮集团、五矿集团、壳牌（中国）有限公司等 7 家第一批试点企业负责人参加会议。试点企业汇报了落实《北京地区跨国公司总部外汇资金集中运营管理试点实施细则》（京汇〔2012〕239 号），开展外汇集中运营管理的情况。市商务委和与会的相关部门针对 IPA 账户、外债额度等问题做了解释、说明和建议，对预提所得税、资本弱化等方面涉及国家法律法规的重大问题进行了探讨。

5 月 2 日下午，市商务委召开了总部经济新政策企业座谈会暨外汇资金集中运营管理政策宣讲会。中石油、中远集团、首旅集团、北汽集团、三一重工、西门子等18家企业负责人参加会议。企业类型涵盖了央企、市属国企、民营和跨国公司地区总部企业。会上，市商务委对拟出台的总部经济发展新政策做了解读，并征求了参会企业意见；国家外汇管理局北京外汇管理部相关业务负责人对外汇集中运营管理政策进行宣讲。参会企业积极开展外汇资金集中运营管理第二批试点工作的申报工作，通过增设财务、结算中心等方式进一步充实和完善在京总部企业功能。

（殷惠龙）

【正式命名首批总部经济集聚区】在第二届京交会北京日，北京金融街等8个园区被授予“北京市总部经济集聚区”称号，北京雁栖经济开发区等4个园区被授予“北京总部经济发展新区”称号。被授予“北京市总部经济集聚区”称号的8个园区，2012年共有规模以上入驻企业1.6万家，纳税4 050亿元，占全市纳税总额的43.9%，其中总部企业数量4 747家，占全市总部企业数量的61%。被授予“北京市总部经济发展新区”称号的4个园区均位于城市发展新区和生态涵养发展区，具有明确规划和发展总部经济的明确产业定位。

（蔡　跃）

【组织召开第一次驻华外国商会座谈会】为落实2013年北京市政府工作报告关于“发挥民间商会和行业协会作用”的要求，市商务委于6月28日上午组织召开了第一次驻华外国商会座谈会。中国德国商会、中国美国商会、中国欧盟商会等13个国家在华商会的相关负责人参加了座谈会。座谈会由我委副主任申金升主持召开，商务部外贸司、中国贸促会国际联络部的相关领导出席了座谈会。座谈会上，我委通报了北京市的商务工作以及关于外国商会设立、变更、注销等审批服务管理情况，并表示将进一步改进外国商会服务管理工作，不断提高服务管理水平；积极为外国商会搭建与北京经济合作、经贸交流的平台；并希望外国商会在增加商品和服务贸易的进出口、吸引国外投资等方面积极发挥作用。

（殷惠龙）

【召开2013年度跨国公司地区总部奖励政策培训会暨全市新总部政策通气会】为进一步规范跨国公司地区总部奖励申报及初审工作，加快跨国公司地区总部奖励兑现速度，及时通报新总部政策进展情况，8月5日，市商务委召开了2013年度跨国公司地区总部奖励政策培训暨全市新总部政策通气会。各区县商务委、北京经济技术开发区和各总部经济集聚区管理机构参加了会议。会上，我委重点解读了跨国公司地区总部政策，介绍了政策执行情况，对近年来政策执行过程中出现的问题，如异地纳税、营业收入补助、租房补贴、企业负责人个税奖励等相关初审标准进行了细化和明确，并对2013年度申报时限、表格填写等提出了具体要求。

（殷惠龙）

【市商务委牵头起草的《关于加快总部企业在京发展的工作意见》正式发布】为加快总部企业在京发展，由我委牵头起草的《关于加快总部企业在京发展的工作意见》，已获市政府专题会议和市委常委会讨论通过。9月10日，市政府印发了《北京市人民政府关于印发加快总部企业在京发展工作意见的通知》（京政发〔2013〕29号）。这标志着我市促进总部企业在京发展政策的基本完善。该文件首次将各类所有制总部企业纳入支持和服务范围，构建了一个服务首都总部经济发展的部门联动机制，有望进一步优化总部企业在京发展环境。

（殷惠龙）

【多渠道开展总部经济政策宣讲工作】一是制作北京市总部经济政策汇编及对外宣传图册。为配合京港洽谈会、经贸投资合作论坛及对外推介考察等活动，丰富政策推介形式，提高政策推介水平及时效性，市商务委制作了《北京市总部经济政策汇编》和《北京市总部经济发展宣传册》，对全市总部经济政策和总部经济集聚区做了比较全面的介绍。二是开展多场新政策宣讲活动。先后为各区县商务部门、各总部经济集聚区、各相关委办局及1 000余家总部企业举办7场政策宣讲会。三是通过多种渠道加大总部经济政策推介力度。利用京港洽谈会、北京—首尔经贸投资合作论坛等投资促进平台开展了专题宣传推介，先后组团赴德国、巴西等地重点推介总部新政策。

（王亚娟）

【认真开展行政审批审查工作】2013年，共办理外国非企业经济组织驻京代表机构设立、变更、延期等行政审批事项101个，办理外国商会变更会长、章程等审查事项11个，及时发放批准证书，并对相关审批、审查材料进行及时归档和备案。根据《关于鼓励跨国公司在京设立地区总部的若干规定》（京政发〔2009〕15号）和《关于鼓励跨国公司在京设立地区总部的若干规定实施办法》（京商务资字〔2009〕351号），顺利完成2012年度跨国公司地区总部申请奖励、补助汇总工作，审核效率大幅度提高。共办理居留许可222件，共计501人次。

（殷惠龙、王亚娟）

十二、商务领域社团组织

截至年底，由市商务委作为业务主管单位的社团组织56家。按照市社团登记管理部门的分类统计，学术性社团4家（北京国际经济贸易学会、北京市对外经济贸易会计学会、北京商业经济学会、北京市商业文化研究会），联合性社团7家（北京外商投资企业商工联合会、北京市商务企业法律顾问协会、北京国际志愿人员协会、北京外企海外联谊会、北京服务贸易协会、北京市商业联合会、北京老字号协会），专业性社团9家（北京国际商会、北京市国际技术贸易协会、北京国际投资促进会、北京服务外包企业协会、北京中外企业人力资源协会、北京市商业企业管理协会、北京市供销合作经济组织协会、北京中国饮食文化研究会、北京中华茶艺协会），行业性社团36家（除上述3类以外的社团组织）。市商务委按期完成了社团组织的年度检查工作，并指导8家社团组织完成了换届工作，注销1家协会（北京市冷饮食品协会），新成立2家（北京健身器材流通协会和北京礼品流通协会）。

（谢凤珍）

附：北京市商务领域社团名录

北京市商务领域社团名录

序号	单位名称	会长	秘书长	联系人	联系电话	传真	单位地址	邮编
1	北京国际商会	熊九玲	张 钢	张芳芳	88070379/0303	68061030	西城区南礼士路头条 3 号	100045
2	北京国际会议展览业协会	储祥银	储祥银	张 玲	88070431/0324/0343	68061030	西城区南礼士路头条 3 号	100045
3	北京国际经济贸易学会	张 钢	康乃馨	康乃馨	88070425	68014008	西城区南礼士路头条 3 号	100045
4	北京市国际技术贸易协会	陈 伟	王跃平	刘 松	85163103	65252214	东城区朝内大街 190 号	100010
5	北京市国际货运代理行业协会	李建华	李 荣	李小蕾	64621398/99	64615507	朝阳区亮马桥路 44 号海昌大厦 209 室	100016
6	北京国际志愿人员协会	王 粤	刘 军	闫 颖	84000561/0562	64097913	东城安定门东大街 28 号雍和大厦 C 座 11 层	100007
7	北京国际经济技术合作协会	马铁山	王晓兰	郭 晋	63927887	63927887	西城区广莲路 1 号建工大厦 1201 室	100055
8	北京国际投资促进会	孙长泰	李保卫	张 桐	65546203	65543161	朝阳门北大街 8 号富华大厦 F 座 406 室	100027
9	北京外商投资企业协会	孙长泰	李 莉	狄 伟	65543163/5363	65544915－0	朝阳门北大街 8 号富华大厦 F 座 408 室	100027
10	北京市对外经济贸易会计学会	徐小溪	赵京娥	赵京娥	65280245	65280245	丰台区芳群园四区 21 号楼 450 室	100078
11	北京服务贸易协会	李露霞	杨丽君	赵运宽	88070414	88070414	西城南礼士路头条 3 号南楼 325 室	100045
12	北京服务外包企业协会	由玲年	李 进	李海珍	82826849/ 82825690－1018	82825690－1073	海淀区东北旺西路 8 号中关村软件园 1 号楼信息中心 C 座一层	100094
13	北京市进出口企业协会	陈 伟	叶长有	陈 红	84289882/9006/9001	84289902	朝阳区和平里小黄庄北街 2 号 C 座	100013
14	北京外企海外联谊会	霍晨光	肖林光	束 燕	67772614	67772655	朝阳区西大望路 15 号外企大厦 B 座 11 层	100022
15	北京市商务服务业联合会	刘建华	曹 磊	杨雪松	52656250		石景山区石景山路 20 号中铁大厦 1713 室	
16	北京中外企人力资源协会	刘振兴	范莉莉	张 钰	57041999	57041998	朝阳区西大望路 15 号外企大厦 B 座 703 室	100022
17	北京百货商业协会	孟卫东	施燕青	赵志毅	64070692	64010352	东城区魏家胡同 20 号	100007
18	北京市商业企业管理协会	孟卫东	施燕青	赵志毅	64010352	64010352	东城区魏家胡同 20 号	100007
19	北京焙烤食品糖制品协会	高 波	张 漪	刘俊欣	63265499	63265499	宣武区广安门外广华轩 6 号楼	100052

（续）

序号	单位名称	会长	秘书长	联系人	联系电话	传真	单位地址	邮编
20	北京市餐饮行业协会	汤庆顺	胡　颖	冯　颖	66035722	66039210	东城区安定门外大街 183 号京宝花园 M201 室	100050
21	北京市茶业协会	白文祥	付光丽	刘秀荣	68337903	68337903	西城区北礼士路甲 98 号阜成大厦 A 座 4 层 421 号	100037
22	北京典当行业协会	杨　永	郝凤琴	郝凤琴	84544366	84544368	东城区永内东街中里 13 号	100050
23	北京电子商务协会	丁同欣	林　亚	朱红霞	63435415	51814650	西城区莲花池东路丙 1 号 312 室	100045
24	北京市豆制品协会	张振山	卢桂芳	卢桂芳	63521149	63521149	丰台区桥南马场 138 号	100071
25	北京蜂产品协会	杨寒冰	赵增莲	钟一鸣	67869258	67869021	北京经济技术开发区同济中路 7 号兴盛工业园 3 栋	100176
26	北京市供销合作经济组织协会	符敬群	王燕龙	李占领	63520898	63520898	朝阳区小营北路 11 号和泰大厦 7 层 710 室	100101
27	北京市化工商业协会	宋肖钢	刘志刚	王海红	87612660 67603818	87612660	丰台区永外宋家庄顺八条 1 号	100078
28	北京家政服务协会	李大经	朱　平	朱　平	63432818/5414	63432818	西城区莲花池东路丙 1 号	100006
29	北京健身器材流通协会	彭石英	陶瑞军	曹　洋	87861315	87861315	丰台区大红门西马场甲 14 号	100068
30	北京老字号协会	姜俊贤	张　健	李　菲	62002277 62370448	62002277	西城区西绒线胡同 51 号北门四川饭店内	100029
31	北京礼品流通协会	郑康淳	谢　辉	谢　辉	64529406	64529406	朝阳区林萃桥北 200 米路东	100101
32	北京市连锁经营协会	卫停战	李秀珍	李卫红	62262236 62218069	62262236	海淀区北三环西路明光北里 2 号	100088
33	北京美发美容行业协会	卢连德	李瑞明	张佳祺	63188435	63188437	西城区珠市口西大街 120 号太丰惠中大厦 1137 室	100050
34	北京农业生产资料协会	吴　山	陈永峰	高　放	83828781	83828781	丰台区西四环南路 30 号院 8－1 供销农资大厦 12 层	100161
35	北京品牌协会	王介甫	夏　明	夏　明	58260938	58260938	朝阳公园西里南区 6 号楼副楼 503 室	100125
36	北京拍卖行业协会	温桂华	张　瑾	许惠田	68334469	68337868	西城区北礼士路甲 98 号阜成大厦 B 座 305 室	100083
37	北京肉类食品协会	袁卫东	刘金英	吴　萍	63266413/26	63324813/ 26	宣武区广安门外广华轩 6 号楼	100055

（续）

序号	单位名称	会长	秘书长	联系人	联系电话	传真	单位地址	邮编
38	北京市商业联合会	于学忠	丁淑芬	田旭升	63435421/22/29	51814665 63435416	西城区莲花池东路丙 1 号	100045
39	北京商业经济学会	臧洪阁	赖　阳	魏　刚	65130390 65231127	65128343	东城区礼士胡同 41 号	100010
40	北京市商业服装行业协会	陈普照	朱名华	曾　龙	65136644 63032991	65123749	宣武区前门大街掌扇胡同甲 2 号	100051
41	北京市商业文化研究会	张连登	胡庆平	胡庆平	89532213	89532213	东城区东四南大街礼士胡同 41 号	100010
42	北京市石油流通行业协会	赵振生	王顺增	赵秋萍	85835928	85836509	朝阳区十里堡 1 号恒泰大厦七层 7002—7006 室	100054
43	北京市摄影行业协会	孙秀珍	孙广义	高凤玲	66039982	66039982	西城区大酱坊胡同甲 26 号	100032
44	北京市调味品协会	杜吉信	陈尤太	陈　杰	63863799	63863799	西城区北礼士路 8 号	100044
45	北京文化用品行业协会	张　军	周文安	田秀丽	67226062	87297093	崇文区永外东革新里 42 号	100077
46	北京物流协会	王国丰	林友来	黄少阳	63435426	63435428	西城区莲花池东路丙 1 号	100045
47	北京西餐业协会	魏　青	许　萌	许　萌	64810867	64810615	海淀区羊坊店路 18 号光耀东方广场 s 座 505 室（西客站北广场东北角）	100038
48	北京市洗染行业协会	汪学仁	高云丽	高云丽	63972756	63972756	丰台区莲花池西里 20 号宝辰洗衣厂四楼	100073
49	北京市眼镜行业协会	孟卫东	刘多宁	钱　铮	67059782	67059782	东城区天坛路 57 号院内东楼 4 层 401	100062
50	北京市印章行业协会	张宝平	王　立	王　立	63030462/7984	63035640	宣武区珠市口西大街 258 号	100051
51	北京孕婴童用品行业协会	邓正学	孟宪忠	孔金焕	84602486	84440576	朝阳区曙光西里甲 6 号院 8 号楼时间国际 708 室	100028
52	北京市租赁行业协会	张巨光	史国立	高　明	87289242 67150700	67150700	东城区法华南里 26 号 404 室	100061
53	北京外商投资企业商工联合会	姜仲群	刘贻长	刘贻长	65056010	65056110	建外大街 1 号国贸西楼 516 室	100004
54	北京中国饮食文化研究会	李士靖	赵振华	孙淑萍	65193131	65193259	北京市正义路 2 号市政府 2 号楼	100744
55	北京中华茶艺协会	郝　莹	李延海	郝　莹	66056287	66056287	西城区八宝胡同 5 号	100033
56	北京市旅店行业协会	丁同欣	张　宏	张惠云	63156367	63156367	宣武区棕树斜街 42 号	100051

十三、2013年度京交会

【概况】

一、第二届京交会成功举办

第二届京交会于5月28日至6月1日在北京国家会议中心成功举办，共举办6类148场活动，洽谈展览总面积7.59万平方米，共有1 900余家中外企业参展，来自117个国家和地区的到会客商达13.8万人次，共达成签约项目415个，意向签约额累计786.9亿美元。

多方积极参与京交会。京交会组委会在境内外开展了多场次推介活动，并积极跟踪落实推介成果，吸引了业界广泛参与京交会。第二届京交会组团参展和举办活动的境外国家和地区达20个，全球服务贸易十强国家有半数组团参展或举办专场活动。31个省市自治区及5个计划单列市全部组团参展参会。国际出版电讯委员会等12个国际组织及商协会组团参会。联合国采购司首次在中国举办服务采购推介洽谈会。19家国家部委和中央单位成为第二届京交会支持单位。

媒体、业界和公众关注度提升。从第二届京交会倒计时100天开始，历经会前预热报道、会期聚焦报道和会后盘点报道，共吸引了312家境内外媒体的1 336名记者参与到新闻报道中，原创报道1 199篇，转载报道8 355篇，微博话题21 924条；公众开放日共有2.4万社会人士观展；第二届京交会期间的2013中国（北京）电子商务大会、中国快递行业（国际）发展大会等专业会议活动实际参会人数大幅超过报名人数。

圆满完成各项会展工作。落实和管理了33家国内外承办机构，策划组织了全球服务论坛·北京峰会、开馆仪式、巡场等重要活动，组织协调了国别主题日、省市主题日、专业会议等活动，高质量完成了展览会议规划、场馆管理、搭建管理、展场整体环境布置等会展工作。

高标准完成嘉宾接待工作。京交会期间共有119位国内外政要、政府部长、相关国际组织负责人及驻华大使出席。组委会共接待了2个政要团组，1位联合国副秘书长、9位正部级嘉宾及17位副部级嘉宾、3大国际组织负责人等40个境外团组；共接待全国省区市和计划单列市代表团35个近130名代表，其中副省级领导任团长的代表团15个。周到、细致、便利的接待服务获得了与会嘉宾的一致好评。

力促洽谈交易。据不完全统计，组委会为境外120多家专业客商匹配了468家境内企业进行对手交易，共组织3 300多位客商参加了20场次的专业对接活动，促进企业之间的交流与合作。

二、第三届京交会筹备工作有序推进

创新工作思路。研究确定了第三届京交会统筹“展、论、洽”的基本框架，初步提出了通过展场管理智能化、现场服务菜单化、展览展示方案化和洽谈交易标准化来进一步提升京交会服务品质；通过搭建贸易匹配信息化平台，加强中长期谋划和布局，推行绿色会展理念，优化京交会网上注册系统，与板块承办机构联动开展宣传推介活动等5项措施来进一步提升京交会组展工作水平。

积极开展境内外推介活动。组委会赴韩国、德国等国家和地区开展了7次境外推介活动。举办了驻华使节推介会，并借助亚欧博览会、投洽会等国内展会及与国际商协会负责人会见的机会开展了15次境内推介活动。

有序推进宣传推广工作。初步完成了第三届京交会宣传工作方案；完成12个语种宣传折页的制作工作；积极与多家知名企业洽谈赞助合作事宜，加快推进市场化进程。

顺利开展招商招展工作。初步确定32个板块承办机构，拟与重点板块的6家承办机构签署三年合作协议，继续引进中国国际城市智能化技术与服务大会及故事驱动（亚洲）大会两个国际知名展会活动。积极拓展海外招商渠道，已授权北京华韵尚德国际文化传播有限公司、英国普罗派乐卫视和巴西亚洲商务咨询会展集团分别组织德国、英国和巴西的协会和企业参会。

（郭华平）

【京交会暨全球服务论坛·北京峰会召开】5月29日上午，京交会组委会与联合国贸发会议共同主办的第二届中国（北京）国际服务贸易交易会暨全球服务论坛·北京峰会在人民大会堂举行。60多个国家和地区的近800位嘉宾，围绕“服务业：可持续发展的新领域”进行探讨；组建了全球服务业展望委员会，商务部部领导担任主席，为包括中国在内的发展中国家在世界服务贸易发展中发挥更大作用创造了条件；发布了《北京宣言》，指出京交会和全球服务论坛在促进服务经济发展和国际服务贸易发展方面发挥领导力和做出的贡献，提升了各界对发展中国家发展服务业与服务贸易的关注度和支持度。

（卢　娜）

【李克强总理出席全球服务论坛·北京峰会】5月29日，第二届京交会暨全球服务论坛·北京峰会在人民大会堂举行，中共中央政治局常委、国务院总理李克强出席并发表《把服务业打造成经济社会可持续发展的新引擎》的主旨演讲。李克强在演讲中说，服务业日益成为促进世界经济复苏、引领转型发展的新引擎、新方向，明确了服务贸易在经济发展中的重要战略地位。会前，李克强与出席会议的外国领导人和国际组织负责人简短交流，集体合影留念。

（卢　娜）

【第二届京交会参与规格高】习近平主席会见坦桑尼亚桑给巴尔总统谢因等出席京交会的外国政要，李克强总理出席北京峰会并做主旨演讲，汪洋副总理到现场参观和指导工作。斯里兰卡总统拉贾帕克萨、斐济总理姆拜尼马拉马、坦桑尼亚桑给巴尔总统谢因、新加坡副总理尚达曼出席峰会并致辞。乌拉圭总统何塞·穆希卡出席了乌拉圭主题日活动，斯里兰卡总统和新加坡副总理参观了展区。联合国秘书长潘基文为北京峰会发来贺信。联合国副秘书长阿查亚、联合国贸发会议秘书长素帕猜、世界贸易组织副总干事辛格、经济合作与发展组织副秘书长鲍彻出席了峰会等活动。国内外政要、政府部长、相关国际组织负责人及驻华大使累计参加了150余场活动。

（卢　娜）

【探索展示与合作新模式】第二届京交会组委会从服务贸易全部12大领域160多个行业中，精选了科技服务、设计服务、金融服务等35个专题板块分区展示。第二届京交会在服务展示方式上，形成了综合展示、专题展示、品牌展示等方式的多种组合，达到了多维立体的展示效果。在交易撮合方式上，形成了组委会集中撮合、承办机构定向撮合、企业自主撮合、线上线下互动撮合等方式的多种组合。在展会内容上，以峰会、专业大会等6类活动方式，形成了全方位的参与和互动机制，实现了政策、理论、实践的融会贯通。

（郭华平）

【北京市11个委办局积极参与京交会】在第二届京交会上，北京市科委、市商务委、市金融局、市旅游委、市体育局、市文化局、市工商局分别承办了研发服务、电子商务、金融服务、旅游服务、体育服务、数字动漫服务、广告服务7个专题板块。中关村科技园区管理委员会、北京市国有文化资产监督管理办公室举办了“双轮驱动”综合板块。市知识产权局不仅联合市文化局、市工商局成立知识产权保护执法大队现场执法，同时还举办了展会知识产权保护主题沙龙。市侨办等单位举办了2013侨商北京洽谈会。

（张俊民）

【北京市16个区县全方位参与京交会】北京市16个区县积极参与第二届京交会的北京展区、北京日等相关活动，展现各区县未来发展蓝图。朝阳区重点参与了分销服务板块、跨国公司展、北京国际广告周、省部长与跨国公司CEO对话会等活动。西城区重点参加“金融板块”“文化板块”“国别主题日”等活动，展示了其在金融产业和文化创意产业领域的突出优势。海淀区举办软件与信息服务国际企业对接会，打造全球服务外包新市场中心。怀柔区重点推介了北京雁栖湖生态发展示范区和中国（怀柔）影视基地两大功能区。顺义区与30余家机构进行了初步洽谈，其中5个项目已经达成合作意向。

（张俊民）

【北京市87家商协会组织企业参会】北京市民政局、组委会办公室邀请全市87家行业协会、商会组织企业参加第二届京交会。各行业协会、商会充分发挥在促进行业和企业发展中的组织、协调、服务和监管作用，有效抓住京交会这一展现自身实力的大好时机，积极推动行业的国际交流与合作，共推荐374家本地企业2 700余人次参加了京交会国别主题日和境外代表团专场活动。

（张俊民）

【“WTO与中国：北京国际论坛（2013）”召开】5月28日下午，中国世界贸易组织研究会和北京市国际服务贸易事务中心主办的“WTO与中国：北京国际论坛（2013）”在北京国家会议中心报告厅成功举办。本届论坛以“服务驱动发展”作为研讨主题，是第二届京交会重要的专业会议之一。联合国贸易与发展会议秘书长素帕猜·巴尼巴滴，世界贸易组织副总干事哈沙·辛格，中共北京市委常委陈刚，中国世界贸易组织研究会会长孙振宇等国内外政府官员、国际组织负责人、驻华使节、知名专家、企业家等演讲嘉宾围绕主题畅所欲言，吸引与会听众350人。

（郭华平）

【京交会徽标获国家工商总局批准】 2013年，两项京交会徽标（logo）申请获得国家工商行政管理总局商标局批准，京交会徽标保护工作取得阶段性成果。京交会徽标获得注册批准，对于将京交会打造成世界级品牌展会、提高京交会知名度和美誉度，具有重要意义。

（卢　娜）

第四部分

海关、检验检疫

北京海关

基本职能

北京海关是海关总署直属的正局级海关，依据中华人民共和国海关法和其他有关法律、法规，负责监管北京关区进出境运输工具、货物、行李物品、邮递物品和其他物品，征收关税和其他税费，查缉走私，编制海关统计和办理其他海关业务。

内设机构

缉私局、办公室、法规处、关税处、监管通关处（行邮监管处）、加工贸易监管处、综合统计处、稽查处、风险管理处（企业管理处）、技术处、财务处、关务保障处、人事处、教育处、督察内审处

内部工作机构

机关党委（思想政治工作办公室）、监察室、政治部办公室、离退休干部办公室

隶属海关

首都机场海关、中关村海关、北京经济技术开发区海关、天竺海关、北京西站海关（筹）

派驻机构

审单处、驻邮局办事处、驻朝阳办事处、驻平谷办事处、驻顺义办事处、现场业务一处、现场业务二处、现场业务三处（海关总署北京印刷品音像制品监控办公室）

海关总署外脑机构

海关总署北京加工贸易单耗管理办公室、进出口商品归类办公室

事业单位

机关服务中心、中国电子口岸数据中心北京分中心

临时机构

基建办公室

群众组织

机关工会

人员编制

北京海关共有人员1 781名（其中从事海关业务人员1 539名，从事缉私业务人员242名）。

业务工作

【概况】2013年，在海关总署和北京市委、市政府的正确领导下，北京海关以“政治大关、经济大关、文化大关”为目标，积极推进业务改革和队伍建设，不断提升海关监管工作水平。全年累计实现税收入库559.9亿元，同比下降6.9%；审核进出口报关单160.2万票，同比增长1.8%；监管进出口商品总值844.4亿美元，同比增长4.3%；验放进出境人员1 914万人次，同比

增长1.5%；监管进出境飞机11.7万架次，同比增长1.4%；监管进出境邮包8 428.9万件，同比增长6.7倍；监管进出境印刷品、音像制品9 311.5万件，同比增长4%。同时，充分依托中关村国家自主创新示范区、天竺综合保税区、亦庄保税物流中心“三个平台”的作用，着力助推首都开放型经济持续健康发展，为首都经济社会平稳健康发展做出了应有贡献，得到了北京市委、市政府领导的充分肯定。中央政治局委员、市委书记郭金龙同志在听取北京海关工作汇报时指出：在口岸建设等硬件方面，在创新体制机制、提升监管服务水平和促进贸易便利等软件方面，以及在维护首都稳定方面，北京海关做了大量卓有成效的工作，取得了突出成绩，在推动首都科学发展中发挥了重要作用。

（杨　帆）

【缉私工作取得多项历史性突破】 深入贯彻落实全国打私工作座谈会议精神，创新关警“混合编队”新型缉私工作模式，保持了查办大要案的强劲势头。全年共查办涉嫌走私违规案件1 439起，案值约46.1亿元，涉嫌偷逃税额约2亿元；查办案值超千万元以上的重特大走私犯罪案件13起；收缴各类毒品54.7千克，切实发挥了海关缉私工作保障和服务首都发展的重要作用。其中，成功查获全国首例走私活体信鸽案、全市首例跨境走私销售假药案、全关首例走私固体废物案以及全关首例过境中转旅客走私毒品案，实现了缉私业绩的历史性突破。充分发挥市打私办平台作用，与北京市工商行政管理局、北京出入境检验检疫局联合开展了打击治理中关村电子市场走私货物交易行为查缉行动，共出动执法人员130余人次，查获涉嫌违法违规电子产品852箱，价值500多万元人民币。

（杨　帆）

【统计分析职能有效发挥】 进一步增强统计分析能力，提高统计分析工作效率，为各级政府和社会各界提供高质量的统计信息服务。全年共撰写上报统计分析文章205篇，其中多篇获得中央领导批示；向北京市报送针对地方经贸发展状况的《统计专报》59篇，其中多篇获得市领导批示；为北京市商务委、北京市统计局等7个部门发送月度统计报表900余张次，在北京海关互联网站上公布月度统计报表96张次，为市商务委、天竺综保区管委会等7家单位提供DAT数据和定制报表服务200余票次。

（杨　帆）

【着眼服务企业，业务改革顺利推进】 通关作业无纸化改革顺利覆盖至关区所有通关现场，帮助企业有效节省时间成本和经济成本，无纸化报关单在全部报关单中所占比例升至51%。区域通关业务改革深入实施，“属地申报、口岸验放”模式功能和适用范围进一步拓展，畅通了企业办理跨关区申报的途径，全年作为属地采用“属地申报，口岸验放”模式申报进口货物3.2万票，货值80.5亿美元，同比分别增长16.9%、18.2%。集中汇总征税试点和电子支付工作有序推进，为企业办理海关纳税手续提供了更为快捷便利的条件。全年共办理集中汇总征税103票，征收税款395.7万元；通过电子支付征收税款352.2亿元，占关区税收总额的63.7%。

（杨　帆）

【出台服务首都开放型经济发展的具体意见】 制定出台了《北京海关服务首都开放

型经济发展的意见》，系统规划了海关支持首都经济发展的具体途径和工作措施，确定了五方面17项重点工作任务，着力助推首都提升竞争力，创造新优势。2013年，召开多起关企座谈会和政策宣讲会，继续积极帮助企业用好用足国家优惠政策，全年审批减免税款合计141.7亿元，同比增长4%。深入推进企业分类管理，共新增AA类企业18家，达到125家，同比增长18%；新增A类企业111家，达到714家，同比增长19%。继续通过12360服务热线向关区企业和管理相对人提供及时、准确的咨询服务，并新开通了北京海关12360政务微博，进一步拓宽了海关与社会的沟通渠道。全年共受理各类业务咨询3.4万条，即时答复率达到99.6%，回访满意率为100%。

（杨　帆）

【以“一站式”作业模式助推中关村创新发展】整合企业注册业务受理，实行申报问题一次性告知，减少重复审批和企业往返，实现了对中关村园区企业管理业务的随到随办。针对中关村园区发展特点，积极探索实施科研设备共享共用，帮助企业进一步提高设备使用效率。同时，认真落实高层次人才进境通关边境优惠措施，提供“直通车服务”，全年共受理高层次人才自用物品免税货值22.8万美元。

（杨　帆）

【天竺综合保税区高端产业集聚效应更加稳固】采取“分送集报＋直通式分拨”的通关模式和相应查验模式，吸引了更多医药企业入区操作。同时，积极与物流代理商进行沟通，跟进产品生产和销售动态，不断优化服务举措、提高通关效率，成功实现与郑州新郑综保区间手机结转。天竺综保区全年监管进出口货物总值291.36亿美元，同比增长34.2%。

（杨　帆）

【亦庄保税物流中心开展业务的企业增至97家】大力推行“AA类企业服务窗口”“电话咨询服务窗口”“内销审批便利窗口”三大窗口建设，及时吸纳企业合理业务诉求，积极帮助企业节省时间成本和资金成本，不断拓展保税物流中心物流监管方式。中心开展业务的企业从23家激增至97家，对外辐射作用进一步扩大，全年共监管货值12.4亿美元，同比增长55%，监管货运量4.17万吨，同比增长197%。

（杨　帆）

【首都国际机场整车进口口岸顺利通过验收】7月2日，首都国际机场整车进口口岸通过国家五部委联合验收，成为我国第一个，也是目前唯一一个空运整车进口口岸。配合口岸投入运营，充分调研空运整车口岸发展的优势、劣势，提出解决方案，积极面向企业宣讲海关政策及监管流程，及时提供通关指导，促进整车进口业务增长。2013年以“一般贸易”方式进口整车106辆，货值3 289.1万美元，实现良好开局。

（杨　帆）

【马坊国际物流中心进出口突破4万标箱】进一步加强京津海运货物特别通道建设，提升马坊国际物流中心通关速度，增强口岸吸引力。已有173家企业选择在马坊通关。全年监管进出口总货值14.29亿美元，同比增长28.6%；监管进出口集装箱4.1万标箱，同比增长36.7%，食品类商品已经成为通关货物的一大支柱。

（杨　帆）

【跨境电子商务出口额达45万元】高质

量完成了北京市跨境电子商务试点服务平台的建设工作，为跨境电子商务未来发展奠定了坚实基础。与市商务委密切配合，确定北京市邮政速递物流有限公司（EMS）作为北京市开展跨境电子商务保税业务的首批试点单位。全年，北京口岸共通过天竺综保区办理跨境电子商务保税出口货物42票，价值45.39万元，取得了良好的初步成效。积极引导奶粉、红酒等电子商务进口业务运营企业将海外仓库平移至天竺综保区内，跨境电子商务进口业务也取得良好起步。

（杨　帆）

【国内首场文化艺术品保税拍卖会顺利举办】首创了特殊监管区域内文化保税拍卖业务模式，研究制订了配套监管方案，国内首场文化艺术品保税拍卖会在北京天竺综合保税区举办，共计34件欧洲艺术品参拍，吸引了40多位竞买人竞拍，总成交额1 000多万元人民币，拍卖成交率达85%。实现艺术品监管证件二次报关、一次验核模式，成功促成全国综保区内首个兼具保税仓储、物流、检测、修复、文化交流等功能的欧洲古典文化艺术品常设展厅落地，已有近3亿元人民币艺术品在区内存储；积极利用保税政策开展按需印刷业务，推进“两仓整合”试点，帮助出版物进口企业加快发行速度、降低运营成本，全年中图保税仓库共入库图书81.2万册、货值1 166.1万美元。

（杨　帆）

【进出境展览品总值增长4.6%】积极促进首都会展经济做大做强，全力做好“中国（北京）国际服务贸易交易会”等各类重点会展活动的通关服务工作，全年共办理展览会备案591个，展览品价值35.73亿美元，同比增长4.6%。继续打造电影节监管服务品牌，重点保障北京国际电影节暂时进境影片通关，圆满完成了来自38个国家（地区）的121部入境参展影片的暂时进境相关审批监管工作。

（杨　帆）

【知识产权海关保护工作取得良好成果】积极扶持“北京服务”和“北京创造”，共查获涉嫌侵犯知识产权案件85起，查获侵权产品44 016万件，涉及74个国家和地区，案值约415万元，保护权利人知识产权241项，有效遏制了侵权产品进出境案件上升势头。在3月15日起为期一个月的“中美海关知识产权联合执法行动”中，共查获输美侵权商品36批次1 636件，控制下交付美方涉嫌侵权商品6批次45 877件，打击输美侵权电子产品成果显著。

（杨　帆）

2013 年北京海关主要业务情况一览表

序　号	项　目	数　额	比 2012 年同期增减（%）
1	进出口货物总值（亿美元）	844.37	4.27
2	进出口货运量（万吨）	478.73	−15.40
3	出入境人员（万人次）	2 048.10	2.66
4	监管印刷品、音像制品（万件）	9 311.50	4.04
	监管进出口快件（万件）	794.40	−10.98
5	查办刑事案件（起）	44	−4.35
	案值（亿元）	8.50	−77.33
6	查获行政案件（起）	1 395	6.90
	案值（亿元）	37.60	60.68
7	上缴罚没收入（万元）	6 776.80	23.03
8	税款入库总金额（亿元）	559.92	−6.92
	其中：关税税款（亿元）	103.03	0.05
	代征税款（亿元）	498.50	−8.36
9	审批减免税总货值（亿美元）	141.68	9.49
	审批减免税总金额（亿元）	147.39	4.02
10	备案加工贸易电子手册总金额（不含 E 账册，亿美元）	84.30	14.70

（杨　帆）

2013 年北京地区进出口总值一览表

项　目	价值（亿美元）	比 2012 年增减（%）
进出口总值	4 291	5.20
出口总值	632	6.04
进口总值	3 659	5.05
出口差额（＋出大于进；－进大于出）	−3 027	4.85

（杨　帆）

名　录

单位名称：北京海关
法人代表：高融昆
通讯地址：北京市朝阳区光华路甲 10 号
邮政编码：100026
电　　话：85736789
传　　真：85736080
网　　址：beijing.customs.gov.cn

（杨　帆）

北京出入境检验检疫局

基本职能

中华人民共和国北京出入境检验检疫局(以下简称“北京检验检疫局”)是国家质量监督检验检疫总局设在北京并授权依法管理北京地区出入境检验检疫工作的行政执法机关和涉外经济监督部门。

机构设置

目前北京检验检疫局机关内设17个处室,主要业务处室有通关业务处、卫生检疫监管处、动植物检疫监管处、食品安全监管处、检验监管处、认证监管处、风险管理处、稽查处,并根据工作需要分别设立了首都机场出入境检验检疫局、丰台出入境检验检疫局、北京经济技术开发区出入境检验检疫局、顺义出入境检验检疫局、通州出入境检验检疫局、海淀出入境检验检疫局、北京西站出入境检验检疫局、北京朝阳出入境检验检疫局、国际展览检验检疫办事处、平谷办事处、天竺综合保税区办事处、中关村办事处、邮件办事处。下辖检验检疫技术中心、国际旅行卫生保健中心、机关服务中心、动物隔离场、北京出入境检验检疫协会等技术检测和服务单位,配合行政执法的需要,形成了全方位的出入境检验检疫监督管理体系。

业务工作

【概况】 截至12月31日,北京检验检疫局共检验检疫出入境货物22.20万批次,同比减少4.98%;货值194.52亿美元,同比增加3.83%。其中检验检疫出口货物8.24万批次,同比减少33.64%;货值85.49亿美元,同比减少28.44%。检验检疫进口货物13.96万批次,同比增加27.55%;货值109.02亿美元,同比增加60.64%。查出不合格进出口货物3 283批,同比增加69.31%;货值1.05亿美元,同比增加84.77%。其中不合格进口货物3 228批,同比增加71.98%;货值1.02亿美元,同比增加83.54%。不合格出口货物55批,同比减少11.29%;货值296万美元,同比增加140.21%。检验检疫进出口工业品16.64万批,同比减少8.53%,货值162.54亿美元,同比增加0.53%;检验检疫进出口食品/化妆品2.73万批,同比增加11.02%;货值16.29亿美元,同比增加18.69%;检验检疫进出境动物及其产品1.51万批,同比增加14.58%;货值7.59亿美元,同比增加59.95%。检验检疫进出境植物及其产品0.97万批,同比减少10.04%;货值4.04亿美元,同比增加10.17%。

共查验出入境人员2 075.75万人次,同比增加2.39%。完成出入境人员监测体检8.02万人次,同比增加0.57%。完成预防接种16.54万人次,同比增加7.03%。在口岸媒介生物监测中捕获鼠类145只,蚊、蝇、蜚蠊等其他医学媒介生物24 514只。从澳大利亚进口的种牛中检出二类进境动物传染病 4 种共 17 头。截获植物有害生物 167 种 1 421 批次，同比分别增长 14.4% 和 12.3%。查验出入境航空器 11.02 万架次，其中出境航空器 5.47 万架次、入境航空器 5.55 万架次。查验出入境国际列车 364 车次，其中出境 182 车次、入境 182 车次。受理报检入境集装箱货物 13.88 万标箱，同比增加 48.95%；查验入境集装箱 5.6 万标箱，同比增加 30.09%。

2013 年，北京检验检疫局共签发各种原产地证书 4.80 万份，同比减少 3.52%；签证金额 31.26 亿美元，同比增加 1.16%；累计为北京地区出口企业减免进口国关税 8 613 万美元，免收货物检验检疫费 7 351.13万元。

（唐茜茜）

【深入开展党的群众路线教育实践活动】 2013 年，北京检验检疫局在国家质检总局的统一部署下，成立群教活动领导小组及办公室，先后召开 10 余次专题党组会和领导小组会，按照“照镜子、正衣冠、洗洗澡、治治病”的总要求，制定了整体实施方案和专题工作方案。群教活动期间，共组织集中学习 11 次，不断加深对群教活动的理论认知和行动自觉。党组成员和各支部主要负责人带头抓好学习调研，带头做到廉洁自律，局领导共带队调研 56 次，深入基层 28 次、企业 15 次。召开专题民主生活会，深刻剖析“四风”方面存在的 53 个突出问题，党组成员逐一对照检查，相互提出批评意见 86 条。加强整改落实，及时制定“两方案一计划”，确保群教活动取得实效。国家质检总局督导组用“准备充分、主题鲜明、剖析深刻、批评认真”的评语，充分肯定北京检验检疫局专题民主生活会的特点和成效。

（唐茜茜）

【业务流程再造取得积极成果】 2013 年，北京检验检疫局成立流程再造工作领导小组，起草《北京检验检疫局重点敏感业务流程再造实施方案》，通过风险评估，确定 25 个再造项目，对易发生严重质量安全问题的业务流程环节予以分析梳理、重新设计、重点管控。截至年底，完成全部 25 个再造项目，共发布作业指导书 9 份、管理规范 18 个。通过流程再造，进出口通关效率和服务水平显著提高，行政成本和廉政风险进一步降低。

（唐茜茜）

【健全入境邮寄物、快件查验新模式】 2013 年，北京检验检疫局通过边总结、边改进、边完善，实现邮寄物现场查验常态化、出入境信息申报制度化、截留物退运和销毁处理规范化的邮寄物检验检疫新模式。利用 2013 年截获蜘蛛、蜚蠊、活体蜈蚣的有利时机，在电视、报纸、网络等各大媒体广泛宣传检验检疫政策法规，引起社会各界强烈反响。与此同时，创新入境快件监管方式，摸索形成一套符合北京口岸特点、满足查验监管需求的快件监管“北京模式”。

（唐茜茜）

【完善进出口工业品监管】 2013 年，北京检验检疫局制定《北京检验检疫局进出口工业产品风险预警及快速反应管理办法》，建立了业务管理部门统一组织协调、分支机构各负其责的联动机制，确保每一条风险预警信息在第一时间得到有效处置。同时，作为全国 7 个试点局之一，开展进口工业产品质量安全风险信息监测采集和风险评估工作试点以及进出口工业品质量安全风险信息采集系统试运行工作。

在进口服装检验监管方面，制定《北京地区进口服装检验监督管理办法》，明确检验及抽采样原则，引入风险管理概念，增加特殊放行措施，建立进口服装全过程检验的监管机制，并明确北京地区进口服装面料质量预评估工作要求，缩短进口服装到货后的检测时间，为进口服装以风险可控为基础的分类管理打下基础。

在危险化学品检验监管方面，组织人员前往有研稀土新材料股份有限公司等企业进行实地调研，帮助企业解决进出口危险化学品检验方面遇到的问题。调整出口测试样品检验监管流程，简化报检要求，确保解放军防化研究院测试样品按时出口。借鉴兄弟局鉴定视频监管工作先进经验，建立现场检验与远程视频检验相结合的危包使用鉴定工作模式。

加强表外商品监管，研究制定《北京检验检疫局2013年目录外进出口商品抽查检验工作方案》，对表外商品抽查范围、检验项目、判定标准等进行具体部署。全年共抽查产品197批次，涉及进口服装、箱包、危险化学品三大类。发现不合格产品71批次，均采取了整改放行、退运、销毁等处理措施。

（唐茜茜）

【提升动植物检验检疫监管水平】 2013年，北京检验检疫局共发现动物疫情4种1批次；截获植物检疫性有害生物15种348批次，同比分别增长7.1%和79.4%。其中假草地短体线虫、玻利维亚短体线虫为全国口岸首次截获。瓜实蝇、北方根结线虫、肾形拟毛刺线虫为北京口岸首次截获。设置各类诱捕器326个，监测到桔小实蝇成虫97头。开展疫情监测42次，发现长芒苋、北美苍耳等多种外来杂草。建立活动物检疫监管辅助体系，完善指定隔离场日常监管风险评估制度及含地理位置识别功能的动态电子档案，完成重点进出境活动物及动物产品检验检疫监管流程再造。加强口岸和目的地联动，保障宁夏阿拉伯文化交流中心进口的100万株法国葡萄苗的质量安全。创新监管措施，为中关村科技园区生物制品保驾护航。加强进出境动植物检验检疫风险信息监测与上报。国家质检总局根据北京检验检疫局上报信息发布4个警示通报，数量创历史新高。进出境动物检验检疫工作首次在国家质检总局绩效评比中位列第一。

（唐茜茜）

【加强口岸卫生检疫监管工作】 2013年，北京检验检疫局建立主动型出入境全流程疾病监测体系，在首都机场入境查验现场开展针对劳务输出群体的免费咨询和快速诊断服务试点工作，对可疑病例进行了100%追踪回访。8月29日，北京检验检疫局局长齐京安与北京市卫生局局长方来英共同签署《北京口岸突发急性传染病及有害生物因子入侵突发公共卫生事件联防联控合作协议》，完善北京口岸公共卫生安全保障协作机制。

2013年，北京检验检疫局经口岸现场排查和医疗机构确诊的传染病共计155例，同比增长355.89%，其中疟疾68例，同比增长750%。9月28日，在来自安哥拉的DP690航班上一次发现7例登革热抗体阳性旅客，国家质检总局卫生司根据北京检验检疫局上报信息对外发布警示通报。

7月16日，北京检验检疫局在全国口岸首次截获医学媒介生物硬蜱科花蜱属蜱虫，并从中检出非洲蜱咬热的病原体——斑点热群非洲立克次体，具有重要的卫生检疫意义。

（唐茜茜）

【保障进出口食品安全】进一步转变对进口食品监管思路，将部分进口食品的监管延伸到生产企业，在风险评估的基础上实施分类管理。完善进口食品检测项目月度表单，建立会商制度，根据风险评估结果实时调整检测项目。以朝阳口岸为试点开展了进口食品检验流程再造，形成权责明晰、相互监督、相互制约、环环相扣的进口食品检验检疫监管运行链条。在进口红酒和冷冻食品检验监管方面，分别建立起“一次检验出证、按需核销放行”和“进口冷冻冷藏食品口岸一体化监管”模式。

开展出口食品企业备案采信，完成出口食品生产企业备案流程再造，对70家获得ISO22000认证和HACCP认证的出口食品生产企业开展了与备案管理同步进行的一体化监督检查，首次暂停两家出口食品企业的备案资质。制定出台《出口食品监督抽检管理办法》，由先前的单独试点转变为规范化分类管理。

（唐茜茜）

【深化企业信用管理】2013年，北京检验检疫局推动信用信息采集和评级，探索实施高、低信用配套管理措施，制定《北京检验检疫局企业信用管理工作指南》，将行政处罚、检出不合格、疫情疫病截获、企业日常监管、国外退货/警示通报等五类“刚性”信息作为采集重点，做到全员参与、全数采集、即时录入，全年共采集企业信用信息2 680条，是2012年的5.7倍。

（唐茜茜）

【加大重点企业、重要行业扶持力度】2013年，北京检验检疫局继续推进出口汽车产品质量安全示范区建设，在出口分类管理、免验、备案审批等方面对企业实施最优惠的检验检疫政策。新纳入32家汽车零部件生产企业，完成二期建设，建设报告获得北京市政府领导批示。8月26日，国家质检总局局长支树平、北京市市长王安顺共同为示范区揭牌。

大力推进平谷国家级出口食品农产品质量安全示范区建设，创建从生产到出口的全过程示范链条，从种植过程到生产加工过程实现全流程可追溯，顺利通过国家质检总局的审核验收。

在中关村国家自主创新示范区积极探索“一站式”办公、企业自理报检备案“快照”服务、“跨层级联合工作机制”等全新的工作模式，并先后与中关村管委会、海关等部门沟通协作，共建高效便捷的通关环境。

推进旧工程机械拍卖业务试点，选取第三方检测机构进驻天竺综保区。细化对“双自主”企业的帮扶工作，形成对不同行业“双自主”企业特别定制帮扶措施的工作机制。

做好展会服务工作，通过规范展前备案、全申报、集中查验、展中巡查、展后监管等五个关键节点，实现了对进口CCC展品的入境全申报、查验场地共享共用和集中查验、联动监管三大突破。

（唐茜茜）

【加强口岸建设，推进通关便利化】2013年，北京检验检疫局制定《北京出入境检验检疫局口岸、特殊开放区域国检设施规划、设计、建设及验收管理办法（试行）》。进一步扩大“无纸化申报”实施范围，实现真正意义上电子报检。积极推动国内首家空港型整车进口口岸建设，出台《汽车口岸标准及验收管理办法》等一系列规范性文件，同综保区管委会、北京海关、北京市商务委等部门建立起良好的合作机制。对北京西站口岸联检大厅进行改造，为北京西站由临时口岸转为正式口岸奠定基础。明确开发区保税物流中心B型的建设需求，加快检验检疫设施建设速度，确保其顺利通过验收。

（唐茜茜）

【全面深化依法行政】2013年，北京检验检疫局以“全局工作法治化，法治工作全局化”为目标，积极落实“一个工程、两项活动”重点法治工作。建立行政执法典型案例库和案例教学制度，设计制作北京检验检疫局法治文化标识和宣传海报，妥善应对行政复议和行政诉讼案件，评选北京检验检疫局“依法行政示范单位”，并在执法过程中开展影像记录试点工作，全年对2 242批货物建立了影像资料。全年共办结行政处罚案件185起，罚没金额147万余元。

（唐茜茜）

【大力提升科技保障能力】2013年，北京检验检疫局共引进科研经费近2 000万元，科研申报立项的质量、数量、经费金额均创历史新高。正式启动北京检验检疫局自立课题工作，共立项25个。积极申报国家质检总局科研项目，推荐上报33项，批准编制预算20项，经费达315万元。扩大实验室检测能力范围，新增24个检测产品类别、132个检测项目，259个检测方法，创建质检系统第一家能力验证计划服务平台。建立H7N9亚型流感病毒荧光RT-PCR快速检测技术及4项重要亚型流感病毒快速检测技术，为应对动植物突发公共卫生事件提供支持。全面推动三大网络改造，开展“双网隔离”试点，加强“一网一库一系统”的建设，连续三年获得质检系统优秀政务门户网站称号。

（唐茜茜）

【规范机关内部管理】2013年，北京检验检疫局按照“实用性、标准化、精细化”的要求，开展技能培训和岗位练兵活动。出台《准军事化管理日常行为规范》等一系列文件，对55名人员进行补训。研究制定《处级领导后备干部管理办法》和《推荐选拔处级领导后备干部实施方案》。将事业单位纳入能级管理，实现能级管理全覆盖。研发人事管理系统，补录信息120项11万余条。

对质量管理体系文件进行了7次修订，对绩效指标体系的内容适当调整，圆满完成内审和外部年度监审。完善财务管理，实现基层基础保障能力建设达标，以电子预算管理系统规范和指导财务支出。顺利启动“管理统计学在检验检疫系统的应用研究”科研课题，编写完成多篇分析报告，其中《2012年北京地区进出口产品质量安全状况分析报告》得到国家质检总局局长支树平的阅示。加强对外宣传，先后组织9次媒体开放日，在各大媒体播发新闻报道900余条，向首都市民展示了北京国检良好的形象。

（唐茜茜）

【强化机关文化和党风廉政建设】2013年，北京检验检疫局深入学习贯彻党的十八大精神和十八届三中全会精神，全面推进“学习型”组织建设，创新打造“北京国检讲堂”学习品牌，确定了以“崇法尚誉，敬业重德”为核心价值观的北京国检文化核心理念体系。加强廉政风险防控，制定了密切联系群众、改进工作作风的实施意见，按照中央八项规定要求改进文风、会风，全年发文数量同比下降13%，会议数量减少39%。

（唐茜茜）

2013年北京地区部分出入境法检商品质量情况一览表

项目		检验批次	批次合格率（%）	合格率比上年增减（%）
总计	出境	82 535	99.93	−0.02
	入境	139 950	97.69	−0.60
出境	动物及产品	2 263	99.96	0.05
	植物及产品	2 161	99.86	0.11
	食品及化妆品	7 215	99.76	−0.09
	纺织品	7 582	99.88	−0.05
	轻工品	4 594	100.00	0.02
	矿产品	326	100.00	0.00
	金属及制品	278	98.92	2.87
	化工品	2 331	99.96	−0.01
	机电产品	54 820	99.96	−0.02
	特殊物品	1 714	99.94	−0.06
	其他货物	23	100.00	0.00
入境	动物及产品	12 835	99.38	1.06
	植物及产品	7 571	95.22	−1.00
	食品及化妆品	20 056	92.61	−6.28
	纺织品	6 580	87.63	1.63
	轻工品	5 498	97.58	−0.73
	矿产品	361	99.17	−0.83
	金属及制品	3 185	99.94	−0.06
	化工品	10 484	99.46	−0.16
	机电产品	77 091	99.73	0.04
	特殊物品	5 395	97.24	1.30
	其他货物	108	100.00	1.15

（唐茜茜）

名　录

单位名称：北京出入境检验检疫局
局　　长：齐京安
通讯地址：北京市朝阳区甜水园街6号
邮政编码：100026
电　　话：58619900
传　　真：58619014
网　　址：www.bjciq.gov.cn

（唐茜茜）

第五部分

开发区、区县商务

北京经济技术开发区

概　况

2013年北京经济技术开发区规模以上工业产值2 309.10亿元，全社会固定资产投资375.15亿元，社会消费品零售额完成286.84亿元。开发区认真贯彻落实市商务委的各项决策和部署，有力地推动了各项工作的落实和经济指标的快速提升，为推动商务工作又好又快发展奠定了坚实的基础。依据《2013开发区为民办实事工程》及《大兴区推进便民商业服务体系建设工作意见》（京兴政发〔2012〕23号）文件要求，以广大群众需求为出发点，探索在核心、河西、路东等有条件的居民区和工业区内建立便民餐饮和便民菜店，目前已进入实操阶段。着力形成布局合理、功能齐全、便捷安全的全方位多层次的便民商业服务体系，以进一步满足居民需求。

（平　原）

商业流通

【便民菜店建设】2013年继续推进零售网点建设，在购菜不便捷的社区推出安全、便民、惠民、惠农的便民菜店，在不具备房源的社区设立便民菜车；采取“农社对接”的方式，在保证蔬菜价格的同时，进一步保证蔬菜的质量，为居民把物美价廉的田间时蔬直接摆上餐桌提供了有力保障，同时在满足广大居民购物需求的基础上拓宽了本地区农副产品销售渠道。截至2013年年底已设立2处便民菜店及3处便民菜车。

（平　原）

【便民餐饮规范化】2013年深入各重点工业园区及社区进行调研，了解群众需求，以“政府引导、示范带动、市场运作、规范运营”的原则推进“早餐工程”。

（平　原）

【商业安全生产】按照市区两级工作部署的要求，结合实际情况制定了《2013年北京经济技术开发区商务安全生产大检查工作方案》，下发了《关于集中开展餐饮和商业企业安全生产大检查的通知》和《商业服务业经营单位安全生产大检查主要内容》，确保企业做好自查自纠。2013年共检查商业企业107家，其中规模以上企业8家，发现隐患98处，隐患整改98处。

（平　原）

【安全意识宣传培训】7月召开商业安全生产大会，会上对区内94家商业企业进行了商业安全、特种设备及安全生产标准化建设的培训并发放安全生产手册，加强商业从业人员的安全培训教育，着力落实主要责任人的职责和广大消费者的自我保护意识。

（平　原）

对外经贸

【累计进出口总额突破千亿】2013年，进出口总额211.76亿美元。其中，进口总额101.46亿美元，出口总额110.30亿美元。建区以来，进出口总额累计已达1 303.16亿美元，其中，进口总额累计已达1 073.16亿美元，出口总额累计已达1 039.9亿美元。

（平 原）

【利用外资】2013年新批企业1 414个，其中三资企业35个，新批企业投资总额（含增资）93.8亿美元，合同外资8亿美元，实际利用外资6.3亿美元。

（平 原）

【进出口审批工作】2013年共审批外商投资企业进口设备66份，总金额为5 362.198万美元；加工贸易手册审批320份。

（平 原）

【进出口政策服务咨询会】为搭建我市进出口企业业务促进平台，帮助企业了解本市外贸管理相关职能部门最新政策信息和管理措施，组织15家企业参与了第七届和第八届进出口政策服务咨询会，使企业更直接有效地与各相关部门沟通，有效地解决进出口相关政策问题。

（平 原）

【服务外包】协助2家企业384人，1家企业1项国际认证申报财政部、商务部2013年度承接国际服务外包业务发展资金；协助3家企业3个项目申报2013年度北京市服务外包发展配套资金，申报金额共计763.6万元人民币。

（平 原）

【电子商务中心区建设】与大兴区商委共同推进电子商务示范区建设，积极推动京东商城、电商谷建设，协调推进跨境电子商务试点工作。

（平 原）

【京交会签约总额同比增长近五成】按照京交会高规格、实效性、专业性的办会要求，以推动电子商务与实体经济融合互促为切入点，围绕“三个最”的参会目标，即在最高的平台上展示新区形象、在最佳的板块推介新区政策、以最多的签约项目体现新区发展成果。一是在“北京主题日”和2013中国（北京）电子商务大会两个国际级的平台上，进行了形象展示和北京电子商务中心区（CED）品牌推介的主题发言。二是在商务部和北京市电子商务发展成果主展区设立了新区展示专区，全面展示新区发展成就、综合优势和发展前景。三是为全面加强新区影响力，我们将酒仙网总部及运营中心、云计算创新中心、京东年度采购框架协议等9个项目，分别在“京交会”中外电子商务企业推介会、北京主题日和第二届京交会签约仪式暨成果发布会三个版块上进行了签约，签约总额达214亿元，同比上一届增长近五成。电子商务项目更是一大亮点，超过了该板块签约额四成，使新区成为了“京交会”电子商务领域签约额最高的区域。四是在新区宣传部、广电中心等部门的支持下，诚邀北京电视台、北京青年报、国际商报、新京报等14家主流媒体对新区发展和北京电子商务中心区（CED）品牌进行了专题、专版报道，新浪网等知名互联网站刊发《新区提出打造北京电子商务中心区CED》等宣传文稿超过百篇，网络链接3万余个，区领导接受了多家媒体的专题访谈，全方位地宣传展示新区形象，扩大新区招商影响力。

（平 原）

【积极参与第四届中国电子商务博览会】北京电子商务中心区正式亮相此次博览会，

充分发挥区内企业的资源优势，打造电子商务综合服务平台，与中国国际电子商务中心正式签署了《关于推进新区电子商务示范基地建设打造北京电子商务中心区（CED）战略合作框架协议》，为新区电子商务产业搭建高效、快捷、安全的综合性服务平台。这是新区构建电子商务生态圈的创新实践，也是国家级电子商务示范基地建设的新思路、新突破，为新区电子商务龙头企业高效聚集奠定了基础。

（平　原）

名　录

单位名称：北京经济技术开发区商务局
局　　长：李　旭
地　　址：北京经济技术开发区荣华中路15号
邮政编码：100176
电　　话：67857527
传　　真：67881476
网　　址：www.bda.gov.cn

（平　原）

北京天竺综合保税区

概　　况

北京天竺综合保税区（Beijing Tianzhu Free Trade Zone，以下简称“天竺综保区”）于2008年7月23日由国务院批复设立，2009年7月28日一期通过海关总署等国家十部委联合验收。天竺综保区是全国首家空港型综合保税区，是北京市三个国家级经济功能区之一。总规划面积5.944平方公里，依照功能划分为口岸操作区和保税功能区。北京市委、市政府将天竺综保区定位为：完善首都中国特色世界城市功能、提升“四个服务”水平的重要战略性基础设施，扩大对外开放、提升外向型经济发展水平的重要平台，北京融入全球经济一体化的崭新窗口。

（侯翊超）

经济指标

2013年，天竺综保区实现进出口总值733.5亿美元，同比增长5.5%，占到北京各口岸进出口总值的86.9%。其中，保税功能区实现进出口总值33.6亿美元，同比增长41.1%；完成关税及代征税73.9亿元，同比增长20.2%；实现企业营业收入153.0亿元，同比增长57.7%；完成属地税收7.8亿元，同比增长57.5%。

截至年底，天竺综保区内注册企业已达到170家，其中包括默克雪兰诺、巴西航空等世界五百强企业10家，企业资产总计211.6亿元，从业人员达到2.4万人。

（侯翊超）

投资环境

【地理位置优越】天竺综保区位于北京东北方向，与首都机场实现无缝对接，距离市区15公里，距天津港160公里，往来北京城区、天津港口、环渤海地区顺畅便捷，交通路网发达，具有得天独厚的区位优势。

（侯翊超）

【区港一体化】天竺综保区与首都国际机场口岸无缝对接，真正实现了区港一体化。北京海关创新推行“先入区后报关”的“直通式分拨”模式；北京商检局突破性地开展进口货物“集中报检、集中查验、分批核销、后续监管”的查验模式；货物通关时间缩短至2～6小时，最快只需30分钟，通关速度在全国海关特殊监管区域中首屈一指。

（侯翊超）

【一站式综合服务】10月，天竺综保区一站式服务大厅正式启用。服务大厅本着提升服务效率和服务水平，优化办事流程和政务环境的原则，为来访企业提供一站式、全方位服务。所有来访企业，从洽谈入区到入区运营涉及的所有业务，均可在服务大厅内受理。

（侯翊超）

【国家对外文化贸易基地】北京天竺综合保税区·文化保税园是我国北方地区唯一、全国仅有的三个国家级对外文化贸易基地之一。规划用地235.3亩，建筑面积45

万平方米，其战略定位是成为首都文化创意产业功能区的示范区、国家对外文化贸易体制的创新实验区、国际化文化贸易市场、中国文化走出去的能力培养区。发展目标是成为集文化贸易口岸、协同创新平台、企业集群式发展于一体的国家级对外文化贸易基地。

（侯翊超）

【汽车整车进口口岸】 7月，首都国际机场汽车整车进口口岸顺利通过国家五部委联合验收并开始运营。作为全国首个依托空港型综保区设立的汽车口岸，一期目标年周转进口汽车1 000辆，二期目标年周转进口汽车1万辆。汽车整车进口口岸的投入运营有助于促进北京经济总量的提升，是带动豪华汽车研发、贸易、加工等全产业链发展的一片新沃土。

（侯翊超）

招商引资

【招商成果突出】 2013年，天竺综保区新引入企业47家，注册资本总额约18.4亿元，计划投资总额约60亿元，其中，注册资本1 000万元以上项目23个。代表性知名企业有：东航北分、联邦快递、京城大都、安富利、恩和融资、中富东能、欧文风范、斐瑞康通信、博克睿思等。

（侯翊超）

【产业格局形成】 截至年底，天竺综保区已经形成了航空、医药、文化、电子四大特色为主的产业格局。四类企业的营业额占到总数的60%。医药进口量已占全国的17%，航材进出口量占到全国的25.6%。跨境电子商务、拍卖、信息等新兴产业发展良好，实现了从出口加工向服务贸易为主导的转型升级，贸易、物流等服务业所占比例从10%上升到90%。

（侯翊超）

发展亮点

【成功开展保税拍卖新业务】 2013年，利氏兄弟举办了两场全球工程机械无底价拍卖会，是在中国举行的第一次全球性工程机械设备拍卖，也是第一家境外拍卖公司在中国综保区内举行的拍卖，两场拍卖261件工程机械拍品全部成交，成交金额2 577万元人民币。中鼎国际举行首届法国艺术珍品拍卖会，34件西方艺术珍品参与竞拍，成交金额达1 090万元人民币。歌华和苏富比联合举办“苏富比北京艺术周”拍卖，共有112件中国当代艺术精品成功拍出，总成交额达2.2亿元。保税拍卖对于天竺综保区探索创新海关特殊监管区业务类型，推动现代服务业发展，促进产业结构转型升级等具有重要意义。

（侯翊超）

发展方向

天竺综保区将通过全面深化各项改革，实施“1+2”发展战略，着力打造符合国际化和法治化要求的投资与贸易便利化试验区，通过聚集高端要素、发展高端产业，建设具有首都特色的服务贸易创新示范区和文化产业创新示范区，实现天竺综保区与临空经济核心区的融合发展，深度参与京津冀海关特殊监管区域协同发展，更好地为首都经济圈开放型经济发展服务。

（侯翊超）

名　录

管理机构：北京天竺综合保税区管理委员会（正局级）

内设处室：办公室、政策法规处、规划建设处、经贸发展处、保障处、信息处、机关党委、团工委

事业单位：综合服务中心

国有独资公司：北京综合保税区开发管理中心

党组书记、主任：卢映川

党组副书记、常务副主任：闫立刚

副 主 任：李友生、庄　杰、李燕凌、霍光峰

委　　员：杭金亮

【招商部门】

责任部门：经贸发展处

联系电话：69478588

负 责 人：张其中

联系电话：69475362

（侯翊超）

东城区

概　况

2013年，东城区商务委以打造“国际商贸中心示范区”和“国际知名商业中心”为目标，努力构建“高端商业发达，特色商业彰显，社区商业便利，外经外贸繁荣，商务服务拓展，市场环境优化”的商业发展格局，完成了各项目标任务，为区域经济发展做出了贡献。

东城区商业服务业、商务服务业两大重点产业实现增加值439.99亿元，占GDP的28%，是拉动经济增长的重要动力。全年实现社会消费品零售额839.2亿元，同比增长5.6%；新设外商投资企业108家，其中合资19家，独资88家，合作1家；实现合同外资6.27亿美元，同比下降53.5%；实现实际利用外资6.61亿美元，同比增长4.0%。实现进出口额165.75亿美元，同比下降1.8%。

（贺蔚蔚）

商业流通

【初步形成东城区商业整体营销品牌】制定《东城区商业整体营销规划》，提出打造东城区“百年商贾 悠购世界”商业品牌的总体思路，举办2013东城金秋购物季、2013东城美食体验季、2013东城岁末购物周活动，初步形成东城区商业整体营销品牌，促进区域消费繁荣和经济增长。

（贺蔚蔚）

【推进菜篮子工程网点建设】升级改造菜市场4家，新建崇远万家菜店8家，在6家菜市场推行东城区蔬菜信息采集分析系统。

（贺蔚蔚）

【推进早餐示范工程】出台《东城区早餐示范工程建设工作实施方案》，推进连锁化品牌早餐门店发展，鼓励连锁超市、便利店搭载早餐，完成改造超市便利店40家、固定早餐门店40家。

（贺蔚蔚）

【组织开展家政服务培训1 000人】实现“三替”品牌家政企业在全区187个社区服务站的全覆盖，培训家政服务人员1 000人。

（贺蔚蔚）

【东城区荣获全国社区商业示范区称号】11月28日至29日，2013年全国社区商业工作会议暨第四届中国社区商业发展年会在江苏无锡召开。东城区荣获全国社区商业示范区称号，成为北京市首个全国社区商业示范区。

（贺蔚蔚）

【东城区商务委荣获全国社区商业优秀集体称号】11月28日至29日，2013年全国社区商业工作会议暨第四届中国社区商业发展年会在江苏无锡召开。北京市东城区商务委员会荣获全国社区商业优秀集体称号。

（贺蔚蔚）

【培育提升5条特色商业街】出台《南

锣鼓巷特色商业街区指导目录》，完成五道营文化休闲胡同一期改造工程和南新仓“北延南扩”架空线入地工作，南锣鼓巷荣获中国特色商业街称号，王府井建管办、前门大街管委会分别获得2012—2013年度全国商业街先进集体称号。

（贺蔚蔚）

【宣传推介老字号】组织老字号企业参加第二届台湾高雄·北京特色周、2013老字号沙龙、台北国际老字号精品展暨海峡两岸老字号精品展、第二届京交会等活动，促成便宜坊集团与高雄河边餐饮机构签署产品推广协议，并计划在台湾开设首家分店，促成红桥集团与高雄琥珀传奇艺品有限公司开展实质性合作。

（贺蔚蔚）

【参与第二届京交会】5月28日至6月1日，组织区内80多家企业参与第二届“京交会”电子商务、版权交易等5大板块10个领域的展示推介，实现34个项目成功签约，总签约额超过100亿元人民币。

（贺蔚蔚）

【推进生活必需品应急保障能力建设】建立健全东城区生活必需品应急保障机制，现有应急网点由24个增加到39个，进一步提升我区应对突发事件的生活必需品应急保障能力。

（贺蔚蔚）

【东城区与天津市和平区签订商贸发展战略合作意向书】10月18日，北京市东城区商务委与天津市和平区商务委正式签订北京市东城区、天津市和平区商贸发展战略合作意向书，标志着北京市东城区与天津市和平区成为商贸发展战略合作伙伴。

（贺蔚蔚）

对外经贸

【认定总部经济聚集区】第二届京交会活动中，东二环高端服务业发展带被认定为首批“北京市总部经济聚集区”和“北京市商务服务业集聚区”。

（贺蔚蔚）

【跨国公司地区总部增至17家】新增跨国公司地区总部2家——国民油井华高（北京）投资管理有限公司和华润雪花啤酒（中国）投资有限公司，跨国公司地区总部总数达到17家，居全市第二位。

（贺蔚蔚）

【审核境外投资项目29个】支持有条件的企业“走出去”，审核境外投资项目29个，对外投资37 125.18万美元。

（贺蔚蔚）

【审核中小企业国际市场开拓项目107个】支持中小企业开拓国际市场，完成2012年度第三批中小企业国际市场开拓资金拨付初审，审核34家企业78个项目，金额约130万元；完成2013年度第一批中小企业国际市场开拓资金申报，审核19家企业29个项目，金额61.75万元。

（贺蔚蔚）

【审核服务外包业务发展资金100.35万元】完成2013年度东城区服务外包业务发展资金初审，审核3家企业223人，金额100.35万元。

（贺蔚蔚）

【审核服务外包企业发展配套资金602.6万元】完成2012年7月1日至2013年3月31日东城区服务外包企业发展配套资金初审，审核2家企业4个项目，金额602.6万元。

（贺蔚蔚）

名　　录

单位名称：北京市东城区商务委员会
党组书记：杨春发
主　　任：刘　健
地　　址：北京市东城区永内东街中里13号
邮　　编：100050
电　　话：67116188
传　　真：67142224
网　　址：shwj. bjdch. gov. cn

（贺蔚蔚）

西城区

概　况

2013年，西城区实现社会消费品零售额840.5亿元，同比增长10%。新增外商投资企业45家，吸收合同外资5.1亿美元，实际利用外商直接投资5.0亿美元；实现进出口总额1 292.0亿美元，在北京市继续保持第二位。新增16家社区便民菜店，11家早餐规范店。完成商务部早餐示范店建设试点工作，新建和改造早餐规范固定门店92家，便利店搭载早餐40家。

（柴晓虹、白春伶）

商业服务业

【开展社区生活服务业发展调研】 2013年，成立“西城区商务委社区生活服务业调研试点工作领导小组”，立足于首都功能核心区的区域定位，把不断提升民生服务质量和城市管理水平作为出发点和落脚点，坚持“政府引导、百姓需求、企业主体、市场运作”的总原则，按照“零距离”“云服务”的理念，加快推进社区生活服务业品牌化、规范化、连锁化发展，提高产业组织化程度。会同区相关部门、街道，围绕早餐、菜篮子、便利店、再生资源回收、美发美容、洗染和家政7个领域，组织推进专题调研和试点建设，对全区15个街道、36个重点社区、18家行业企业逐一实地走访调研；发放调查问卷2 159份；组织对接相关部门、街道社区和行业企业，听取专家和群众意见等专题会议28次，在进一步摸清底数的基础上，分析西城区生活服务业发展瓶颈，探索发展新模式的思路与实施路径，完成了《关于推动西城区社区生活服务业发展的思考与构想》调研报告、试点总方案和相关子方案。同时按照试点先行、分阶段、分区域、分步骤、逐步推进的发展计划，有序开展试点社区建设工作。

（柴晓虹、白春伶）

【10余项主题促消费活动繁荣市场】 2013年，成立“西城区商务委2013年促消费保增长工作领导小组”“西城区商务委老字号发展建设工作领导小组”“西城区商务委2013年联系街道、社区‘访民情、听民意、解民难’工作领导小组”，积极协调相关部门，整合各方力量，统筹推进深挖增长潜力，确保区域社会消费品零售额平稳增长。先后策划推出了“2013欢天喜地过大年”“2013北京马连道国际茶文化节”“2013北京西单时尚节”“2013北京西城电子商务消费周”等10余项主题促消费活动，推动辖区消费增长，增强区域经济实力。在“2013北京马连道国际茶文化节”活动期间开展了展览展示、发布推介、交流论坛、文化体验、产品推广、人才引进与培训、社会公益捐赠等七大类54场特色鲜明的茶事活动，其中，国际茶业展共吸引观众75 937人次，专业采购商26 682人次，现场成交额6 200万元人民币，达成合作意向867个。同时，马连道茶叶街客流量超过10万

人次。本次活动总成交额达7.52亿元，创历届之最。在“2013北京西单时尚节”举办期间，老佛爷百货西单店开业；推出了“中·韩时尚服装设计创意”文化交流活动；西单商业街获得“中国著名商业街”殊荣；举办了中华老字号时尚创意大赛等活动，提高了西单商业街的销售额和客流量，仅国庆黄金周长假期间，西单商业街的重点门店总销售额达2.7亿元，客流量达114万人次。“2013北京西城电子商务消费周”结合“双十一”的电子商务促销热点，带动辖区实体商业企业、老字号企业体验电子商务的促销手段和特点，使得线上线下互动促销获得收益。

（李小丽、张锐军）

【完成北京市早餐示范工程建设试点工作】经过公开招标、企业投标、专家评审、网上公示等严格程序，确定了以华天饮食集团公司为主体，和合谷、永和大王、好邻居等品牌餐饮企业合作的联合体，作为北京市早餐示范工程建设试点项目中标企业，市、区各相关部门组织检查验收，确保项目规范顺利保质完成。截至年底，完成新建或改造早餐固定门店网点92个，便利店搭载早餐网点60个，主食加工配送中心2个。

（赵杰平）

【完成新增早餐规范店10家折子工程】截至年底，西城区共有市级早餐示范店129家，区级早餐规范店110家，规范早餐车174辆。形成以聚德华天、翔达公司、和合谷、嘉和一品、永和大王等大型连锁企业为主，社会早点规范企业及早餐车为补充的格局。

（赵杰平）

【完成48个项目资金申报工作】2013年，完成商业流通发展项目申报工作，共上报48个项目。项目种类涵盖老字号创新发展、商业品牌提升、生活服务业发展等。经过市商务委、市财政局与第三方评审机构评定，辖区北京张一元茶叶有限责任公司、北京金象大药房医药连锁有限责任公司、荣宝斋等10家企业获得2013年商业流通发展资金。

（李祎珊）

【开展预付卡备案登记工作】为确保辖区预付卡市场的持续性和稳定性，做好发掘未备案企业工作，加强对已备案企业的季度报表监管力度。截至年底，辖区预付卡备案企业17家。

（李祎珊）

【典当行业稳步发展】2013年，西城区典当企业累计达52家，其中本部36家，分支机构16家。截至年底，36家典当企业本部注册资金累计8.6亿元，同比增长12%；资产总额达10.2亿元，资产负债率4.8%；典当总额27亿元，同比增长29.8%，其中动产业务8.2亿元、不动产业务16.4亿元、财产权利业务2.3亿元，三大业务结构保持稳定。

（杨缜钊）

【老字号保护发展工作】2013年，与中国商联会中华老字号工作委员会共同举办了中华老字号时尚创意大赛。来自全国13省市68家企业的186件中华老字号企业时尚创意作品参赛，由中国工艺美术学会、中国服装协会、中国珠宝玉石首饰行业协会、印刷学院印刷与包装工程学院、清华美院等不同行业的13位专家参与评审，菜百等8家企业18件作品分获金银铜奖。通过活动平台鼓励老字号企业不断创新，切实提升老字号产品的市场竞争力，打造出能够引领时尚的老字号产品。

（杨镇钊）

【推进“菜篮子”工程建设】2013年，推进公司化连锁经营和基地直营蔬菜零售网点建设工作，在品牌化、连锁化、规模化和可持续发展方面提升水平，共建设蔬菜零售网点19处，其中便民菜店16家、蔬菜直通车3辆，完成为民办实事工程；加强产销对接工作，组织与河北永清蔬菜生产基地和内蒙古通辽市进行产销对接，与通辽市商务局签订了农畜产品战略合作协议。双方企业同时签署了37个农副产品合作意向协议；在全市率先组建了西城区“菜篮子”联合会。该协会为非营利性社会团体法人组织，将协助政府开展“菜篮子”工程建设工作，加强“菜篮子”零售企业、社区菜市场、蔬菜基地间开展产供销合作，促进行业自律，确保“菜篮子”工程建设的可持续发展。

（王 健）

【提升54个再生资源回收亭】2013年完成54个再生资源回收亭的提升工作，统一定制了回收主体企业回收人员服装；组织专项联合检查22次，出动人员110余人次；组织开展“再生资源回收日”及“回收周”活动，在70多个社区回收站点开展了5次回收日和7次回收周宣传活动。

（王 健）

【开展600余次综合执法检查】2013年，落实《2013年西城区安全生产重点执法检查任务计划》，组织开展商务行业综合执法检查600余次，检查生产经营单位1 150家次，其中商业零售企业380家次，餐饮企业770家次，出动执法人员3 107人次；发现并整改问题130余处，依法进行安全生产行政处罚2起，罚款金额1万元。完成对全区商务行业单位的全覆盖检查目标。

（郭文志）

【安全生产监管工作获奖】2013年，北京市安全生产月活动期间，区商务委组织区域商务行业开展了以“强化安全基础，保障西城商务安全”为主题的安全生产月宣传、培训、演练等系列活动，深入宣传党中央、国务院和市、区政府关于安全生产的方针、政策和总体部署，普及安全生产知识，进一步增强企业安全生产主体责任和安全生产意识，有效促进了全市安全生产工作的落实。经中共北京市委宣传部、北京市安全生产监督管理局等12部门考核评选，授予西城区商务委“2013年北京市安全生产月活动优秀组织奖”。

（郭文志）

【深化安全生产联组建设】2013年，加强对安全生产联组建设工作的研究和指导，围绕落实企业安全生产主体责任，抓好市、区政府和行业部门安全生产管理要求的落实，围绕企业全员安全生产管理意识和安全生产应急处置能力的提高进行。制定了联组考核评价指标，进一步完善和规范联组长职责；组织联组长进行安全生产管理培训，进一步提高联组长综合管理水平和管理能力；激励共建平安机制的完善，支持帮助联组长单位组织开展好联组活动，提升联组长工作能力和执行力。

（郭文志）

【完成并下发安全生产应急处置教学片】2013年，为提高商务行业企业安全生产意识和应对突发事件处置能力，指导规范企业做好安全生产突发事件应急工作，区商务委在区应急办、区安监局、公安西城分局内保支队、区卫生局、广外街道办事处等部门的通力协作下，完成了生活必需品抢购、餐饮企业油锅起火、可疑物排查三个应急处置教学片的全部拍摄制作及专家评审工作，并向区域规模以上商务行业单位发放了此教学片。

（郭文志）

【推进安全生产社会监督员队伍建设】2013年，继续推进安全生产社会监督员管理工作。组织开展了工作交流座谈会，建言献策活动等多种形式的社会监督员培训工作；及时调整队伍，确保队伍人员素质稳定；完善工作机制，提高监督员的专业监督能力。有效促进了商务行业平安稳定，完善了“政府监管、企业自律、社会监督”的商务行业安全生产日常管理新模式。

（郭文志）

【完成安全生产标准化达标评审任务指标】2013年，按照市、区政府关于开展安全生产标准化建设的精神要求，成立了安全生产标准化工作领导小组，制定工作方案，明确工作任务。经过组织培训、企业自评、专业评审、组织审核等环节，截至年底，全区已有38家规模以上商业零售及餐饮经营单位完成了安全生产标准化建设工作，圆满完成了2013年安全生产标准化达标任务指标。

（郭文志）

【完成245家企业酒类流通备案登记工作】开展酒类流通备案登记工作，截至2013年10月底提前并超额完成新增酒类流通备案登记245家，其中批发企业131家、零售企业74家、餐饮企业38家、酒吧娱乐2家。

（郭文志）

【开展安全生产教育培训】2013年，分别开展了“两个规定”（《北京市商业零售经营单位安全生产规定》和《北京市餐饮经营单位安全生产规定》）颁布施行六周年宣传咨询活动，接受咨询活动500余人，发放宣传材料2 000多份；组织“2013年商务行业安全生产技能比赛”，共有17家企业34名选手参赛，同仁堂药店获得一等奖；组织第六届安全生产知识竞赛，近500家企业和56个联组报名参加，帕米尔食府代表队获一等奖；组织开展第二期厨师长培训班，300余家规模以上餐饮经营单位的厨师长和主管领导参加，发放商务安全生产有关法律法规单行本和燃气安全使用须知等宣传材料1 200余册。提高了区域内规模以上商业零售经营单位和餐饮经营单位的安全生产管理水平。

（郭文志）

对外经济贸易

【利用外资】2013年，西城区新批外商投资企业45家，同比增长15.4%；合同外资额为50 884万美元，实际利用外资50 044万美元，同比分别下滑7.1%及17.5%。全年利用外资规模呈现下降趋势，第三产业利用外资规模的下降是主要影响因素。

（章建平）

【第三产业利用外资出现明显分化】2013年，西城区第三产业实际利用外资额占总体的63.6%，仍旧是外商投资的主导产业。其中，金融业、批发零售业实际利用外资额居第三产业前两位，全年实际利用外资额分别为21 606万美元、6 563万美元，同比分别增长135.3%、234.5%。另外，外资撤离房地产行业的趋势比较明显。在北京市房地产市场政策调整力度加大的背景下，2013年西城区外商投资的房地产业减资1 992万美元，实际利用外资额750万美元，同比下降24.9%。

（章建平）

【大项目以增资为主】2013年，500万美元以上增资外资项目规模出现大幅增长。全年西城区500万美元以上新批合同外资项目有7个，合同利用外资总金额16 736万美元，同比下降36.4%；但500万美元以上增资外资项目有4个，合同利用外资总金额为33 066万美元，同比增长38.9%。实际利用外资方面，全年1 000万美元以上大项目有7个，实际利用外资额合计43 550万元，虽较上年同比有所下滑，但仍占西城区全年实际利用外资总额的87%以上，比重与上年基本持平。2013年西城区实际利用外资1 000万美元以上大项目主要集中于中合中小企业担保股份有限公司、北京市燃气集团有限责任公司这两家企业，上述两家企业全年实际利用外资额分别为20 171万美元、18 000万美元，分别占到同期西城区实际利用外资额的38.2%、34.1%。

（章建平）

【美国投资者实际利用外资规模增长迅速】2013年，西城区来自美国的外商投资企业实际利用外资额20 505万美元，持续保持大幅增长趋势，连续两年增幅同比超过170%，占西城区实际利用外资总额的比重也增至41.0%。美国经济形势的持续好转成为推动其对外投资规模增长的主要因素。

（章建平）

【进出口总额全市排名第二】2013年，西城区进出口总额为1 292.0亿美元，同比增长11.6%；占全市进出口总额30.1%，在16个区县中位居第二。其中进口额为1 190.9亿美元，同比增长13.2 %，占全市进口总额的32.6%；出口额为101.1亿美元，同比增长－3.7%，占全市出口总额的16.0%。国有企业是西城区出口的主要力量。

（李小丽、章建平）

【境外投资总额9 486万美元】2013年，办理企业境外投资初审28家，同比增长27.3%；总投资额9 486万美元，同比增长－25.6%。主要投向中国香港、澳大利亚、莫桑比克、美国、加拿大、俄罗斯、新加坡、德国等国家和地区。主要投资行业为市场开发、投资管理、项目投资以及货物进出口等数十个行业。

（李小丽、史　倩）

【办理24件商务邀请】2013年，为来自阿联酋、印度、德国、俄罗斯、法国、奥地利、意大利、英国、墨西哥、孟加拉国、加拿大等10多个国家的外商，办理来华商务邀请24件30人次。加强了西城区与国际上的经贸往来、商务访问、学术交流。

（李小丽、史　倩）

【受理350件外贸进出口权备案登记】2013年，共受理对外贸易自营进出口备案登记350件，同比增长4.7%。其中企业新备案168件，备案表变更182件。

（李小丽、史　倩）

【办理13件加工贸易业务】为2家企业办理13件加工贸易业务，实现进出口料件总值247.9万美元，同比增长97.5%。

（李小丽、史　倩）

【第二届京交会签约165亿元】参与第二届京交会各项活动，有3个项目成功签约，签约金额165亿元。金融街等8个园区被授予首批“北京市总部经济集聚区”称号。

（李小丽）

名　　录

单位名称：北京市西城区商务委员会
党组书记：王　毅
主　　任：郭　新
地　　址：北京市西城区北滨河路 9 号
邮　　编：100055
电　　话：68012353
传　　真：68012342
网　　址：sww.bjxw.gov.cn

（柴晓虹）

朝阳区

概　况

朝阳区商务委是负责本区内外贸易、对外经济合作和现代服务业发展的区政府工作部门，挂北京市朝阳区人民政府口岸办公室（简称“区口岸办”）牌子。2013年区商务委通过全方位布局，多举措实施，挖掘消费市场增长潜力、优化区域产业结构、强化国内外经贸枢纽功能、夯实服务民生基础，推动区域商务领域的快速发展。全年实际利用外资34.2亿美元，同比增长6.9%；进出口总额1 761.60亿美元，同比增长3.15%；社会消费品零售额1 962.4亿元，同比增长7.3%。

（张维民）

【成立总部经济发展科】2月26日，经朝阳区机构编制委员会批准，成立总部经济发展科，主要负责研究制定朝阳区企业总部经济发展规划和企业总部吸引落户政策，并组织实施；负责总部招商促进工作，重点引进跨国公司地区总部、央企总部和民营企业总部；负责协调促进企业地区总部功能完善，统筹总部企业税源建设和协调服务工作；指导朝阳区企业设立跨国公司地区总部的材料上报工作；承担市商务委吸引跨国公司地区总部专项资金的初审上报工作。

（张维民）

【承担京交会任务】5月28日至6月1日，第二届中国（北京）国际服务贸易交易会（简称“京交会”）在国家会议中心举办，朝阳区统筹辖区相关单位组织3个板块展览、2项主题活动、29场推介、37项签约和近百场对接洽谈活动，并参加北京日主题活动、北京馆展览和中国电子商务大会，实现签约额2 009.1亿元，其中，交易额1 109.1亿元，银行授信900亿元。朝阳区承办的分销服务板块、跨国公司板块和广告板块展览活动中，40多个国家的180余家企业开展项目对接，举办28项签约活动，实现交易额1 047.9亿元。北京日主题活动中，组织辖区企业在9个项目中签约，实现签约额961.2亿元，位列各区县首位。CBD、电子城科技园被授予首批“北京市总部经济集聚区”，CBD、北京奥林匹克公园被授予首批“北京市商务服务业集聚区”，占全市命名功能区总数的近1/4。组织CBD、大望京国际科技商务创新区、东坝国际商贸中心、北京科技CBD四个功能区参加北京馆展览，超过全市参展功能区的1/4。在中国电子商务大会成果展示区，展示区域电子商务形象及发展历程。

（张维民）

【利用外资】2013年，实际利用外资34.2亿美元，同比增长6.9%，占全市总量的40.1%。吸收合同外资千万美元以上大项目60个，吸收合同外资34.6亿美元，占全区合同外资总量的86.6%，其中新设项目16个，合同外资金额14.4亿美元；存量企业增资千万美元以上项目44个，合同外资金额20.2亿美元。新增世界500强企业投资项目 12 家，投资总额达 9.8 亿美元。

（张维民）

【外贸进出口】 2013 年，进出口总额 1 761.60亿美元，同比上升 3.15%，占全市总量的 41.05%。进口完成1 612.38亿美元，同比上升 1.97%，占全市总量的 44.07%；出口完成 149.22 亿美元，同比增长 17.85%，占全市总量的 23.59%。三项指标均居全市第一。

（张维民）

【境外投资】 2013 年，受理 82 个境外投资项目，新增投资额94 168万美元，同比增长 152%。其中，中方协议投资额80 519万美元，同比增长 96%；82 个项目投资总额达135 443万美元，同比增长 194%。

（张维民）

【经贸合作交流】 2013 年，深化对外经贸交流合作，开展中东欧十六国、上合七国、东盟七国、东非五国等多国别专场经贸洽谈会及罗马尼亚、加拿大等单国别地区专场经贸洽谈会，与中美商会、中澳商会等 7 个国家的国际组织建立长效合作机制。

（张维民）

【雅宝路外贸转型升级示范基地业务拓展】 2013 年，推进雅宝路外贸转型升级示范基地业务由销售环节向更多环节拓展，强化研发、展示、交易、结算等功能。推动成立雅宝路国际贸易商会，首批吸收会员单位 100 余家，为外贸服装企业提供产品信息、行业动态、市场拓展、贸易救济、国际合作、融资贷款等方面服务，发挥行业协会在外贸发展中的桥梁和纽带作用。强化与格林伍德国际商贸中心等境外国际营销网络的互动机制，推动区内国际采购平台、境外商品展示中心建设。鼓励支持基地企业参加 2013 中国·绥芬河国际口岸贸易博览会、俄罗斯 CPM 展会等多个国际性展会，促进与中东欧贸易往来。通过多举措转型升级，该基地成为俄罗斯 CPM 展“中国馆”唯一承办方，并与黑龙江省二连浩特、绥芬河等口岸建立战略合作。

（张维民）

【进口商品展示交易中心筹备】 2013 年，获得商务部贸发局支持，筹建集展示、交易、流通为一体的中国商务部进口商品展示交易中心。与罗马尼亚、希腊、意大利等十余国大使馆和商会进行深入对接；与意向承接落户展示与保税物流中心建设的大型物流企业、金融单位、大型 IT 企业以及关联的第三方等相关机构和企业进行接触与磋商，为下一步建设实施工作奠定基础。

（张维民）

【引进国际高端会展活动】 2013 年，通过多项措施的开展，引进国际高端展会，国际高端会展活动加速聚集。争取对国际高端会展活动的政策支持，全年有 19 个在朝阳区举办的展会入围 2013 年度北京市引导支持品牌展会名录，占全市总量的 63.3%；支持区内主要会展场馆实施改造，提高国际高端会展承载和配套服务能力；发挥朝阳区会展业协会的平台功能，推进国际高端会展活动主办单位与朝阳区主要会展场馆资源的有效对接。全年引进第四届 CIAPE 中国新能源汽车展、2013 第十三届中国（北京）医疗器械展览会等 53 个国际高端会展活动，提前完成区政府折子工程任务。

（张维民）

【认定跨国公司地区总部】 2013 年，认定路易达孚（北京）贸易责任有限公司等 11 家跨国公司地区总部，朝阳区累计拥有跨国公司地区总部达到101家，占全市比重始终保持在70%以上。

（张维民）

【促进消费】2013年，在消费增长整体放缓的大背景下，通过进一步完善工作机制，实施促消费政策，鼓励支持网络购物等新型业态发展，搭建促消费活动平台，发挥商业设施对时尚消费的承载作用，促进区域消费增长。全年累计实现社会消费品零售额1 962.4亿元，同比增长7.3%，占全市的比重为23.4%，总量继续稳居全市首位。

（张维民）

【扶持电子商务企业】2013年，加快电子商务企业引入，引进中粮我买网、易迅网、居然在线、车讯网、大卫之选、惠民网、三只松鼠、托米商城等10家知名电子商务企业。加强政策支持，引导辖区电子商务龙头企业向商务部申报2013—2014年度全国电子商务示范企业评选，其中中粮我买网、乐友达康、国富商通3家企业获评。利用总部及服务业专项资金，加大对电子商务的扶持力度，2013年给予3家企业奖励资金共300万元。搭建服务平台，组织居然之家、中粮我买网、天翼手机网等近50家电商企业参加2013电子商务博览会，为区域电商企业提供品牌展示的舞台、商机发布和交易洽谈的桥梁。鼓励引导企业创新发展，利用市级商业发展资金扶持电子商务企业经营模式和技术创新，引导老字号等传统商业企业开拓网上零售业务，引导京客隆、快乐的狗、大卫之选等企业申报电子商务建设项目扶持资金，帮助中小电商做大做强。全区互联网零售企业全年实现零售额73亿元，同比增长49%，增速较2012年提高31.3个百分点。

（张维民）

名　录

单位名称：北京市朝阳区商务委员会
主　　任：朱　晟
地　　址：北京市朝阳区日坛北街33号
邮　　编：100020
电　　话：65099185
传　　真：65094325
网　　址：swj.bjchy.gov.cn

（张维民）

海淀区

概　　况

海淀区商务委是区政府主管本区国内外贸易和对外经济合作的工作部门。2009 年 2 月 9 日，海淀区再生资源回收行业管理办公室设在本委；2010 年 12 月 15 日，海淀区打击知识产权领导小组办公室设在本委；2012 年 8 月 3 日，海淀区创建全国文明城区市场环境建设指挥部办公室设在本委。下属北京市海淀区商务综合执法监督检查所、中国国际贸易促进会海淀支会（中国国际商会海淀分会）2 个事业单位。

全年组织开展 35 项促消费活动，完成英国大集等服务保障工作。2013 年，社会消费品零售额全年实现1 614.7亿元，同比增长 7.3%。

（丛　颖）

商业服务业

【举办第九届海淀品牌消费节】9 月 13 日至 10 月 11 日，由区政府主办，区商务委、区商业联合会承办的第九届海淀品牌消费节开幕。本届消费节以“文明海淀，诚信商业”为主题，文化、科技两条主线贯穿始终。通过“中国梦·海淀梦——海淀商业发展创新研讨会”，为企业在商业模式转型和创新等方面提供有益启示。通过“广场点亮时尚”“购物中心周末赏车会”“来文明城区购物，留赠语中大奖”“文明创建服务队社区行”“海淀品牌消费节商业专场”等主题板块，整合全区商业资源，提升海淀消费环境，打造消费热点，拉动区域零售额提升。根据北京商业信息中心海淀分中心的数据监测，“十一”期间，大型百货商场、购物中心销售额同比增长 5.46%；超市销售额同比增长 11.4%。

（丛　颖）

【举办第五届汽车置换节】9 月 6 日，由区政府主办，区商务委、区商业联合会承办的第五届海淀汽车置换节开幕。本届汽车节以“创文明城区，享海淀服务”为主题，通过“主题车展”“儿童文明驾驶体验”“二手车网络竞拍会”“周末赏车会”等活动，在培育汽车消费新支点，拉动区内消费方面做出了积极的贡献。根据北京商业信息中心海淀分中心的数据监测，9 月 6 日至 10 月 11 日海淀汽车置换节期间，4S 店销售额同比增长 14.79%；汽车用品市场销售额同比增长 7.43%。

（丛　颖）

【积极申报商务服务业集聚区和示范楼宇项目改造】中关村玉渊潭商务区被命名为北京市商务服务业聚集区，中关村大厦获得 2014 年楼宇改造支持，完成 13 栋商务楼宇改造项目摸底。

（丛　颖）

【“菜篮子”工程建设】新建各类蔬菜销售终端 50 个，总面积 7619 平方米；新增 13 处原国有配套商业网点回归便民服务功能。

（丛　颖）

【利用市区资金积极推动优质社区商业项目建设】支持 83 个项目，涉及 27 个街镇，区财政累计投入支持资金2 407.19万元；将翠湖科技园、软件园等北部园区的员工食堂、便利店等配套商业设施建设项目计划投资 500 余万元纳入 2014 年储备项目。

（丛　颖）

【实现各项专项资金的示范带动效应】共 7 家企业获得市商发资金和中小企业专项资金扶持1 288.1万元。共 64 个项目获得了产业专项资金支持6 100万元，专项资金突出了民生改善、环境提升、电子商务等重点商务工作方向，有效实现了产业专项资金的带动作用。

（丛　颖）

【新一轮早餐工程】出台《海淀区早餐工程建设实施方案（2013—2015)》，通过指导优质连锁企业开展规范化网点建设，扶持科技园区、综合性商务楼宇开设员工食堂，引导学校、医院食堂等增设早餐项目等多种途径和手段，来提升海淀区早餐服务水平。共新建和升级改造各类固定式早餐网点 175 个（其中新建 123 个，升级改造 52 个），得到市、区及社会各界广泛关注。

（丛　颖）

【再生资源回收】建设规范化再生资源回收站点 15 个，并编写制定《完善再生资源回收体系建设工作方案》。

（丛　颖）

【一刻钟便民服务圈建设】继续推进一刻钟便民服务圈建设，完成 501 个社区的规范化达标，实现包括社区超市（便利店)、美容美发、菜店、洗染、再生资源、餐饮店和代收代缴等 7 项业态在内的便民商业服务功能全覆盖。

（丛　颖）

【成功争创全国首批社区商业便民示范商圈】开展区域社区商业基础性数据调研工作，编写《海淀区社区商业发展规划》。成功争创全国首批社区商业便民示范商圈，打造出海淀区社区商业示范窗口；海淀区商务委员会甄蕾主任当选为全国社区商业工作先进个人。

（丛　颖）

【成为全市首个出台社区商业配套管理办法的区县】研究制定了《海淀区新建住宅小区配套商业网点规划建设指导意见》和《海淀区新建住宅小区配套商业网点规划建设管理办法》，为新建住宅小区配套商业的建设提供指导依据。海淀作为全市首个研究制定社区商业配套管理办法的区县，得到市领导的肯定及表扬。

（丛　颖）

【成立北京市首个社区商业行业协会】指导甘家口大厦、超市发连锁等发起单位成立了本市首个社区商业行业协会——“北京市海淀社区商业服务协会”，通过开展管理人员培训、参观考察、企业进社区等各项活动，积极促进海淀区社区商业企业提升品质、规范经营，有效地带动行业的整体发展。

（丛　颖）

【生活必需品应急保障】北京发现禽流感疫情后，区商务委第一时间组织应急推演，加强市场监测，启动日报制度，动员企业提前组织货源，加大生活必需品和节日商品的储备量，成立委应急保障队伍，保障市场供应和满足节日消费需求。

（丛　颖）

【商务综合执法】累计出动执法人员1 256人次，检查各类企业628家次，检查安全生产、酒类流通、食盐、预付卡、洗浴等多项内容，行政处罚5家，处罚金额47 200元。发现和整改、纠正隐患问题234个。圆满完成“两会”、“7·5”敏感期、大检查大整治等商务行业安全保障任务，未发生一起社会不稳定事件。同时做好现场安全指导，督促检查辖区商业服务业生产单位落实安全生产责任，及时消除了安全生产隐患。

（丛　颖）

【落实“大检查、大整治”工作】6月中旬专门召开班子成员会议进行部署，制定了详细的工作方案并挂在外网上，主要领导亲自召开了海淀区商务行业安全生产大检查、大整治工作部署会，同时对海淀区安全生产大检查开展情况进行了通报。督促各企业按照国务院、市区工作要求做好贯彻落实，由委领导亲自挂帅，成立海淀区商务行业安全生产大检查工作组，按照划分区域每天由一位领导带队进行实地检查。

（丛　颖）

【推进安全生产标准化工作】分两批对辖区内的183家企业开展培训和贯标工作，重点宣传安全法规、安全制度、安全常识和安全要求，强化安全责任意识，营造安全生产氛围。累计发送各种宣传资料20 000余份。并且结合季节性、阶段性重点工作，及时通过短信平台向企业发送工作提示、安全知识等，累计发送各类短信5 000余条。

（丛　颖）

对外经济贸易

【概况】2013年，新批外商投资企业216家。全区进出口总额401.42亿美元，同比减少2.53%，占北京市的9.35%。其中进口总额310.81亿美元，同比减少2.84%，占北京市的8.50%；出口总额90.61亿美元，同比减少1.44%，占北京市的14.33%。吸引合同外资15.24亿美元，同比增长10.74%；实际利用外资16.00亿美元，同比增长6.34%。新增取得外贸经营权的企业942家，累计达到9 236家。

（丛　颖）

【参加第二届京交会】5月28日至6月1日，海淀区参加第二届中国（北京）国际服务贸易交易会（简称“京交会”）。通过“北京馆”展示、“北京主题日”活动、软件与信息服务国际企业对接会、电子商务应用推介会等方式，全面宣传了海淀区服务业和服务贸易发展情况。海淀区企业积极踊跃，参加各类会议、对接活动、展览展示、国家日等活动超过100场，17个项目达成合作协议，签约总金额约197亿美元，同比增长19.8%。

（丛　颖）

【企业审批】继续推进“一站式”企业服务，全年共接待咨询、业务办理29 460人次，其中电话咨询14 749人次；为1 094家外商投资企业办理各类变更事项；审核加工贸易合同85个，合同变更81个；初审新设境外企业91家、代表处18家，变更43家；为942家企业办理对外贸易经营者备案登记手续；为517家酒类经营者办理备案登记；为47人次办理外商来华邀请函；为4家直销企业出具确认函；为72家成品油零售企业办理年审。全年实现窗口服务“零”投诉。

（丛　颖）

【发展服务外包业】2013年，有151家企业进行离岸服务外包业务登记，协议金额25.05亿美元，执行金额20.01亿美元，同比增长44.7%，占北京市的41.4%。支持45家企业、1家培训机构获得商务部国际服务外包业务发展资金2 263.2万元；海淀区企业获得商务部技术、软件及信息服务出口贴息资金3 836万元；76个项目获得北京市服务外包扶持资金3 782.3万元；12个项目获得区级资金672.6万元。3家企业入选“2013年中国服务外包十大领军企业”。

（丛　颖）

【跨国公司总部增至9家】2013年，引导文思海辉技术有限公司申请认定跨国公司地区总部，海淀区跨国公司地区总部数量增加至9家。

（丛　颖）

【促进外贸转型升级】2013年，海淀区集成电路设计示范基地和中建材易单网国际营销集成服务示范基地经北京市商务委认定为北京市外贸转型升级示范基地。引导60余家企业投保信用出口保险，降低企业外贸运行风险。

（丛　颖）

名　录

单位名称：北京市海淀区商务委员会
主　　任：甄　蕾
地　　址：北京市海淀区四季青路6号招商大厦
邮　　编：100195
电　　话：88496768
传　　真：88496790
网　　址：hdsww.bjhd.gov.cn

（丛　颖）

丰台区

概　　况

2013年丰台区商务委员会根据丰台区委、区政府统一部署，充分发挥行业管理和服务优势，创新举措，狠抓落实，各项工作稳步推进。全年共实现社会消费品零售额889.2亿元，同比增长7.6%，消费总量居全市第三位。其中，汽车类商品实现零售额363.2亿元，同比增长8.7%。批发和零售、租赁和商务服务、居民和其他服务等行业共实现留区税收22.1亿元，同比增长0.4%，对区域税收贡献率近1/3。合同外资和实际外资实现双超历史最高水平，新增合同外资5.8亿美元，同比增长15.6倍；实际外资1.86亿美元，同比增长12%，高于全市平均增幅。全区进出口总额实现146.68亿美元，同比增长7.53%，居全市第七位。

（杨卫丽）

商业流通

【便民商业发展红火】形成蔬菜零售网络体系，全区规范化菜市场42家，数量居全市之首。大中型连锁超市均实现“农超对接”模式。完成10家便民菜店建设，累计建成88家。引导9家蔬菜直销车进社区，累计完成进入16家社区。完成59个再生资源回收站点建设，累计建成360个，再生资源建设及整改工作位列全市第一。指导帮助新建小区商业配套设施规范。对基本生活必需品进行日常监测，维护市场秩序和物价平稳。

（杨卫丽）

【优化促销手段保增长】举办丰台购物节、丰台美食节等12场促销活动，首次举办汽车文化节、惠民安居消费季等特色活动。指导餐饮企业结合自身特色细分市场，重点推出生态园林和农家民俗餐饮、中高端餐饮以及地方特色餐饮；组织策划“园博套餐”，引导丰台区餐饮企业积极参与绿色美食文化节、消夏啤酒节、金秋美食节等系列美食节。

（杨卫丽）

【园博服务保障有序运行】制定《2013年服务园博促进消费行动计划》。建立物美、美廉美、翠微、新世纪等园博门票销售网络。邀请永和大王、嘉和一品等特色品牌餐饮入园经营。组织资和信、翠微等九家企业布点特许商品零售。举行丰台旅游商务交易洽谈会，促进区内企业和旅行社对接。被评为第九届园博会先进集体。

（杨卫丽）

【推进产业升级调结构】首次提出“品质生活基础，现代商务保障，特色商业典范，区域增长引擎”的商业发展定位和构筑“三区、八圈、六街、多点”商业发展体系。研究形成靛厂路、万丰及方庄餐饮街等特色街区提升改造意见。组织申报7个商务楼宇升级改造项目，时代风帆、搜宝商务中心获得市级支持。对辖区30家规模仓储企业进行调查统计。提出电子商务发展建议。支持国美生活广场、集美、尚品街高端发展。推进奥特莱斯、中影千禧国际影城等项目建设。全年在建商业项目18个，约156万平方米。

（杨卫丽）

【加强大红门时尚创意产业集聚区研究】对大红门地区29家批发市场进行全面调研，形成专题分析报告。研究分析地区现状、项目进展和招商定位。推进大红门电子交易平台的运营模式、建设主体和实现路径研究。

（杨卫丽）

【零售商业营业面积占据全区商业设施的半壁江山】据初步统计，2013年全区商业设施总数达9 590家，总营业面积约346万平方米。其中，零售商业类有3 538家，占全部商业设施总数的37%；零售商业类营业面积约226万平方米，占全部商业设施总营业面积的65%。

（杨卫丽）

【大型商业入驻丰台】1月20日，华冠天地公益桥店正式开业，建筑面积近7万平方米，地处马家堡商圈，是丰台区仅次于首地大峡谷的第二大购物中心。12月22日，上品折扣旗舰店一草桥店正式开业，经营面积达3.3万平方米，覆盖国际国内一二线品牌，实现线上线下折扣商品同步销售，是由折扣店向奥莱mall转化的新模式店面。

（杨卫丽）

【新发地进驻电商平台】在市、区商务部门积极推动下，11月份新发地京东官网旗舰店上线，实现了农副产品与电子商务的有效对接，标志着丰台区市场转型升级迈出坚实的一步。在“北京品牌新品展示发布会”上，北京商报社和北京品牌协会共同发布了《2012—2013北京品牌十大新闻事件》，其中新发地市场进驻电商平台新闻事件受到各界的强烈关注。

（杨卫丽）

【开展全区商业资源普查】组织专业机构对四环以内所有道路进行地毯式调查，对四环路以外地区，围绕街乡中心区域、社区集中区域进行放射性调查，汇总商业设施信息近万条，全面摸清批发零售、居民服务、住宿餐饮等行业发展现状，为商业规划实施、商业布局配套、商业转型升级等工作奠定坚实基础。

（杨卫丽）

【强化行业监管保稳定】全年办理酒类备案登记438户，变更77户。受理成品油经营资质年审企业74家，变更成品油经营批准证书7家。完成16家典当企业年度核查，对典当企业指导、检查30余次。全年出动450人次，对343家企业开展专项查处行动，加强流通领域商务执法。对297家规范再生资源回收站点和192家再生资源回收单位进行检查。签订《丰台区生猪屠宰专项整治目标责任书》。全年商务系统未出现重大安全生产事故。

（杨卫丽）

【成立打击侵犯知识产权和制售假冒伪劣商品工作领导小组】成立了丰台区打击侵犯知识产权和制售假冒伪劣商品工作领导小组，办公室设在区商务委。全区行政执法机关共出动执法人员6 980余人次，检查各类企业、经营主体10 000户次，检查各类市场450个次，立案查处420余件，涉案金额1 400余万元，挽回经济损失700余万元。

（杨卫丽）

外经外贸

【新兴金融产业吸引外资取得突破】新引进丰台区首家外资基金管理公司——华能

景顺罗斯（北京）投资资金管理有限公司、首家外资融资租赁公司——北京中汇融资租赁有限公司。

（杨卫丽）

【外资主要投向重点功能区】丽泽金融商务区和科技园区共完成实际外资 1.84 亿美元，占全区的 99%，主导作用明显。丽泽成功引进首创和香港投资商，合同外资 3.4 亿美元。科技园区成功吸引在香港注册的中国水务集团有限公司投资设立银龙水务投资有限公司，成为丰台区第三家外商投资性公司，合同外资 1.6 亿美元。

（杨卫丽）

【中国香港是外资主要来源地】来自中国香港的实际外资9 438万美元、合同外资 5.6 亿美元，分别增长 10 倍和 26 倍，占全区的 51%和 96%。

（杨卫丽）

【境外投资稳步开展】2013 年，区内 10 家企业赴境外投资项目 13 个（含增资），对外投资金额近3 500万美元，涉及美国、中国香港、荷兰、蒙古、南非、赞比亚等国家和地区，主要从事矿产勘探、远程教育、文化传媒、贸易咨询、资产管理等业务。

（杨卫丽）

【丰台科技园区被认定为北京市首批总部经济集聚区】为加快培育和打造北京市总部经济和世界高端企业总部聚集地，北京市商务委员会正式授予丰台科技园区等八个园区为首批“北京市总部经济集聚区”称号，突显了丰台科技园区在推动全市总部企业发展、完善总部企业服务功能方面的引领示范作用。

（杨卫丽）

【丰台科技园区被授予北京市外贸转型升级示范基地】12 月 5 日，北京市商务委授予丰台科技园区的应急救援产业基地、轨道交通产业基地为“第二批北京市外贸转型升级示范基地”，丰台区成为此次入选最多的区县。这对丰台区加快转变外贸发展方式、促进优势出口产业集聚发展、稳定扩大外贸规模将起到极大的促进作用。

（杨卫丽）

【丰台商务委与中关村海关签署合作备忘录】7 月 31 日，丰台商务委与中关村海关签署关于建立紧密关贸协作机制合作备忘录。根据备忘录，双方将建立紧密协作工作机制，加强工作联动，实现信息共享，共同推进丰台区对外贸易发展。此次备忘录的签署，是区商务委与中关村海关长期以来互相支持、通力合作取得的重要成果，也是贯彻落实市政府与海关总署、市商务委与北京海关合作备忘录精神，提升全区对外开放水平的重要举措。

（杨卫丽）

【上药北方投资有限公司成为丰台区第二家跨国公司地区总部】1 月 14 日，市商务委正式授予上药北方投资有限公司跨国公司地区总部证书。这是继旭阳化工有限公司之后丰台区第二家跨国公司地区总部，主要从事医药产品的研发、销售及配送，是上药集团北方区总部。

（杨卫丽）

名　　录

单位名称：北京市丰台区商务委员会
主　　任：刘怀生
地　　址：北京市丰台区东安街三条 6 号
邮　　编：100071
电　　话：63838670
传　　真：63838670

（杨卫丽）

石景山区

概　　况

北京市石景山区商务委员会（简称“区商务委”）是负责本区内外贸易和对外经济合作的区政府工作部门。2013年，围绕年初“1333”工作思路，做好“促消费、保增长”、深化“数字商务”应用、创建“电商联盟”、统筹蔬菜零售网点布局、完善社区商业一刻钟服务圈体系、规范再生资源回收体系建设、打造总部经济格局、争取商业保理试点、探索文化保税区落地、强化机关党建，完成市、区折子工程、拟办实事等重要工作任务。实现全区社会消费品零售额207亿元，同比增长12.2%。统筹推出“2013主题消费年活动”，以汽车穿越、点击购物、美食特色、时尚潮流四大板块贯穿全年，打破原有“政府搭台，企业唱戏”模式，以企业为主体，市场为导向，整合商业、旅游、文化、体育等资源，针对不同业态、消费人群、消费热点施行整合营销新模式，提升和拉动本区社会购买力。按照“一刻钟”覆盖要求，以“菜市场、生鲜超市、便民菜店为主体，以车载直销点为补充的‘3＋1’模式”为主要内容，规划三年蔬菜零售网络格局。加强社区商业便民服务体系建设和研究，完成全区142个社区7种社区商业主要业态调查分析。明确社区商业便民服务体系建设思路，提出三级社区商业发展模式和“一提二转三补四建”建设思路。完成早餐市场情况调研，提出早餐工程建设试点工作方案，争取北京市试点区县资格。全面应用“数字商务”系统，做好产业规划布局。拟定开展北京市商业保理试点工作实施方案，与市商务委沟通，争取“北京市商业保理试点”落户本区。出台促进商务楼宇经济发展若干办法，创建“一站三平台”商务楼宇经济运行服务站，实现楼宇运行监测与分析，促进形成商务服务业集聚区和主题楼宇。引进国内最大家电电子商务服务商新七天，家庭电视购物平台环球购物，及知名电子商务研究调查机构艾瑞咨询等，全区电子商务企业近300家。银河综合商务区获市首批商务服务业集聚区称号。

（郝　响、张　焰）

【永辉电子商务总部落户】3月初，永辉超市股份有限公司旗下电子商务全国总部——北京永汇众腾科技有限公司在本区完成注册登记，注册资金5 000万元。永辉超市是中国首批将生鲜农产品引进现代超市的流通企业之一，被百姓誉为“民生超市、百姓永辉”。北京永汇众腾科技有限公司是一家集设计、生产、销售一体化的品牌运营企业。

（董　华、张　震）

【万达电子商务总部落户】3月初，万达集团电子商务全国总部——万达信息科技有限公司在本区完成注册登记，注册资金6 000万元。万达信息科技有限公司是万达集团根据石景山区产业发展定位及自身发展需求设立的专业电子商务公司，以线上线下结合（即 O2O 模式）为主要经营模式。

（董　华、张　震）

【典当行业年审】 3 月，完成北京市典当企业年审工作，14 家典当企业通过审核。其中，12 家被评为 A 类企业（最高级），2 家被评为 B 级，1 家（北京融通典当有限公司）停业整改。上年全区 15 家典当企业开展业务1 488笔，典当总额累计70 743.73万元，同比增长 13.2%。业务范围涵盖动产质押、房地产抵押、财产权利质押等。

（刘　珊）

【粮食平衡调查】 3 月，完成上年辖区粮食供需平衡调查。调查城镇居民 64 户、粮食经营及转化企业 30 家、餐饮企业及单位食堂 28 家，形成 2012 年度石景山区粮油供需平衡调查报告。基本掌握全区上年粮油产品供给量、需求量、库存量等基础性数据。

（刘　珊）

【电子商务消费节】 电子商务消费节 5 月 26 日至 6 月 30 日举行，由区商业联合会、区电子商务联盟主办，丰台区、房山区、门头沟区商业联合会支持举办。本届电子商务消费节是 2013 京西消费年四大重要板块活动之一，延续上届“惊喜在京西”理念，突出“跃动指尖，点击惊喜”活动主题，主要包含京交会电子商务大会、电子商务知识大讲堂、点击购物微博影展和每日一战大庆典等主题活动。拉动参与企业销售增长 15.4%，实现销售额突破亿元，带动电子商务服务企业服务收入超过4 000万元。

（徐　沫）

【成品油行业年检】 5－7 月，区商务委组织开展辖区成品油经营企业上年度经营资格年检工作，应参加年检企业 17 家（其中包括加油站 16 家，石油制品商店 1 家），实际参检企业 11 家，年检率 64.7%，合格率 100%。北京福寿岭加油站等 6 家加油站因为拆迁、申请变更事项等原因未参加经营资格检查。

（刘　珊）

【参与电子商务大会】 5 月 28 日至 6 月 1 日，2013 中国（北京）电子商务大会与第二届京交会同步举行。区商务委积极参与电商大会展览、推介、政策发布和项目签约等多个板块活动。在大会分论坛“电子商务企业推介会”上，本区发布电子商务政策，组织大朴网、易宝支付等驻区电子商务企业进行企业家对话、项目推介、项目签约，举行石景山区电子商务联盟揭牌仪式；在 5 家企业选择最适合电子商务企业落户区县的匿名投票环节中独得 3 票，区域电子商务发展环境和政策得到与会观众和媒体的广泛关注和肯定。本区电子商务联盟展位吸引和聚集大量专业观众咨询、互动，服务交易成果丰硕。

（徐　沫）

【京交会签约 15 亿元】 在 6 月 1 日第二届京交会“北京日”活动中，北京漫游谷信息技术有限公司、北京丽贝亚建筑装饰工程有限公司分别与境内外多家相关服务贸易企业签约，合同总金额突破 7 亿元人民币。期间，驻区参会企业达成签约 15 亿元人民币，相比首届京交会交易额增长 20%。

（董　华、张　震）

【银河商务区获集聚区称号】 在京交会“北京日”活动中，银河综合商务区被授予北京市首批商务服务业集聚区称号。该商务区是本区“十二五”规划重点打造高端商务功能区之一。至年末，北方中惠国际中心、首钢资源大厦、搜狐畅游大厦等多个总部落户银河综合商务区，形成总部经济为特征的商务服务集聚区。

（徐　沫）

【华夏典当行分店开业】7月26日，华夏典当行北京第25家分店——品真阁在当代鼎城店开业。华夏典当行首创“典当+绝当品销售”全新商业模式，成功塑造“品真阁”子品牌，创造性地形成“民品典当、综合典当、绝当品销售”三大业务主线，融合典当行“金融属性及商品流通属性”，为本区引入一种新型商业模式，填补了行业空白。

（董　华、张　震）

【京西消费节】9月7日至10月10日，区商务委按照年度主题消费年部署，组织重点商业企业参与开展“2013京西消费节”活动。活动以“惠”购、“会”玩、“慧”生活为主题，以企业为主导，整合文、商、旅、体优势资源，联合开展活动。本届消费节创新地引入租赁自行车流动广告，利用全区新设立30余个租赁站点和500余辆自行车，宣传京西消费节活动，倡导环保出行、绿色消费；开幕式以企业为主导，推出文、商、旅、体相融合的大型展示秀，展示驻区企业品牌形象，提升企业知名度。活动期间，参与企业客流量2亿人次，销售额同比增长近20%。

（刘　颖、滕小宇）

【北京台湾美食文化节】“第四届北京台湾美食文化节”与京西消费节同步举办。活动由“两岸食品展暨中秋月饼展”、“明月牵两岸，浓情系海峡”主题演出及台湾街系列主题活动三部分组成。区商务委组织北京台湾街各驻街商家旺顺阁（北京）投资管理有限公司、邓丽君音乐主题餐厅、五桂楼、艺铭东方等推出多项系列特色主题活动，包括企业优惠派送、邓丽君音乐主题餐厅——君姐私房美食季等促销活动。公众可通过活动组委会官方微博、微信加关注、博文转发等方式参与促销活动。

（刘　斌、崔晶雪）

【“数字商务”平台】9月，由区商务委创建、经信委支持的“石景山区数字商务”系统一期开发建设完成并投入试用。该系统引用地理信息技术，采用信息化管理手段，叠加土地利用规划分析及社区人口服务能力分析等功能，为合理规划商业布局、加快商务功能区建设、推动便民工程等工作提供支撑。通过依托“数字商务”平台，利用“一刻钟”分析功能，规划社区蔬菜零售网络格局。利用“数字商务”平台，对全区社区商业网点总量、分布情况进行梳理，整合老社区商业布局，完善新社区商业功能。利用系统中社区人口统计、网点服务半径分析等，完成早餐市场情况调研和规划布局，实现早餐网点合理配置。通过系统中的规划选址分析辅助决策功能，对再生资源回收站点、专业分拣中心选址建设提供规划依据。

（董　华、张　震）

【新七天电子商务落户】10月16日，北京新七天电子商务有限公司（简称“新七天”）商务服务商落户瑞达大厦，为本区打造特色主题楼宇增加了新兴电子商务营销模式。新七天成立于2008年5月，是国内最早一批尝试家电网上零售的独立B2C平台，有完备的供应、采购、仓储物流、销售体系与流程。

（董　华、张　震）

【落实总部经济政策】10月，区商务委调查驻区129家企业资产总计和营业收入均超亿元企业，梳理出符合政策规定总部型企业近40家，初步掌握驻区总部企业基本情况，与企业建立联系。为开展政策宣讲、政策兑现，推动总部经济发展奠定基础。

（董　华、张　震）

【商业保理研讨】11月28日，国家服务业综合改革试点区商业保理政策研讨会在区商务委会议室召开。会上，市商务委正局级委员听取区商务委关于商业保理工作开展情况的介绍及企业讨论后强调：一要创新驱动转型。以体制机制改革为动力，优化现代服务业发展环境，创新培育和聚集优质服务企业，推动石景山区由传统制造业向现代服务业跨越转型。二要创新推动工作。继续完善办法及相关支持政策，开展商业保理业务，加强监管，强化服务中小商贸流通企业融资服务，推动商贸流通业发展。三要创新服务企业。吸引优质服务资源，创新服务模式，为企业发展提供全方位支持。司马红副区长提出要全力以赴做好商业保理试点工作，同时严格准入制度以控制风险。市商务委、相关委办局与首创集团北京农投、京西创投集团、兆通集团等10家企业领导参加会议。

（董　华、张　震）

【政策引导商务楼宇经济】区商务委争取市级商务服务业主题示范楼宇扶持资金，出台促进商务楼宇经济发展若干办法，通过政策引导、激励，促进商务楼宇产业调整和产出提升。

（徐　沫）

【促消费保增长】区商务委把握“稳中求进”总基调，确保社会消费品零售额稳步增长，全年实现社会消费品零售额207亿元，同比增长12.2%，增速位列城六区首位。一是统筹推出2013主题消费年活动，以汽车穿越、点击购物、美食特色、时尚潮流四大板块贯穿全年，打破原有“政府搭台，企业唱戏”模式，以企业为主体，市场为导向，重点商业服务业地域为载体，整合商业、旅游、文化、体育等资源，针对不同业态、消费人群、消费热点施行整合营销新模式，提升和拉动本区社会购买力。二是深化联席制度，加强分析研究。调整监测企业样本，新加入京顺宝、冀发贵2家零售企业和新联冶、中铁工业2家批发企业，准确预判社零额运行趋势。与统计局联合摸查企业纳统情况，将旺顺阁、骏宝捷等新增企业纳入统计范围。三是完善消费政策，挖掘企业潜力。制定《石景山区2013年“促消费、保增长”奖励办法》，兑付17家企业上年促消费奖励资金220万元，调动企业积极性，拉动消费增长。

（刘　颖、滕小宇）

【“双打”工作小组成立】按照市“双打”办要求，成立打击侵犯知识产权和制售假冒伪劣商品工作领导小组，两位主管副区长任组长，区商务委、区知识产权局、区工商分局等25家相关部门为成员单位，办公室设在区商务委，承担“双打”工作组织协调。

（刘　颖、滕小宇）

【酒类流通管理】2013年，区商务委结合安全生产大检查，稳步推进酒类流通管理工作。全年新增酒类备案企业60家，售卖随附单8 800份。

（刘　颖、滕小宇）

【蔬菜零售网络建设】区商务委按照加快蔬菜零售网络建设工作方案（2013—2015

年），系统推进蔬菜零售网络体系建设。统一网点建设标准、形象标识，完善支持政策。按照以菜市场、生鲜超市、社区菜店为主体，车载车售为补充的“3＋1”模式，完成新五星菜市场升级改造等示范项目。截至8月，本区有菜市场、超市（便利店）、菜店247家，售菜面积24 419平方米，蔬菜日销量17.4万千克，平均售菜面积38.3平方米/千人。其中，菜市场23家，平均售菜面积为20 760平方米，蔬菜日销量13.7万千克；超市（便利店）161家，其中经营蔬菜零售46家，售菜面积2 470平方米，蔬菜日销量2.6万千克；蔬菜（水果）店63家，售菜面积1 189平方米，蔬菜日销量1.1万千克。

（刘　珊）

【社区商业便民服务】区商务委加强社区商业便民服务体系建设和研究，完成全区142个社区7种社区商业主要业态调查分析。截至8月，全区社区商业网点总营业面积31.65万平方米，总店面1 210个。其中，早餐（餐饮）300家，超市（便利店）161家，菜市场23家，蔬菜（水果）店63家，洗染58家，美发美容221家，代收代缴55家，可再生资源回收68家，其他商业零售店铺261家。

（刘　珊）

【新增典当企业】2013年，新增典当企业3家，分别为北京融惠典当有限公司、北京宝盛源典当有限公司、北京泰德典当有限公司；分支机构1个，为北京和信典当有限公司石景山区分公司。截至年末，本区有典当企业18家，分支机构1个。

（刘　珊）

【安全宣传培训】区商务委组织企业负责人参加市商务委举办的大型公开课，提高企业负责人安全生产责任意识。针对问题进行专项培训，讲解两个安全生产规定、燃气安全等知识和安全生产法律、法规等内容，提高企业安全隐患排查能力。深入企业开展专项培训，提高员工应急防范和处置突发事件能力。结合“安全生产月”等专项活动，面向社会开展宣传。先后组织、参与“安全生产月”咨询日、“消防主题日”、“安全生产条例”宣传日等大型专题宣传活动，共向市民发放安全生产宣传材料6 000余份，制作宣传展板18块，确保安全宣传工作落实到位。

（张　弋）

【安全生产检查】区商务委成立安全生产大检查工作领导小组，制定工作方案，按照安全生产规定，从安全基础、安全制度、安全监管等方面开展安全生产大检查。组织企业召开安全生产工作会10次，向企业下发文件材料2 000余份，全面传达上级精神，强调企业做好安全生产工作重要性。要求企业认真落实“九个一”——落实一个责任、建立一个组织、制定一个方案、召开一个会议、开展一个检查、建立一个台帐、搞好一个整改、做好一个记录、写好一个总结，确保安全大检查工作落到实处。成立三个检查小组，检查全区83家重点规模以上商业零售、餐饮企业和菜市场。全年出动检查人员780人次，检查259家次，发现并整改隐患56处，全部整改完毕，整改率100％。

（张　弋）

对外经济

【概述】2013年，全年完成实际利用外资8 748万美元，同比增长12％；新批外商投资企业33家，投资总额1亿美元；注册资本6 338万美元；合同外资总额5 695万美元；平均投资规模303万美元。开业外商投资企业新增投资总额1.6亿美元，新增注册资本1.4亿美元，其中外方增资1亿美元。投资总额1 000万美元以上大项目3个，合计投资总额5 935.8万美元，注册资本3 442.9万美元，合同外资总额2 901.3万美元，分别占全部新批项目的59.4%、54.3%和50.9%。对外投资新设立企业8家，变更2家。对外贸易经营者备案183件。完成进出口总额7.1亿美元，同比增长13.2%，其中出口额3.5亿美元，同比增长1.6%，进口额3.6亿美元，同比增长27.0%。全年缩短承诺审批率71%。

（刘 斌、崔晶雪）

【搭建服务平台】区商务委搭建企业与企业之间、企业与金融机构之间、企业与政府之间的互动服务平台，帮助企业走出逆境，推动区外经贸企业良性发展。3月下旬，召开外贸出口企业座谈会，了解企业实际困难，分析制定工作计划及相关政策，解决企业面临问题。通过政策引导，帮助中小企业挖掘潜力，稳定中小企业外贸出口。

（刘 斌、崔晶雪）

【外贸进出口】全年完成进出口总额7.1亿美元，同比增长13.2%，其中出口额3.5亿美元，同比增长1.6%，进口额3.6亿美元，同比增长27.0%。出口商品以工业制成品为主，主要销往美国、中国香港、南非、日本、新加坡、荷兰、英国、德国等国家和地区。

（刘 斌、崔晶雪）

【外资来源】辖区累计外资主要来源增加到33个国家和地区。其中企业数量最多的为中国香港，设立“三资”企业185家，外资额5亿美元；其次为美国，设立“三资”企业23家，外资额2 435万美元；英国（含维尔京群岛和开曼群岛）首次超过日本，位居第三，设立“三资”企业21家，外资额1.1亿美元；三个国家和地区投资企业数分别占全区外资企业总数的54.9%、6.8%和6.2%。

（刘 斌、崔晶雪）

【外资大项目】2013年，全区投资总额1 000万美元以上大项目3个，合计投资总额5 935.8万美元，注册资本3 442.9万美元，合同外资总额2 901.3万美元，分别占全部新批项目的59.4%、54.3%和50.9%。

（刘 斌、崔晶雪）

【外资结构】截至年底，开业外商投资企业337家。按企业生产方式划分，生产型企业71家，非生产型企业266家；按合作方式划分，合资企业95家，独资企业239家，合作企业3家。累计投资总额16.5亿美元，注册资本11.9亿美元，合同外资8.5亿美元，企业平均投资规模489.6万美元。

（刘 斌、崔晶雪）

【新批外资结构】全区新批“三资”企业中，从企业类型上分，合资企业6家，投资总额3 346.9万美元，注册资本1 731.7万美元，合同外资总额1 118.0万美元；独资企业27家，投资总额7 086.4万美元，注册资本4 601万美元，合同外资总额4 577万美元。从产业结构上分，新批“三资”企业全部符合本区产业发展定位。其中，商务服务类企业占97%。投资涉及科技研发、商业批发、商务咨询、外贸进出口等主要行业。

（刘 斌、崔晶雪）

【审核权限下放】区商务委实施“走出去”战略支持政策，支持中小企业走出国门，开拓国际市场。辖区21家企业报送资料，申报待审批项目68个，合计实际拨付金额125.5万元。申报项目中，境外展览会项目23个、境外市场考察项目24个、管理体系认证项目5个、产品认证项目6个、国际市场宣传推介项目4个、电子商务项目3个、广告商标注册项目3个。其中，拥有自主知识产权和自主创新产品1家。办理“中小开”企业资质审核6家。

（刘　斌、崔晶雪）

【为外资企业解困】区商务委深入企业调研，及时了解企业动态。重点外资外贸企业北重阿尔斯通（北京）电气装备有限公司人民币结算业务受阻，区商务委与市商务委多次沟通，解决企业前期受阻人民币结算业务。

（刘　斌、崔晶雪）

名　录

单位名称：北京市石景山区商务委员会
主　　任：宋世媛
地　　址：北京市石景山区石景山路18号
邮　　编：100043
电　　话：68607227
传　　真：88683281
网　　址：sjsswj.bjsjs.gov.cn

（郝　响、张　焰）

门头沟区

概　　况

2013年，门头沟区商务系统在区委、区政府和市商务委领导下，在全区各部门及行业企业的大力支持下，认真贯彻落实党的十八届三中全会和市委十一届三次全会精神，以科学发展观为指导，全力履行部门职责，以产业结构调整为主线、以保障和改善民生为根本，努力促进市场繁荣、提高招商引资实效、保持外贸平稳增长、加强市场应急体系建设、加大商务执法力度、构建服务型机关，商务各项工作有序推进。商业设施内外环境全面改善，服务水平、便利程度不断提高，消费品市场持续繁荣。实现社会消费品零售额48.9亿元，同比增长12.1%，高出全市3.4个百分点，全区商业流通领域发展稳中有进。受到市商务委表彰及专项资金奖励。按照“月月有活动，节日有促销，百姓得实惠”的工作目标，以情人节、妇女节、母亲节、父亲节等节庆日为抓手，组织企业开展了形式多样的促销活动。积极服务民生，建设完成3个便民菜市场和5个回收站点建设任务，完善早餐工程建设工作，50余辆早餐车覆盖全区门城主要交通枢纽和社区。积极构建商旅结合消费新模式，挖掘和宣传区域特色饮食文化及农副产品，先后组织了“食在门头沟”系列活动之婚宴大赛、名店名菜活动、品牌家电进棚改社区、农超农餐对接、流动超市菜车、年货大集、送货下乡等10余场促销活动。不断优化贸易投资环境。全年实际利用外资100万美元，新增合同外资额为1 319万美元。外贸进出口总额达4.39亿美元，其中出口2.43亿美元，进口1.96亿美元。广泛开展项目对接、国际洽谈交流活动，申请三家企业入选北京市重点总部企业（第一批）。积极搭建融资平台，并帮助10家企业34个项目申请获得84万余元中小企业国际市场开拓资金。为推进本区市场的升级改造和企业特色创意项目发展，按照《北京市商业流通发展专项资金管理暂行办法》和《北京市支持中小企业发展专项资金管理暂行办法》，经过严格审核，完成了4个项目153.6万元扶植资金的申报和审核工作。

（万　颖）

商业流通

【增强门头沟区生活必需品应急保障能力】加强生活必需品市场监测和三级联动应急机制，提前做好应急物资储备工作。与区相关企业签署了应急物资调运、存储责任书，确保分工有序、责任到位、物资储备充足、人员随时到岗、车辆整装待发，全力做好应急物资保障工作。汛期和防火期来临前夕，启动《门头沟区粮食供给应急预案》，斋堂应急加工点进入“备战”状态，确保设备正常、措施到位、责任到人。

（万　颖）

【完成再生资源回收站点建设任务】建设完成中门花园、惠民家园、石泉砖厂B1社区、石泉砖厂B9社区、临镜苑社区5个回收站点建设任务。

（万　颖）

【推进便民利民工程】完成了3个便民菜市场的建设任务（石门营2个，石泉1个），并以鑫维康公司“流动超市”和“流动菜车”为补充，定时、定点、定线为社区居民送货80余次，受到广泛好评。

（万　颖）

【完善早餐工程建设】完善早餐工程建设工作，加强规范管理，提高从业人员素质，定期组织开展业务培训，不定期抽查日常经营情况，确保食品安全。现有50余辆早餐车覆盖全区门城主要交通枢纽和社区，基本可以满足周边居民早餐需求。

（万　颖）

【主题促销活动】根据年初工作计划，积极组织促消费活动，组织家庭健步走活动的特色商品展卖、国际山地徒步大会特色商品展卖、特色商品进山区、年货大集（大台办事处、东辛房办事处、斋堂镇）等多主题促销活动10余次，印制宣传海报1万余张。

（万　颖）

【提升再生资源分拣效能】按照环保、低碳和可循环利用的模式，提升再生资源分拣中心效能，日加工能力在80吨左右。在行业企业和消费者中积极开展“垃圾减量，垃圾分类”和“光盘行动”等主题活动，累计开展再生资源宣传日活动10次，营造“反对浪费，低碳环保”氛围，在全市年度绩效管理考核中受到表扬。

（万　颖）

【加大流通发展资金扶持作用】完成了2012年40个商业流通发展项目470.5万元的绩效评审工作，流通发展资金对促进财政增收和带动社会投资“杠杆效应”十分明显。据统计，商业流通发展专项资金带动40个项目总投资6 133.54万元，实现销售收入1.4亿元，税收贡献达700万元，提供就业岗位968个。完成2013年市级商业专项资金项目申报工作，推进本区市场的升级改造和企业特色创意项目发展，扶持4个项目共153.6万元，扶植资金已拨付到位。

（万　颖）

【积极做企业引进和扶持工作】申请专项扶持资金，帮助百年食府餐饮进行升级改造，完善无障碍设施建设。协调相关部门帮助金春百货做好开业前后的服务工作。积极与迪卡侬、家乐福、居然之家、国泰百货等知名公司联系，力促企业入区。广泛搭建农餐对接平台，帮助企业打开销路，2013年农餐对接企业实现蔬菜及蛋类采购量163.1吨，肉类63.4吨。

（万　颖）

【行业促进工作成效显著】联合《参考消息》组织海尔、格力、新飞等10余个家电企业在石门营新区开展家电促销活动。通过北京电视台、京郊日报、千龙网等媒体宣传报道本区特色商品。在“建和谐家庭，圆美丽梦想”——暨中外家庭健步走和“中坤杯第四届徒步大会”活动中组织特色商品现场展卖，提升门头沟的美誉度和影响力。连续四年组织“食在门头沟”系列活动之婚宴大赛、名店名菜活动，拉动作用显著，据统计，规模以上餐饮企业分别从负增长实现稳步增长。

（万　颖）

【推进重点流通企业信息监测工作】新增重点流通样本企业4家，累计达60家。全年开展报送总结和信息员培训2次，评选出优秀信息员5名，全年月报报送率达到100%。

（万　颖）

【扎实做好行业安全工作】根据市、区两级对十八届三中全会和市委十一届三次全会期间的统一部署，全面推进安全规范化建设，安全执法检查共出动200余人次，检查重点商业企业、重点餐饮企业300家（次）。发现挤占通道等安全隐患37处，全部整改完毕。

（万　颖）

【加强全区酒类、食盐监督检查】深入贯彻落实食品安全责任制，加强对酒类流通、食盐市场监督检查力度，食品安全执法累计检查300余人次，共检查各类食品经营户1 172家次。配合区疾控中心完成了5个乡镇，20个村居委会，300户村居民食用盐入户抽样调查，达到了全市碘盐食用合格率。

（万　颖）

【做好安全防范工作】区商务委会同区消防支队、区安监局在京客隆超市新桥店开展了消防演练，组织本区28家规模以上商务行业单位安全生产负责人对物美大卖场安全生产工作进行了观摩，并召开了座谈会。

（万　颖）

【填补门头沟区储备粮电子交易空白】委托北京国家粮食交易中心举办竞价交易会，通过采取邀标、现场计算机网上竞价交易方式进行销售和采购，最终顺利完成了区储备粮的轮换工作。相对于传统的储备粮轮换逐一处理方式，电子竞价交易模式成功填补了门头沟区储备粮电子交易空白。

（万　颖）

【开展粮食行业统计专项检查】在企业自查的基础上，区商务委组织人员，分3次共12人次，分别到三家店粮库、杨坨粮库、斋堂粮库、北京本乡良实面业有限公司等9家经营企业开展统计复查工作。

（万　颖）

【开展了退耕还林补助粮食供应工作】退耕还林补助粮食供应范围覆盖全区9个乡镇，累计涉及314个自然村9 952户，共计供应面粉569.3吨，供应大米798.4吨。

（万　颖）

对外经贸

【加强对外宣传】依托京交会、“9·8洽谈会”等知名会展，扩大招商引资。通过沙盘、专题片，宣传推介了首都西部综合服务区的功能定位，10余家企业参与了专场对接洽谈，重点推出了石龙电子商务产业园等26个投资项目。

（万　颖）

【帮扶企业发展】鼓励外贸企业利用多种渠道开拓国际市场。先后3次组织企业参加市商务委等部门主办的培训座谈。积极搭建融资平台，并帮助10家企业34个项目，申请获得84万余元中小企业国际市场开拓资金。

（万　颖）

【填补门头沟区对外贸易经营者备案空白】区商务委为北京汇安通科技有限公司办理了对外贸易经营者备案，标志着门头沟区正式成为经商务部授权的对外贸易经营者备案部门。

（万　颖）

名　　录

单位名称：北京市门头沟区商务委员会
主　　任：王立宇
地　　址：北京市门头沟区新桥大街36号
邮　　编：102300
电　　话：69842571
网　　址：shwj. bjmtg. gov. cn

（万　颖）

房山区

概　　况

2013年，全区商务工作在区委、区政府和市商务委的正确领导和指导下，以科学发展为主题，以转变商务经济发展方式为主线，结合“我的梦·中国梦”大讨论活动，开拓创新，扎实工作，较好地完成了各项工作任务。

2013年全区社会消费市场持续活跃，全年实现社会消费品零售额205.3亿元，同比增长12.5%。外向型经济平稳运行，完成外贸进出口总额7亿美元，与上年基本持平；实际利用外资1 014万美元，完成全年任务目标。全区批发零售业、住宿餐饮业、租赁和商务服务业、居民生活和其他服务业等商务领域行业税收完成23.2亿元，同比增长28.5%。CSD市级商贸服务产业试验区建设步伐明显加快，首创奥特莱斯商城实现开业运营，中粮万科半岛广场、绿地新都会等重点项目快速推进。战略新兴服务产业发展势头良好，北京石油交易所不断做大做强，成功举办了“中国国际燃料油产业发展交易大会”，并作为固定内容永久“落户”京交会，为加快企业国际化发展奠定了良好的基础。

（张国庆）

商业流通

【经济总量稳步扩张】2013年，全区社会消费市场持续活跃，全年实现社会消费品零售额205.3亿元，同比增长12.5%。在16个区县中增速排名第四，圆满完成市商务委下达任务指标。外向型经济平稳运行，完成外贸进出口总额7亿美元，实际利用外资1 014万美元。

（张国庆）

【CSD市级商贸服务产业试验区建设加快】首创奥特莱斯商城实现开业运营。项目于5月1日正式营业，累计开业店铺211个、品牌800余个，已逐步形成了特色经营优势、品牌优势和价格吸引力。中粮万科半岛广场建设速度加快。规划建筑面积12.8万平方米，以休闲生活功能为主导，打造集百货、餐饮、休闲娱乐等多种业态为一体的商业综合体，以满足周边居民多元化的消费、娱乐需求；目前主体已完成封顶，招商工作完成60%。绿地新都会建设快速推进。规划总建筑面积60万平方米，地上45万平方米，是集居住、商业、办公、酒店、餐饮、会议、展览等多功能于一体的大型城市综合体，其中商业部分建筑面积28万平方米。截至2013年年底商务楼宇已全部建设完成；大型购物中心——绿地缤纷城主体结构已完工；商业步行街、运动会所已开工建设；绿地缤纷城正与上海影城、家乐福等多家知名企业洽谈入驻事项。

（张国庆）

【北京石油交易所“油单通”产品成功试点】北京燕星宇成品油零售管理有限公司通过“油单通”融资产品成功获得招商银行

贷款，标志着北油所“油单通”融资产品试点成功。

（张国庆）

【房山区放心食盐直配餐饮示范街揭牌】 10月17日，在十渡镇举行房山区放心食盐直配餐饮示范街揭牌仪式，区政府副区长吕守军和中盐北京市盐业公司总经理王开文共同为“示范街”揭牌。

（张国庆）

【2013房山购物季活动圆满结束】 购物季活动贯穿全年，共组织百货、建材、家电、汽车、餐饮等各行业促销活动12次，带动全区消费市场持续活跃，有效地促进本区社零额指标的快速增长，增速保持全市前列。

（张国庆）

【新建7家便民菜市场全部开业运营】 2013年，房山区加州水郡、西潞园、万科、桥梁厂、拱辰西部回迁区、长龙苑和太平庄7家菜市场已全部建设完成并开业运营，新增菜市场营业面积7 600平方米，其中蔬菜、水果、水产品等销售面积3 500平方米，豆制品、卤制品、调味品、粮油等销售面积4 100平方米，可满足周边34个社区14万居民生活需求。

（张国庆）

对外经贸

【对外投资和技术交流工作成效显著】 引导、帮助北京天资置业集团贸易公司、北京市碧桂园房地产开发有限公司等企业开展海外投资，参与国际市场竞争。全年共办理境外投资审核2家，境外投资额1 980万美元。

（张国庆）

【京交会·中国国际燃料油产业发展交易大会在国家会议中心举行】 中国国际燃料油产业发展交易大会由中国石油和化学工业联合会、北京石油交易所承办。北京石油交易所与东营市政府、中国石化联合会签署战略合作协议。副市长程红，市商务委副主任许康，市金融局副巡视员沈鸿，区委副书记、区长祁红，区委常委、常务副区长李江，北京石油交易所董事长董汝川，山东省东营市副市长田青云等出席会议。

（张国庆）

名　　录

单位名称：北京市房山区商务委员会
党组书记：赵东升
副 书 记：朱仕生（2013年9月免）
　　　　　张福志（2013年9月任）
纪检组长：孙玉生
主　　任：朱仕生（2013年9月免）
　　　　　张福志（2013年9月任）
副 主 任：冯万利、王　倩、苑星林
粮食局局长：朱仕生（2013年9月免）
　　　　　　张福志（2013年9月任）
地　　址：北京市房山区长阳镇昊天北大街38号
邮政编码：102445
电　　话：81312935、81312937
传　　真：81312958
网　　址：shangwu. bjfsh. gov. cn

（张国庆）

通州区

概　况

2013年，通州区商务委员会坚持以科学发展观统领商务工作全局，紧紧围绕通州北京城市副中心建设各项中心工作，以保增长、惠民生、促发展为主要任务，着力保障市场平稳运行，不断推进商务工作健康和谐发展。全年实现社会消费品零售额268.2亿元，同比增长12％。

全年共新批外商投资企业35家、增减资企业33家。投资总额合计167 120.64万美元，同比增长161.6％；注册资金合计121 526.52万美元，同比增长204.91％；合同利用外资89 950.93万美元，同比增长196.57％。全年共有9家房地产企业落户通州，使各项外资数额增幅较大。

实际利用外资12 002.4911万美元，同比增长15.68％。入资1 000万美元以上企业5家，分别为百丽鞋业（北京）有限公司、宾堡（北京）食品有限公司、北京北建通成国际物流有限公司、北京摩比斯变速器有限公司和甘李药业股份有限公司；入资500万美元以上1 000万美元以下的企业1家，为乐购仕（北京）商贸有限公司。

外经贸形势严峻，出口继续呈现负增长。加工贸易进出口总额为19 655.32万美元，其中：进口金额为6 465.34万美元，出口金额为13 189.99万美元。

（畅绍丽）

【首届北京七夕文化节活动圆满闭幕】8月9日到8月13日，“情定运河 梦圆北京”首届北京七夕文化节系列活动在通州区运河畔胜利举行。活动秉承“美丽北京 幸福生活”理念，充分展现了深厚的运河文化和北京城市副中心的魅力，展示了通州区婚庆行业的整体风貌和行业水平，引领了北京婚庆行业的发展潮流。

（畅绍丽）

【成功举办商务年会】9月26日，以“商务领航 圆梦通州”为主题的2013通州国际商务年会成功举办。北京市商联会、北京市商业服装行业协会、北京市西餐协会等诸多社团组织以及国内外百余家知名企业代表参会。年会旨在为企业与政府、企业与企业之间搭建交流沟通的平台，提供信息互通渠道，吸引更多高端优质的商业资源聚焦通州。本次年会上，有宝马5S店等5个项目成功签约。

（畅绍丽）

【8个品牌商业项目开业】2013年，通州区新开业品牌商业项目有OEM中服国际贸易中心、永辉超市、物美土桥店、优衣库旗舰店、香草香草火锅、上岛咖啡等8家；已经签约正在筹备开业的项目包括万达广场、京通罗斯福广场、橙天嘉禾影院、韩国乐天影院、星光艾美影院、星巴克咖啡等8家；重点在谈项目包括永旺购物中心、英特宜家购物中心、大润发超市、迪卡侬、乐华梅兰等。这些项目的进驻将对通州区商业的发展产生积极深远的影响，有效拉动商业结

构的整体优化，逐渐形成能够留住本地消费，吸引外部消费的大型区域型商圈。

（畅绍丽）

【新建再生资源回收站点 20 个】根据区内现有回收站点实际情况，结合垃圾分类工作目标，确定站点布局。2013 年新建再生资源回收站点 20 个，全区累计建立回收站点 312 个（城区 89 个，乡镇 223 个），社区覆盖率达 50%。同时，加大对现有再生资源回收企业清理整顿力度，尤其是对临主干路的 61 个站点和临河道的 10 个站点进行了彻底的摸底清查整治。

（畅绍丽）

【典当企业数量增至 23 家】2013 年，典当企业总数达到 23 家（含 4 家典当行分支机构）。截至年底，全区 19 家（不含分支机构）典当企业，注册资金 2.7 亿元，典当分支机构 4 家，运营资金2 500万元。提供就业岗位 162 个。

（畅绍丽）

【采取多种手段落实粮食保障】圆满完成区社会粮油供需平衡状况调查，统计库存 34 万吨，商品粮检查时点统计库存 8.61 万吨。加强区储备粮安全生产检查，共计检查 31 次，检查粮食企业 10 家。制定并实施了《北京市通州区粮食供给应急预案》，建立了应急指挥、市场监测、应急保障和通讯保障四大应急系统，确保在发生突发事件下保证粮食有效供给。

（畅绍丽）

【区储备稻谷采购入库任务圆满完成】组织了 44 节火车和 55 辆汽车安全顺利地完成了区储备稻谷采购入库任务。所购稻谷为黑龙江省延寿县中实源粮油贸易有限公司及黑龙江建三江农垦盛鼎粮油工贸有限公司所提供，全部存储于滦县标准化高大平房仓库。在全市区县储备稻谷轮换中率先完成了稻谷轮换任务。

（畅绍丽）

【安全生产大检查工作效果明显】从 6 月份至 12 月份，在全区商务行业开展安全生产大检查活动。分别成立了三个安全检查工作小组，分组对加油站、商场超市、餐饮企业等各类商业企业进行彻底的检查，确保不留死角、不留盲区，发现隐患立即上报，以“零容忍”的态度责令企业立即整改。通过安全生产大检查活动，严厉打击安全生产违法行为，认真落实各项安全生产保障及维稳措施，确保了商务行业安全稳定。

（畅绍丽）

【党建活动丰富多彩】深入开展党员公开承诺和党员志愿服务填报活动，每位党员干部都认真承诺 2013 年度活动事项。结合岗位实际，针对 10 项党员志愿活动内容，填报志愿项 70 多人次。做好困难党员救助工作，向区红十字会、区慈善协会、区委组织部帮助病重职工申请困难救助 4 万多元。

（畅绍丽）

名　　录

单位名称：北京市通州区商务委员会

主　　任：陈国增

地　　址：北京市通州区新华北路 161 号

邮　　编：101149

电　　话：69543319

传　　真：69532753

网　　址：www.bjtzh.gov.cn

（畅绍丽）

顺义区

概　况

2013年，顺义区商务委按照区委、区政府的全面部署，在市商务委的精心指导和全区各部门、各企业的大力支持下，紧紧围绕打造“城市商业消费圈”、“新国展商务消费圈”和“浅山白马路生态消费圈”的目标，以昂扬向上的精神状态，积极进取，攻坚克难，扎实工作，较好地完成了各项年度工作任务。全年实现社会消费品零售额297.4亿元，同比增长17%，全市排名第六位，远郊区县排名第一位，增幅位居全市第一位；实现进出口总额182亿美元，同比增长7%，全市排名第五位；吸引合同外资12.3亿美元，同比增长166.3%。实际利用外资3.6亿美元。2013年新国展共举办展会23场，展出面积164万平方米，接待各类人员160万人次。

（王凌燕）

商业流通

【加强引导商业活动】一是搞好各类活动促销。积极组织北京顺义第四届绿色健康美食节、第二十二届燕京啤酒节文化广场、第一届时尚风情购物节等活动，同时抓住“元旦”“春节”“五一”“十一”等节日契机，组织各大商场推出主题突出、手段丰富的促销活动。二是规范消夏露天餐饮。选取10家经营消夏露天餐饮示范店，进行整体设计、布展。三是争取政策扶持。帮助北京鑫海韵通商业大楼、北京曲美馨家商业有限公司获得“家具以旧换新”政策补贴。

（王凌燕）

【顺利开展重点工程】完成了《舞彩浅山滨水国家登山步道规划》、浅山驿站授牌及路书设计制作工作，125公里步道一期工程基本完工。6个村级综合性商业中心开工建设，白马路绿色生态消费圈升级改造项目顺利完成，金街悦港城、国门一号商业项目陆续开业，一批大型商业项目消费潜能全面释放。

（王凌燕）

【扎实推进便民利民工作】社区菜市场建设获得商务部资金扶持。“燕京啤酒花园”满足居民消夏需求。早餐网点建设进一步推进，新建2家便民早餐店。社区养老服务、家政服务进一步完善，接受商务部、市政府领导实地调研，并得到充分肯定。抓大关小，整顿再生资源回收企业，把清理整治工作纳入到属地绩效管理，完善体系建设。

（王凌燕）

【新型商务行业发展势头良好】全区会展企业从2008年的零发展至2013年的53家，年营业收入达7.2亿元。会展业直接推动展馆周边广告、餐饮、住宿、物流业迅速发展。物流企业发展至350余家，年营业额345亿元，税收12.7亿元。电子商务企业起步发展，全区开展电子商务的企业共18

家，全年实现销售额1.5亿元。

（王凌燕）

【外资结构加速转型】现代化服务业项目外资占新批总量的97%，特别是融资租赁项目呈现巨大活力，吸引外资占总量的63%；总部经济发展势头良好，全市认定8家总部经济集聚区，顺义区占得2席，今后将成为全市总部经济发展的重要载体。

（王凌燕）

【落实服务创新工作】一是指导饮食服务行业协会举办了顺义区美食文化节，以倡导绿色饮食，厉行节约为主题。二是指导家政协会大力开展员工制家政服务工作，以北京市首批员工制试点企业北京真理想社区服务有限公司为平台，整合本区微型、小型家政企业的服务资源，从而引导企业做大做强，并实现向员工制管理方式的转变。

（王凌燕）

【精细管理确保商务发展安全有序】一是积极推进商务执法队伍建设。组织商务法律法规学习活动，重点对《中华人民共和国行政处罚法》《北京市行政问责办法》等法律法规进行认真解读。二是开展多领域商务系统执法检查工作。采取巡查、抽查，临检、暗访等执法检查方式，主要开展生猪屠宰、食盐、成品油、再生资源回收、零售促销、安全生产、酒类流通、报废汽车、美容美发、洗浴等领域的执法检查工作。三是严格落实酒类流通备案登记工作，要求批发企业严格落实随附单使用制度，目前基本可实现出售产品可溯源机制。四是进一步规范再生资源回收行业，形成可回收物的统一收购、统一运输的回收网络运营体系。

（王凌燕）

对外经贸

【外资活动力度不断增大】完成总部集聚区认定初审工作，空港开发区、国门商务区列为全市首批总部经济集聚区，并在京交会上授牌；完成京交会北京馆和北京日筹备工作，重点推介国展产业园、汽车基地、天竺综保区、国门商务区；完成跨国公司地区总部企业政策兑现初审工作；完成首例跨境人民币增资审批；组织各类政策宣讲培训活动，如进出口企业产业损害预警机制培训班、中小资金申报指导培训工作、区内企业政策宣讲会等；建立大项目追踪机制，成功促成北京汽车股份有限公司、誉高融资租赁有限公司等11个500万美元以上大项目落地。

（王凌燕）

名　　录

单位名称：北京市顺义区商务委员会
主　　任：秦拥军
地　　址：北京市顺义区站前街顺鑫国际商务中心10层
邮　　编：101300
电　　话：69443513
传　　真：69446407

（王凌燕）

大兴区

概　　况

2013年，按照北京市商务委和大兴区委、区政府的总体部署，大兴区商务委按照“优化服务稳增长，惠及民生保安全”的工作思路，实现了主要商务经济指标大幅增长，重点工作有所创新突破，安全工作平稳有序。

社会消费品零售额全年累计实现233亿元，同比增长16%。指导火神庙购物中心、绿地缤纷城等大型商业项目业态调整，保障宜家家居顺利开业，进一步推进区内消费品质与结构的全面提升。电子商务、汽车、医药等消费型业态稳步发展，累计实现消费品零售额约23亿元，为增长贡献了约10个百分点。通过政策引导支持，组织区内大型商场、超市、餐饮企业开展形式多样的促销活动，累计实现社会消费品零售额约50亿元。

实际利用外资全年累计实现17 956万美元，同比增长16.2%。1 000万美元以上项目完成入资占实际外资总额的80%以上，特别是投向第三产业比重进一步加大，有力地促进和带动了商业服务业发展的转型升级。通过联合服务、平台创建、资金支持、政策解读等方式，服务北京秋实农业发展有限公司等具有一定规模的外经贸企业做大做强，营造良好的外经贸发展环境。

通过加强新区电子商务示范基地建设，打造北京电子商务中心区（CED）品牌，以京东总部基地、新媒体基地、电商谷等区域为重点，促进电子商务产业链项目集聚，打造北京电子商务中心区（CED），推动产业发展。充分利用参加第二届“京交会”电子商务板块、2013中国（北京）电子商务大会和中国国际电子商务博览会的契机，全面推介CED品牌及相关政策，展示了大兴区电子商务全产业链的发展成果、综合优势和发展前景，有力地提升了新区电子商务发展的影响力。大兴区在第二届“京交会”上签约额达214亿元，同比增长近五成。

依托第25届西瓜节平台，以“科技流通促发展·绿色农业惠民生”为主题，在延伸“农超、农餐、农企、农社”四对接工作的基础上，启动大兴区农产品直供直销电子商务交易平台，实现“点对点”到“点对面”全方位对接。同时，把以盆栽蔬菜为代表的一批绿色科技成果引入到新区居民家庭。目前，已促成区内56家规模以上农村专业合作组织、农产品深加工企业与北京市、天津市的86家商业企业、105个社区建立了长期稳定的供货关系。年销售农副产品约4.5万吨，累计销售农副产品约20万吨，年平均增长15%以上。

加强政策引导，出台了《大兴区2013年便民商业服务体系建设参与企业指导标准》，明确了便民商业体系建设重点和标准，指导各镇、街道科学布局、规范建设，有效提升全区便民商业发展水平。通过指导支持，培育一批规范发展、连锁经营的便民商业企业（如阳阳小吃、余生记、刘生记、雪松等），建立了本区品牌连锁、农民专业合作组织车载蔬菜进社区等便民模式。目前，本区规范、安全的便民商业业态占比达到40%以上。加强城乡一体发展工作上，在黄村镇、瀛海镇、庞各庄镇、北臧村镇等回迁社区，指导支持属地政府建立商业中心，引进生活广场、标准化便民店、安心早餐示范点、规范化回收站点等便民商业网点，实现便民商业向农村延伸，推进便民商业城乡一体发展。

截至2013年，已完成发展提升3家规范化菜市场、3个农村特色商业街（聚集区）、3个家政服务连锁网点、7个农村商贸服务中心、43家便民早餐店、60个社区连锁便民菜店（点）、20个再生资源回收站点、50家农村连锁便利店。通过加强市场监测，建立大兴区商务信息管理平台，对区内大型商场、超市、农民合作组织等近50家企业的实时监测，进一步加强消费市场研判，增强政府在应对突发灾害时应急商品调拨、运输和投放能力。不断加强行业监管，全年累计检查387家企业，及时发现消除消防、生产安全等事故隐患122项；没收私盐31吨，罚款1.1万元。完成2013年区级储备粮出库工作，年底前还完成1万吨稻谷和5000吨小麦的入库轮换。

（李　刚）

商业流通

【2013年元旦消费市场运行情况】2013年元旦期间，大兴区16家规模以上商超、专卖店节日3天（1月1日至3日）累计销售9679.24万元，同比增长16.32%，万平方米以上商场日均客流量1.5万人次。

（李　刚、刘　丹、王永学）

【区政协领导调研便民商业服务体系建设】1月16日上午，区政协领导王新、陈晓英、李维民、汪宝国就全区便民商业服务体系建设工作到大兴区商务委调研，实地走访了北京市东方阳阳快餐有限责任公司枣林公园店、北京多利洁物资回收公司清城南区回收点和北京任我在线科技有限公司第18号社区体验店，听取了便民商业服务体系建设情况和相关主体企业发展建设情况汇报。

（李　刚、刘　丹、王永学）

【春节期间消费市场购销情况】大兴区商务委节日消费市场运行监测显示，2013年腊月二十三至正月初六17家重点商场超市累计实现销售额2.5亿元，同比增长15.53%，6家重点餐饮企业累计实现营业收入351.1万元，同比增长15.39%，顾客接待量突破70万人次，同比增长约13%。其中，生活必需品类、品牌服装类、黄金珠宝类、家电类商品成为消费热点，同比增长分别是7%、12.8%、15.3%、11%。

（李　刚、刘　丹、王永学）

【全力推进新区再生资源回收体系建设】为加快推进大兴区再生资源回收体系建设和规范管理，结合回收经营场所安全生产的严峻形势，区商务委统筹协调领导小组各成员单位，以强化管控为重点，加快推进再生资源回收体系建设，集中持续开展行业专项整治行动，使再生资源回收体系建设持续推进，建、整、管、控四项主要工作得到强化，新城社区回收设施覆盖率达到80%，功能覆盖率90%以上。

（李　刚、刘　丹、王永学）

【召开再生资源回收体系建设工作部署会】3月21日，大兴区再生资源回收规范管理领导小组召开2013年再生资源回收体系建设工作部署会，全面总结部署全区再生资源回收规范管理工作，区商务委、监察局、安监局、工商分局、公安分局、城管大队、消防支队等部门和各镇、街道主管领导参加了会议。

（李　刚、刘　丹、王永学）

【召开商贸流通业统计培训会】3月27日，大兴区商务委对区内的49家商贸流通典型企业进行了2013年数据报送培训，就典型企业如何报送报表进行了详细讲解，会议要求各典型企业高度重视报表报送工作，责成专人及时、准确上报数据，并现场与企业签订《商贸流通典型企业统计工作协议》，确保在规定时间内完成报送。

（李　刚、刘　丹、王永学）

【一季度社会消费品零售额平稳增长】2013年一季度全区累计实现社会消费品零售额55.46亿元，同比增长15.5%，高于全市6.1个百分点，增幅位列全市第四。其中，规模以上商业企业累计实现零售额44.3亿元，同比增长21%，占全区零售额比重的79.8%，占比较2012年提高1.2个百分点。绝对额与贡献率排名前四类的商品分别为生活必需品类、中西药品类、石油及制品类和汽车类。

（李　刚、刘　丹、王永学）

【“五一”消费品市场促销费情况】2013年“五一”期间，大兴区16家规模以上商超、专卖店节日3天（4月29日至5月1日）累计销售8 836.68万元，同比增长15.31%，万平方米以上商超日均客流量约1.1万人次。

（李　刚、刘　丹、王永学）

【促进商业服务业区域劳动力就业】对区内规模以上商场、超市、餐饮等商业服务企业就业现状进行全面摸底，建立工作台账，及时掌握企业需求，有针对性地开展就业促进工作。与劳动、教育等部门密切配合，促进商业服务业绿色就业政策与企业人力资源管理、职业技能提升、人才服务模式的高效整合，最大限度释放政策效应。以绿地缤纷城项目为试点，探索建立与区人力资源职业技能实训基地（大兴二职）的“校企合作”新形式，促进区域劳动力实现优质岗位就业，进一步优化商服企业用工结构，服务新区发展。

（李　刚、刘　丹、王永学）

【市商务委副主任孙尧到大兴区调研】5月7日，市商务委副主任孙尧就电子商务产业发展等有关工作到大兴区调研。听取了新区2013中国（北京）电子商务大会筹备等有关工作情况汇报，对大兴区加快促进电子商务产业发展、实现社会消费品零售额稳步增长等方面工作给予充分肯定。副区长喻华锋，市商务委流通发展处副处长于文、李威陪同调研。

（李　刚、刘　丹、王永学）

【大兴区主打CED品牌亮相京交会】大兴区主打北京电子商务中心区（CED）品牌，亮相2013中国（北京）电子商务大会。作为第二届“京交会”重要板块之一，2013中国（北京）电子商务大会于5月28日在国家会议中心举行。

（李　刚、刘　丹、王永学）

【中国（北京）电子商务大会组委会到大兴区考察】5月29日，2013中国（北京）电子商务大会组委会代表考察大兴区电子商务发展情况。组委会组织浙江、广东等省市商务系统领导、电子商务企业代表考察了新区B型保税物流中心、京东方8.5代线工厂和中金数据系统有限公司，听取了大兴区打造北京电子商务中心区CED品牌，建设“高端产业新区、国际电商门户”等相关工作的情况汇报，并给予充分肯定。

（李　刚、刘　丹、王永学）

【大兴区在京交会推介电商政策并签约项目】5月30日，大兴区在第二届“京交会”上介绍了区内电子商务发展情况、发展思路及《关于促进新区电子商务发展的若干意见》《新区促进电子商务发展的实施细则》两个政策。并与酒仙网总部及运营中心项目、中国国际电子商务有限公司战略合作项目在电子商务签约仪式上签约，签约总额达4.16亿元。组织酒仙网、中科电商谷参加企业互动、区域电商项目推介，加强区内电子商务企业宣传展示。北京经济技术开发区管委会副主任绳立成参加本次推介会。

（李　刚、刘　丹、王永学）

【京交会签约214亿元】大兴区在第二届“京交会”上签约额达214亿元，增长近五成。李长友、谈绪祥、张伯旭、王合生、绳立成、喻华锋、陈晓英、汪宝国等大兴区领导参加了“京交会”相关活动。

（李　刚、刘　丹、王永学）

【端午节消费市场促销费情况】对全区18家规模以上商场、超市、专卖店监测数据显示，端午节（6月10日至12日）三天累计销售5 700.7万元，同比增长12.4%，万平方米以上商超日均客流量约1.2万人次。

（李　刚、刘　丹、王永学）

【区人大代表视察便民服务体系建设工作】6月19日上午，在大兴区人大常委会副主任靳文浦带领下，区人大财经委组织部分区人大代表先后视察了北臧村镇天宫院社区物美服务站、天宫院社区再生资源回收站、绿地缤纷城、阳阳早餐配送中心，实地了解农村回迁社区便民商业设施建设、大型综合商业设施引进培育、安心早餐工程建设等方面情况。

（李　刚、刘　丹、王永学）

【“点击消费2013”在大兴区正式启动】6月28日，以“点击消费 便捷实惠 放心网购 快乐无忧”为活动口号的“点击消费2013”活动在大兴区商务委正式启动。

（李　刚、刘　丹、王永学）

【上半年社会消费品零售额增长情况】2013年上半年全区累计实现社会消费品零售额107.2亿元，同比增长16.3%，高于全市7.5个百分点，增幅位列全市第一。其中，规模以上商业企业累计实现零售额89.6亿元，同比增长22%，占全区零售额比重的83.6%。

（李　刚、刘　丹、王永学）

【商务部领导到大兴区调研】7月25日，商务部电子商务与信息化司司长李晋奇就电子商务发展到新区调研。实地走访了北京亦庄保税物流中心、中金数据系统有限公司和九州通医药有限公司，听取了大兴区推进电子商务发展情况汇报并给予充分肯定。

（李　刚、刘　丹、王永学）

【“品牌商品进社区·绿色消费惠民生”启动】7月26日，主题为“打造现代农村商贸中心·推进城乡商业一体发展”的大兴区2013“品牌商品进社区·绿色消费惠民生”系列活动启动式在庞各庄镇御园回迁社区举行。活动由大兴区商业联合会和庞各庄镇御园社区党总支主办，大兴区商务委和庞各庄镇政府支持，大兴区政府喻华锋副区长出席活动并致辞。区商务委、区社工委、庞各庄镇等相关领导参加启动式活动。本次举办的“品牌商品进社区·绿色消费惠民生”活动，共邀请家电企业、生产加工企业10家企业进行参展，通过3天的活动，共形成销售24万余元。

（李　刚、刘　丹、王永学）

【大兴区“车载蔬菜进社区”直营店开业】8月22日，观音寺街道团河苑小区“车载蔬菜进社区”直营店正式开业，解决了原有“周末车载蔬菜市场”经营时间短、占路露天经营等问题，作为“菜篮子”零售网络建设新的补充形式，自2012年市区两级商务部门推行“周末车载蔬菜市场”以来，区内已有36个老旧社区与农民专业合作组织签约，市场供应的新鲜蔬菜比超市和菜市场平均价格降低15%左右。

（李　刚、刘　丹、王永学）

【中秋节消费市场促销费情况】大兴区商务委监测的18家重点商超、专卖店数据显示，中秋节三天累计销售7 551.61万元，同比增幅12.21%；物美大卖场、星城商厦、王府井百货大兴店等万平方米以上商超日均客流1.8万人次，日销售额均超百万元。

（李　刚、刘　丹、王永学）

【再生资源回收网络覆盖全区】大兴区再生资源回收规范管理领导小组结合区域特点，以“合理布局、连锁发展、示范带动、产业升级”为目标，截至年底，新城已建成社区回收站点130个，功能覆盖率达到90%以上。

（李　刚、刘　丹、王永学）

【北京宜家西红门商城隆重开业】11月7日，北京英特宜家置业有限公司在北京最大的宜家旗舰店——宜家西红门商城隆重开业。宜家西红门商城建筑面积12万平方米，营业面积5万平方米，经营家具、家居装饰共计20大类9 000多种商品。开业当日客流量达到4万余人次，销售额超过300万元。

（李　刚、刘　丹、王永学）

【开展餐饮经营单位燃气安全专项整治】大兴区商务委联合消防支队、区质监局、区市政市容委、区城管大队、公安派出所及属地等相关部门，于1月16日至1月25日对区内地区餐饮经营单位开展燃气安全专项整治工作，并将《商业零售和餐饮经营单位安全生产规定宣传册》《餐饮单位应急预案导则》《大兴区合格气站名录》《液化石油气钢瓶安全使用常识》等宣传材料400余份发放到液化气瓶使用单位。

（李　刚、刘　丹、王永学）

【召开安全生产暨市场供应工作部署会】2月7日，大兴区商务委在桐城办公楼四楼会议室召开会议进行部署。大兴区商务委相关领导，驻区商务行业百余家企业参加会议。会议印发了《北京市大兴区商务委员会关于加强商务行业安全生产工作的部署意见》《北京市大兴区商务行业安全生产工作指南》等相关材料，并与企业签订2013年安全生产承诺书。

（李　刚、刘　丹、王永学）

【北京市粮食局副局长徐志坚到大兴区粮食储备库检查指导安全工作】6月8日下午，市粮食局副局长徐志坚带领检查组到大兴区青云店粮食储备库检查指导安全工作。徐志坚同志在认真听取了区商务委（粮食局）、区粮油总公司主管领导关于防火、防汛、储备粮安全度夏等安全工作汇报后，又详细了解了各项安全措施及防汛物资准备情况，并深入青云店粮食储备库开展实地检查。

（李　刚、刘　丹、王永学）

【秋粮粮食质量抽样调查】为全面掌握全区2013年新产原粮卫生整体状况，做好秋粮质量调查和品质测报工作，确保把住粮食食用安全的出口，根据北京市粮食局相关要求，大兴区商务委于12月2日开始，利用3天时间组织人员对2013年新收获的玉米进行了样品采集工作。

（李　刚、刘　丹、王永学）

【参加全国第七届烹饪大赛】2013年，大兴区饮服修旅业行业协会组织小青烧烤等5家企业参加全国第七届烹饪大赛，在北京赛区清真组中积极备赛并取得优异成绩。其中，两家企业获得银牌，两家企业获铜牌，一家企业取得优秀奖。

（李　刚、刘　丹、王永学）

【饮服修旅业行业协会获殊荣】大兴区饮服修旅业行业协会在2013年的工作中，积极组织区内餐饮企业开展各项促销活动，引导企业转变思路、方法，提高企业运营能力。在北京市餐饮行业协会召开的第五届理事会第二次大会上，大兴区饮服修旅业行业协会被评为2013年北京市餐饮业先进协会。

（李　刚、刘　丹、王永学）

【参与北京市商业服务业服务技能大赛】2013年，在北京市商务委举办的商业领域技能大赛活动中，大兴区商联会推荐9名选手参赛。其中，大兴区进入决赛取得佳绩的选手受到市商务委通报表扬，大兴区商联会被授予优秀组织奖。

（李　刚、刘　丹、王永学）

【签订环整承诺书】4月28日，召开环境整治工作会，机关全体人员签订了新区环境综合整治及生态建设工作承诺书。

（李　刚、刘　丹、王永学）

【开展共产党员献爱心活动】6月28日，按照全市部署和区直机关工委《关于组织参加新区2013年“共产党员献爱心”捐助活动的通知》要求，组织全体工作人员开展捐献活动，共69名党员和群众参加了捐款活动，共募集资金6 600元。

（李　刚、刘　丹、王永学）

【参观“永远的雷锋”主题巡展】6月7日，为纪念毛泽东为雷锋同志题词发表50周年，依照区直机关工委的安排，组织党员干部参观了在大兴区文化馆举办的“永远的雷锋”主题巡展。

（李　刚、刘　丹、王永学）

【首家区县级行业工会正式成立】11月15日，大兴区服务工会首届会员代表大会暨大兴区服务工会揭牌仪式正式召开。由大兴区总工会主席郑怀志、大兴区商务委党委书记梁建青为服务工会揭牌。

（李　刚、刘　丹、王永学）

【市政协经济委到京南物流基地考察】5月14日，市政协经济委到京南物流基地开展考察工作。市政协经济委员会主任吴杰、北京市商务委副主任申金升、大兴区副区长喻华锋等领导及30余名政协委员，听取了京南、马驹桥、空港物流基地的相关情况，并对新机场物流规划、临空经济区产业布局以及如何实现首都机场和新机场物流衔接、打造新老机场临空经济发展等方面提出了意见和建议。

（李　刚、刘　丹、王永学）

【成立“北京电子商务中心区建设办公室”】新区为促进电子商务的快速发展，10月正式成立京南物流基地（正处级单位），同时加挂北京电子商务中心区建设办公室铭牌。

（李　刚、刘　丹、王永学）

【2013年执法工作】2013年生猪屠宰、盐政、促销、酒类等执法累计出动748人次。查处盐政违法案件163件，涉及私盐加工窝点2处，其中立案查处2件，没收违法盐产品31 413千克，罚款人民币11 288.29元；2013年大兴区商务委申请财政资金48万元，安装监控摄像探头60个，对两家定点屠宰企业实现了远程监控，保证了大兴区食品市场的安全。

（李　刚、刘　丹、王永学）

【开展商务法规宣传】大兴区商务监督检查所分别于3月15日、5月15日及8月1日开展了大型宣传活动，通过制作展板，发放宣传材料、实物讲解等不同宣传形式向消费者宣传各项商务法律、法规，现场发放各类宣传材料2 800多份，接受群众咨询千余人次。

（李　刚、刘　丹、王永学）

对外经贸

【商贸领域成为外商投资热点】2013年批发和零售业实际利用外资达到15 006万美元，占比达到83.5%，合同外资20 308万美元，占比达到95.9%。

（李　刚、刘　丹、王永学）

【国基创新园被授牌商务服务业集聚区】6月1日，在京交会“北京主题日”上，大兴区国基创新园被北京市商务委认定为北京市首批商务服务业集聚区并授牌。国基创新园位于大兴区庞各庄镇，建筑面积5万平方米，现入驻企业163家，商务服务业企业占比75%。

（李　刚、刘　丹、王永学）

【办理外资行政许可68项】2013年为外商投资企业办理各类设立及变更等行政许可68项，发放外商投资企业批准证书39个。

（李　刚、刘　丹、王永学）

【做好外资企业服务】2013年共接待来人来电咨询4 113次、网上咨询128次；加大对重点外资投资项目的服务力度，2013年重点外资投资项目新批和增资合同外资2亿美元，占全区合同外资的94.5%。

（李　刚、刘　丹、王永学）

【办理对外贸易行政许可640项】2013年共办理对外贸易行政许可640项，其中：生产能力证明18项、权限内加工贸易合同的审批72项、权限内加工贸易合同变更的审批36项、对外贸易经营者备案登记296项、对外贸易经营者备案变更登记218项。

（李　刚、刘　丹、王永学）

【境外投资大幅增长】2013年共审核境外投资12项，新增境外企业6家，投资总额2 575万美元，同比增长222.3%，主要投向美国、中国香港和英属维尔京群岛等国家和地区。

（李　刚、刘　丹、王永学）

【进出口总额同比增长情况】2013年大兴区外贸进出口总额达约13.1亿美元，同比增加18.8%；其中，出口首次超过7亿美元，达到7.2亿美元，同比增长16.5%，进口约6亿美元，同比增长21.6%。进出口增速在城市发展新区中排名第五。

（李　刚、刘　丹、王永学）

【自主知识产权和自主品牌企业发展情况】2013年，大兴区拥有自主知识产权和自主品牌的企业由原来的11家增加至59家，占全区外贸出口企业总数的11.3%。

（李　刚、刘　丹、王永学）

【引导企业投保国家政策性保险】两次联合中国出口信用保险公司、中国国际电子商务中心、北京农商银行举办进出口政策说明会，帮助区内外贸出口企业利用国家政策性工具规避收汇风险，提高企业的接单能力。全区80家小微出口企业办理了免费投保手续。

（李　刚、刘　丹、王永学）

【支持企业建立外贸公共服务平台项目】北京北鹏新型建材有限公司、北京贞玉民生药业有限公司通过外贸公共服务平台专项资金项目专家评审，申报资金总额为1 351万元人民币。

（李　刚、刘　丹、王永学）

【支持中小企业开拓国际市场】引导和帮助近70家企业申报中小企业国际市场开拓资金项目，争取国际市场开拓资金200余万元。

（李　刚、刘　丹、王永学）

名　录

单位名称：北京市大兴区商务委员会
主　　任：梁建青
地　　址：北京市大兴区永华南里14号
电　　话：81298206
传　　真：81298204
邮　　编：102600
网　　址：www. dxsw. cn

（李　刚）

昌平区

概　　况

2013年，昌平区商务委认真贯彻落实党的十八大、市第十一次党代会和区委四届四次、五次全会精神，以“深入推进三个商务指标增长、系统推进三项民生工程建设、加快推进三个重点项目进度”为核心，扎实推进商务领域各项工作全面发展。

社会消费品零售额实现297.2亿元，同比增长6.0%，总量列城市发展新区第二；实际利用外资9 865万美元，增长6.2%，总量列城市发展新区第四；进出口总额实现37.1亿美元，增长35.1%，总量列城市发展新区第三；离岸服务外包收入实现1.35亿美元，同比增长11%，在服务外包示范区产业发展绩效考评中名列第二。

（赖金坚）

商业流通

【拓展建设20家社区蔬菜网点连锁直营店】在2012年的基础上，按照“统一采购、统一配送、统一管理、统一标准、统一标识”的要求，拓展开设20家社区蔬菜网点连锁直营店，进一步方便了社区居民购菜。

（赖金坚）

【开通蔬菜直通车运营销售网点15个】为解决老旧社区居民购菜难问题，制定了《昌平区蔬菜直通车进社区试行方案》，购置10辆车辆，开通蔬菜直通车运营销售网点15个，覆盖50个小区。

（赖金坚）

【规范2个社区菜市场和1个农集贸市场】按照北京市《社区菜市场设置与管理规范》，在北七家镇和霍营街道办事处规范改造2个社区菜市场，在延寿镇下庄村规范升级1个农集贸市场。

（赖金坚）

【新增早餐示范店10家】为解决居民早餐难问题，大力推进早餐工程建设，投资1 180万元，新增早餐示范店10家。

（赖金坚）

【新建30个回收站点】继续推进再生资源回收体系建设，按照昌平区政府为民办实事工程的要求，新建30个规范化的回收站点。

（赖金坚）

【促消费工作持续加强】制定了《昌平区2013年“促消费”工作实施方案》，组织开展了2013汽车消费节、秋冬购物季主题促销活动和元旦、春节、清明等传统节日促销；充分利用首届北京农业嘉年华活动时机，组织零售及餐饮企业在活动现场累计接待顾客15万余人次；召开了规模餐饮企业座谈会，引导餐饮企业积极应对形势变化，大力调整经营结构；组织餐饮企业员工351人，开展了营养配餐员培训；开发了环乐购昌平消费平台。

（赖金坚）

【加快推进重点商业项目建设】金隅万科广场、华联回龙观2号店和泰华龙旗购物中心相继开业；长城国际名品购物中心项目列入北京市绿色审批通道；宜家家居昌平项目完成初步选址。

（赖金坚）

【对72家成品油零售企业经营资质年检】按照《商务部成品油市场管理办法》，对全区成品油零售企业经营资质进行了年度检查，72家成品油零售企业完成了经营资质年检；对7家成品油零售企业经营批准证书进行了变更。

（赖金坚）

【新增酒类流通备案商户250家】新增酒类流通备案商户250家，变更登记36家，销售酒类流通随附单1 050本，发放“不向未成年人售酒”标识牌750个。

（赖金坚）

【加大行业安全监管力度】商业和餐饮业检查累计出动执法人员1 480人次，检查企业502家次，查出安全隐患286项已全部整改完毕；食盐检查累计出动执法人员400余人次，执法检查110次，检查销售网点及食品加工用盐单位800余家，罚没私盐110吨；查处取缔私屠滥宰窝点5个；检查洗浴和美容美发经营场所51家；12312商务举报（投诉）中心受理举报（投诉）5起。

（赖金坚）

【加快发展现代服务业】配合发改委做好《昌平区产业转型升级政策》及其实施细则的制定和实施；组织会展企业申报项目11个，进驻会场协调服务全国汽车配件交易会和北京国际工程机械展；组织开展了仓储设施专项调查和物流设施状况调查；完成3家直销企业服务网点的确认；对14家典当行及3家分支机构完成年度核查。

（赖金坚）

外经外贸

【新批三资企业16家】新批设立外商投资企业16家，合同外资3.0亿美元。

（赖金坚）

【11家三资企业增资】11家外商投资企业增加合同外资1.6亿美元扩大生产经营规模。

（赖金坚）

【13家企业在境外设立公司】境外投资取得新进展，13家区内企业分别在美国、加拿大、韩国等国家和地区设立了13家公司，投资总额2 893万美元。

（赖金坚）

【组织参加京港洽谈会】组织参加第二届中国（北京）国际服务贸易交易会、第17届京港洽谈会，现场签约北大国际医院康复中心、海科融资租赁2个项目。

（赖金坚）

【促进对外贸易发展】办理企业对外贸易经营者备案333家，变更47家。

（赖金坚）

【积极做好加工贸易审批管理】实地验厂30次，审批加工贸易合同245个，审批金额10 238.7万美元。

（赖金坚）

名　　录

单位名称：北京市昌平区商务委员会
主　　任：云富勇
地　　址：北京市昌平区南环路55号
电　　话：69746220
邮　　编：102200

（赖金坚）

平谷区

概　况

2013年平谷区实现社会消费品零售额75亿元，同比增长12.1%，在五个生态涵养发展区排名第二。增长主要原因是：新引进企业鑫海韵通价格适中，促消费活动较多，增幅较高；4家汽车企业增速较快；小型门店及商品交易市场交易活跃。

2013年全区合同利用外资8 996.9万美元，同比增长8.1%，在五个生态涵养发展区排名第二；实际利用外资7 206万美元，与上年持平。

（匡　霞）

商业流通

【生活服务业网点布局】积极引进新的商业企业和连锁企业进驻平谷，推广连锁化、品牌化、规模化经营。国泰百货引进一批新的品牌商品进驻，格林豪泰酒店和七天连锁酒店已经进驻平谷并营业。

（匡　霞）

【政策扶持】制定实施了《北京市平谷区2013年繁荣商业经济、保增长工作奖励办法》，鼓励和调动商业企业促消费的积极性。同时，加强市场管理和统计分析，及时掌握情况，有针对性地采取相应措施。

（匡　霞）

【促消费活动】积极引进新的商业企业和连锁企业进驻平谷，联合商家开展了商场店庆促销、家店促销、印制宣传彩页、发放宣传海报、产品展示等形式多样的促消费活动。

（匡　霞）

【高端商务区建设】御马坊一期展示中心项目已完工，试运行；东区仓储地块控规已上报市规委并准备土地收储工作；御马坊西区控制已上报市规委。“万德福商业广场”已完成主体工程。万德福广场项目主体建筑面积32万平方米，商业设施13万平方米，其中商业综合体6.5万平方米。已确定和华联集团合作，2014年9月底前交付华联集团，预计2015年元旦开业；高档酒店地上面积2.66万平方米正在开展招商活动。

（匡　霞）

【马坊物流基地建设】投资6 000万元的电子商务聚集区项目已建设完成，已有8家公司入驻；投资2亿元的御马坊东区展示中心项目已完工；依托温州商会建设的物流总部基地配套工程A栋主体结构已封顶；北京平谷国际陆港仓储及展示交易中心项目主体结构4层完工，正在进行5、6层主体结构施工；北京平谷国际陆港仓储项目1、2号冷库土建基础完成，正在进行主体钢结构建设，4、5号冷库主体钢结构已完成，正在进行货架安装，普通仓库已基本完成，正在进行室外配套工程建设；北京平谷国际陆港（口岸功能区）2万吨冷库已完成主体建筑，处于试运行阶段。

（匡　霞）

【构建便民商业网络体系】推进社区商

业便民服务，打造居民社区消费“一刻钟服务圈”。2013 年完成 5 个社区早餐、蔬菜、便利店、废旧物资回收等 7 种便民商业全覆盖，5 个社区全部验收通过。计划 2014 年完成 11 个社区的商业便民全覆盖，实现全部社区 100%覆盖。制定了一系列商业便民规划方案。为深入贯彻落实北京市政府和北京市商务委关于蔬菜零售网点的建设要求，制定了《平谷城区蔬菜零售网点建设规划》；根据《平谷区应急物资保障能力建设方案》要求，制定了《平谷区生活必需品应急预案》，确保发生突发事件时人民群众日常生活必需品的紧急供应。

（匡　霞）

【开展废旧物资回收站点建设工作】在对已有的 19 个站点规范管理的基础上，2013 年选定了 3 个社区建设回收站点，目前已全部完成乐园西小区、怡馨家园等 3 个回收站点建设任务。2013 年酒类备案任务 100 户，已经完成 145 户，超额完成全年任务。

（匡　霞）

【构建新型农产品流通体系】全区共有 18 个合作组织进行农产品流通项目申报。其中农超对接项目 23 个，新建直营店 10 个，新开网店 4 个，新建外省销售平台 10 个，改造农产品市场 3 个，新建仓储分拣车间4 319平方米，新增加工设备 33 套。平谷区农产品销售渠道进一步拓展，销售组织营销能力进一步提高。

（匡　霞）

【加强流通领域商务执法】坚持对规模以上商业零售和餐饮经营企业的安全生产全覆盖，开展各类专项治理行动，积极动员部署安全标准化建设。加大食盐、生猪屠宰、再生资源、酒类、粮食等 13 项行业监管力度，建立行业监管工作平台，保障相关市场的流通秩序，提高商业企业安全生产水平。同时，为规范成品油和典当行业市场秩序，加大了对成品油市场和典当行业的核查监管力度，保障这两个市场健康有序发展。加强餐饮油烟污染控制，开展餐饮行业的专项检查。以经营面积 500 平方米以上的大中型餐饮单位为重点，要求饮食服务经营场所必须安装油烟净化设施。目前 22 家监管的餐饮企业已全部完成，确保了污染物排放达标。

（匡　霞）

【粮食管理】完成了平谷区社会粮食供需平衡调查、食用油调查工作；对 78 个城乡粮情固定调查户进行系统检查和指导，确保台帐真实反映平谷区农村居民粮食流通、库存情况；退耕还林补助粮发放完毕，2012—2013 年退耕还林核定亩数 5.8 万亩，发放补助粮（面粉）2 046吨；加强对已获得粮食收购资格的 21 家企业的监督检查和后续监管工作；及时发放粮贸公司困难职工补贴，共发放补助资金 137 万元；加强区级储备原粮轮储、监管工作，已经轮换5 000吨，保障了平谷区粮食安全。

（匡　霞）

对外经贸

【促进外向型经济转型升级，打造对外经贸三块牌子】一是平谷区创建国家级出口食品农产品安全示范区工作已经通过验收、授牌。二是平谷区食品农产品出口基地通过 2013 年第二批北京市外贸转型升级示范基地评审会评审，成为平谷区继平谷区乐器出口基地后的第二个市级外贸转型升级示范基地。目前，相关部门正在完善资料，积极申报国家级外贸转型升级示范基地。三是做好总部经济和商务服务业集聚区认定命名工作。经过各集聚区自主申报、区县初审、现场核查、专家评审，平谷区兴谷开发区被授予“北京总部经济发展新区”称号并在京交会“北京日”活动上正式授牌，此后，兴谷开发区将享受北京市相关的政策扶持，推动平谷区经济发展。

（匡　霞）

【打造外经贸发展平台，优化投资环境】 一是优化投资环境，压缩审批时限。对外资、外贸类行政许可和日常服务事项进行受理，实行预约审批、网上审批，最大限度压缩审批时限，承诺审批时限为全市最短。

二是帮助企业开拓国际市场。已完成2013年中央、北京市及平谷区中小企业开拓国际市场项目申报，资金已到位，共为30家企业争取扶持资金共计213.5万元。

三是做好四大展会组织筹备工作。第一，进行京交会筹备工作。平谷区在第二届京交会上推出马坊物流基地、乐谷、通航产业基地三个板块，在京交会北京日活动中推出两个签约项目，分别为马坊物流及物联网信息技术产业中心项目及马坊北酒所合作项目，签约总金额为8 300万元人民币。第二，进行侨洽会筹备工作。作为京交会分会场的侨洽会在水立方举办，本次侨洽会重点推出北京市基地项目，平谷区的马坊物流基地和平谷区乐器基地在侨洽会上进行了展出。第三，组织企业参加海拉尔中俄蒙边贸洽谈会。第四，组织企业参加广交会。

（匡　霞）

名　录

单位名称：北京市平谷区商务委员会
主　　任：梁　军
地　　址：北京市平谷区府前街七号
邮　　编：101200
电　　话：69962955
传　　真：69962955

（匡　霞）

怀柔区

概　　况

北京市怀柔区商务委员会2013年完成社会消费品零售额101.66亿元，同比增长13.2%，首次突破了百亿大关，在五个生态涵养区中，增速居于第一位；完成实际利用外资3.78亿美元，同比增长83%，创下历史最高水平，在五个生态涵养区中总量第一；进出口总额7.44亿美元，超额完成年度指标149%。

（张　蕊）

商业流通

【召开商务工作会】2月27日，区商务委组织召开怀柔区2013年商务工作会，区直相关部门、镇乡、街道主管领导及重点商业服务业企业、外商投资企业及进出口企业负责人参加。对评选出的2012年商务系统先进单位进行了表彰。

（张　蕊）

【“怀柔会展网”上线】2月28日，由北京市怀柔区商务委主办的“怀柔会展网”（www.micehuairou.gov.cn）正式上线运行。

（张　蕊）

【荣获北京市促消费突出贡献单位】3月1日，区商务委在2013年北京市商务工作会上获得市商务委颁发的“2012年北京市促消费贡献突出单位”殊荣。这是区商务委连续三年被评为“北京市促消费突出贡献单位”。

（张　蕊）

【完成2012年度粮食行业机构及从业人员情况调查】3月15日，顺利完成怀柔区2012年度粮食行业机构、从业人员及教育培训情况的调查统计工作。统计结果显示，目前怀柔区非国有粮食流通领域总体呈现出“两增一减”的特点：粮食机构数量增加，同比增加10%；具有大专及以上学历的人员数量增加，同比增加7.1%；同时女性员工数量减少，同比减少44.1%。

（张　蕊）

【开展碘盐宣传活动】5月15日，区商务委联合区疾控中心、盐业公司，在大星发农发地农副产品批发市场开展以“科学补碘 保护智力 成就梦想”为主题的现场宣传活动。

（张　蕊）

【开展服务技能培训】5月17日，区商务委聘请国家高级企业培训师崔德清老师对商业员工进行了服务技能培训，怀柔区京北大世界等大中型商场共80余人参加了此次活动。

（张　蕊）

【开展再生资源整治行动】5月22日，怀柔区再生资源非法回收站点整治工作全面启动。此次行动，共出动人员29人，出动货车6辆、铲车1辆、叉车1辆共计11车次，查扣废金属2吨、废纸0.4吨、废瓶2 000个、废编织袋1 500个。

（张　蕊）

【组织参展京交会】5月28日，参加第二届中国（北京）国际服务贸易交易会“北京馆日”系列活动，怀柔板块以多种形式宣传本区特色。

（张　蕊）

【加油站年审工作】组织环保、工商、质监、安监、消防等部门对怀柔区26家加油站进行联合现场年检，按质按量地完成怀柔区成品油经营企业资格年度现场联合检审工作，26家加油站现场年检合格率达100%。

（张　蕊）

【总部经济发展新区授牌】6月1日，北京市总部集聚区授牌仪式在京交会“北京日”主题活动举行。经区商务委与雁栖经济开发区联合申报，怀柔区雁栖经济开发区被正式认定命名为全市第一批总部经济发展新区，副市长程虹，市商务委有关领导，区委副书记、代区长常卫出席活动，市商务委主任卢彦为各区县集聚区授牌，雁栖经济开发区管委会主任周福枢上台接牌。

（张　蕊）

【举办2013年家装家电购物季】7月30日，怀柔区2013年家装家电购物季主题促销活动启动仪式在瑞特沃斯外广场隆重举办，标志着2013年家装家电购物季正式拉开序幕。

（张　蕊）

【外贸企业电子商务平台建设宣传推介会】9月24日，区商务委举办外贸企业电子商务平台建设宣传推介会，区内的红螺食品、富亿农板栗子、御食园、蓝天白鸽、奥康达等多家企业的外贸负责人参加。

（张　蕊）

【召开2012年促消费奖励资金工作会】10月10日，区商务委组织区内38家重点商业企业召开2012年促消费奖励资金工作会。会上对2012年促消费工作进行了总结，对2013年四季度工作开展提出了要求，并宣读了《北京市怀柔区促消费奖励资金实施办法》，对符合奖励标准的企业发放了促销费奖励资金。

（张　蕊）

【开展诚信兴商宣传月活动】10月22日，区商务委组织的2013年诚信兴商宣传月活动圆满结束。宣传月活动共组织现场宣传2次，店内广播136次，悬挂宣传横幅、展板11个，张贴宣传画170余张，发放宣传折页30 000多份。此外，京北大世界、苏宁等企业利用中国移动发布了服务短信40 000余条。

（张　蕊）

【发送安全生产管理台帐】10月22日，区商务委召开怀柔区商务行业安全生产规范管理工作会暨安全生产管理台帐发送工作会。区商务委向13家重点商业、餐饮业企业代表发送了安全生产管理台帐。

（张　蕊）

【全市商务行业安全生产联组建设工作暨现场观摩会】11月20日，“全市商务行业安全生产联组建设工作暨现场观摩会”在怀柔召开，张勇副区长、市商务委赵立宗副巡视员、安监处处长范瑞等市商务委领导及16个区县商务委代表参加了此次观摩会。

（张　蕊）

【商务行业安全生产标准化达标工作】2013年，在规模以上商业零售和餐饮经营单位中推进安全生产标准化工作，共有8家企业通过安全生产标准化三级达标企业。

（张　蕊）

【与东城区商务委进行商业项目对接】 11月26日，区商务委与东城区商务委进行商业项目对接，组织东城区内东来顺、稻香村、盛锡福、隆福寺、工美大厦等11家传统老字号商业企业来怀考察特色商业街区项目，区商务委、雁栖镇有关领导陪同考察。老字号企业对在乡情大道商业街入驻商铺均表示了合作意向，双方建立了初步联系，下一步将进行具体的招商引资洽谈。

（张　蕊）

【完善蔬菜零售网络】 起草制定了《怀柔区加强蔬菜零售网络体系建设的实施意见》，引进了3家具有一定规模和实力的企业来怀经营。指导天毅裕隆农副产品市场建设，为该项目向市级商业流通发展资金争取扶持资金200万元。继续开展农超、农餐对接工作，累计采购量同比增长20%。

（张　蕊）

【再生资源回收体系建设工作】 完成了11个镇乡、街道回收亭前期建设摸底工作，并在北房镇、杨宋镇新增6个再生资源回收亭。对城乡接合部、旅游沿线两侧及联络线周边违规再生资源回收站点进行拉网式清理。出动执法人员446人，清理整顿70家，下发整改通知200余份。截至2013年年底，怀柔区再生资源回收体系已初具规模，现有前端回收亭73个，电动回收车21辆，封闭运输车2辆，专业化分拣中心1座，基本实现城市社区与千人以上农村规范化回收功能全覆盖。

（张　蕊）

【便民网点连锁化工作】 2013年，以亿多星为主体企业，改造完成10个社区商业便民网点。

（张　蕊）

【2013年粮油供需平衡调查工作】 2013年，调查14镇乡、2个办事处及雁栖经济开发区。通过采用抽样调查、全面调查和重点调查等调查方法，对全区60个城乡家庭住户、137家粮油经营和转化企业以及餐饮企业进行了调查。及时将调查数据及分析报告上报市粮食局。

（张　蕊）

【粮食收购资格审批工作】 2013年，新审批粮食收购企业4家，累计审批31家。

（张　蕊）

【2013年退耕还林粮供应工作】 2013年，退耕还林验收合格面积6.2万亩，涉及13个镇乡的197个村，供应近2.6万户，共计发放补助粮2 094.1吨，其中大米1 119.3吨，面粉938.9吨，小麦35.9吨。

（张　蕊）

【完成单用途预付卡备案工作】 根据商务部及北京市商务委的统一部署，完成3家区内规模以上发卡企业备案。组织开展单用途预付卡管理工作检查，检查企业4家，未发现违规问题。按照法规要求，督促企业及时准确上报《业务情况季报表》，并认真完成数据核对确认工作。

（张　蕊）

对外经贸

【外资审批情况】 2013年新批外商投资企业11家，累计投资总额10 105.045 8万美元，注册资本3 700.716 9万美元，合同外资3 700.716 9万美元，7家企业均为从事技术、信息咨询、活动策划等内容的服务类行业。共有7家外商投资企业实现增资，投资总额累计增加额为5 842.285 5万美元，注册资本累计增加额为

4 989.504 6万美元，合同外资累计增加额为4 964.034 6万美元 。迁入企业 4 家，投资总额 1 402.046 1 万美元，注册资本 800.777 万美元，合同外资 612.927 万美元。三资企业合同章程审批共出件 68 份，换发外商投资企业批准证书 54 份，海外企业审核 14 家，受理不同类型外商来华邀请函件 32 份，共计 32 人次。

（张　蕊）

【加工贸易审批情况】2013 年，共审批加工贸易合同审批 163 件，其中：审批新合同 79 份，合同变更 84 份，保税进口料件转内销 30 份。实现进出口总额20 536.668 9万美元，其中出口16 649.794 4万美元，进口3 886.874 5万美元。

（张　蕊）

【增资企业情况】2013 年，共有 7 家外商投资企业实现增资，投资总额累计增加额为5 842.285 5万美元，注册资本累计增加额为4 989.504 6万美元，合同外资累计增加额为4 964.034 6万美元 。

（张　蕊）

【外资迁入企业情况】2013 年，外资迁入企业 4 家，投资总额1 402.046 1万美元，注册资本 800.777 万美元，合同外资 612.927 万美元。

（张　蕊）

【加工贸易审批情况】2013 年，共审批加工贸易合同审批 163 件，其中：审批新合同 79 份，合同变更 84 份，保税进口料件转内销 30 份。实现进出口总额20 536.668 9万美元，其中出口16 649.794 4万美元，进口3 886.874 5万美元。

（张　蕊）

【大厅日常工作】2013 年，窗口三资企业合同章程审批共出件 68 份，换发外商投资企业批准证书 54 份，海外企业审核 14 家，受理不同类型外商来华邀请函件 32 份，共计 32 人次。中心窗口获服务标兵 1 人次。

（张　蕊）

名　　录

单位名称：北京市怀柔区商务委员会
主　　任：焦文东
地　　址：北京市怀柔区迎宾中路 21 号
邮　　编：101400
电　　话：69645258
传　　真：69647234
网　　址：www.bjhrbc.gov.cn

（张　蕊）

密云县

概　　况

2013年，密云县实现社会消费品零售总额116.2亿元，同比增长10.1%，在五个生态涵养发展区中，零售额总量居首位，增速居第五位。外贸出口总额达到3.92亿美元，同比增长10%，总量在五个生态涵养发展区中排名第一。密云县商务工作都取得了较好的成绩，2013年度被北京市粮食局评选为“北京市粮食流通统计工作先进单位”。

（胡婷婷）

商业流通

【总部经济发展新区】2013年，密云县生态商务区被市商务委命名为北京市总部经济发展新区，为区域发展总部经济奠定良好基础。积极组织重点开发区全力申报总部经济集聚区命名，最终促成生态商务区成为北京市总部经济四大发展新区之一。随着北京市总部经济政策的出台，密云县将享受更多的发展扶持政策，实现远郊区县总部经济的跨越式发展。

（胡婷婷）

【京交会上取得丰硕成果】5月28日至6月1日，第二届京交会在北京举行，密云县依托生态优势参会，突出绿色国际休闲之都建设特色，取得丰硕成果：密云以生态及北京数字信息产业基地功能区为优势获得120平方米展示区，发放宣传材料400余份，开展有效洽谈30余家。在闭幕式上，王海臣县长代表密云县政府与华润弘景（北京）房地产开发有限公司签约华润五彩城商业综合体暨北京郊区休闲商业中心项目，投资总额1.5亿美元。

（胡婷婷）

【努力推进“菜篮子”工程】在2012年先期启动“菜篮子”工程的基础上，2013年由大象（北京）食品有限公司再完成10家社区便民菜店建设试点任务，为群众购买蔬菜等鲜活农产品提供了便利。

（胡婷婷）

【继续推进再生资源回收体系建设】2013年建设完成6个规范化回收站，分别在石桥、檀州、亚澜湾等社区。2013年，继续加大回收市场整治力度，开展联合执法行动，已有21家进入山林丰再生资源回收市场规范经营，2家被取缔。

（胡婷婷）

【积极开展“农餐对接”工作】2013年，密云县洪福环宇及金地来大酒店2家餐饮公司成为北京市开展“农餐对接”工作的试点单位，两家公司分别与密云农业生产基地签订了农产品购销协议，两家企业共使用蔬菜、杂粮等原材料万余吨，与农产品生产基地实现了互惠互利，为广大消费者提供了安全卫生、物美价廉的食品。

（胡婷婷）

【开展百货店分等定级工作】根据《商务部关于开展零售企业分等定级试点工作的

通知》精神，北京鑫海韵通商业大楼密云百货店成功申报达标百货店。

（胡婷婷）

【加强粮食流通管理】2013 年，密云粮油市场安全稳定，全面掌握社会粮食供需平衡情况，确保粮食质量合格率和宜存率均为 100%，具有粮食收购资格的企业全部建立了粮食质量档案，完成 16 个乡镇的退耕还林补助粮供应底账核对工作和粮食供应工作，《密云县粮食供给应急预案（2013 年修订）》编制印发。

（胡婷婷）

【单用途商业预付卡规范管理工作】2013 年，对密云县重点发卡企业进行了“实名登记、非现金购买、限额发行”等三项制度的动员和培训，向发卡企业宣传《单用途商业预付卡管理（试行）办法》。

（胡婷婷）

【行业安全生产监管不放松】认真落实安全生产责任制，与 53 家重点企业签订《2013 年度安全工作目标管理责任书》。开展行业安全生产标准化建设工作，共有物美鼓楼大卖场等 14 家企业通过县三级标准验收，开展专项整治活动，开展了“商务行业及商品交易市场安全生产大检查专项整治”等活动 8 次，印发了 5 期专题《简报》，检查企业1 106家次，查出问题或隐患 709 项，均已在规定时限内督促整改完毕。

（胡婷婷）

【酒类经营者备案工作】2013 年，密云县新备案登记酒类经营户 167 家，总数达到 4 661余家，完成应备案户数的 90%以上，备案率名列全市区县前茅。

（胡婷婷）

【行业执法常态化】认真开展行业安全执法检查工作，对规模以上重点单位实现安全检查全覆盖。共出动执法人员1 686人次，出动执法车辆 523 车次，检查生猪定点屠宰企业 55 个次，检查集期市场 46 个次，检查商场超市 773 个次，餐饮业 365 个次，检查民俗户 62 户次，检查粮食仓储企业 20 个次，检查生猪产品经营户 63 户次，食盐经营户 843 户次，检查粮食经营户 35 户次，商业零售业、餐饮业安全生产 356 户次，检查酒类登记备案 796 户次，食品安全 127 户次，大排档 135 户次，可燃物清理 61 户次，煤气中毒 134 户次。共消除各类安全隐患 17 处。

（胡婷婷）

外经外贸

【概述】2013 年，密云县外贸出口总额达到 3.92 亿美元，同比增长 10%，总量在五个生态涵养发展区中排名第一。

（胡婷婷）

【认真为外经贸企业服务】2013 年，密云县商务委审批加工贸易合同及其变更业务审批 936 项，完成对外贸易经营者备案企业 94 家；审批加工贸易企业生产能力证明 32 家；圆满完成 2013 年度第一批中小企业国际市场开拓资金拨付申请书面材料初审工作。

（胡婷婷）

【外商投资情况】2013 年，全县新批外商投资企业 16 家，投资领域主要涉及商业批发、咨询、管理等行业。投资总额 1 961.94万美元，协议外资 928.89 万美元，实际利用外资 983.6 万美元，比上年同期增长 67%。

（胡婷婷）

名　　录

单位名称：北京市密云县商务委员会
主　　任：彭兴宝
地　　址：北京市密云县檀西路21号
邮　　编：101500
电　　话：89089310
传　　真：89089320
网　　址：www.bjmycom.gov.cn

（胡婷婷）

延庆县

概　　况

2013年，面对复杂严峻的国内外经济形势，商务系统广大干部职工在县委、县政府的正确领导和市商务委的具体指导下，紧紧围绕全县工作大局，按照“统筹协调、稳中求进”的总基调、“特色商务、生态商务、和谐商务”的总目标，以“世葡会”工作为重点、“惠民生、保增长、促发展”为要务，有序推进重点工作落实，带动常规工作完善，较好地完成了全年各项任务，全县内外贸继续保持健康发展的良好态势。

（段文江）

商业流通

【消费品市场持续稳定增长】2013年，全县社会消费品零售额完成92.2亿元，同比增长11.1%；商业税收完成3.9亿元。

（段文江）

【搭建消费促进平台，促销效果显著】推进节假日消费，结合“春节、五一、十一”等黄金周，组织重点商企业开展形式多样的促销活动；开展以“维民益惠民生、强服务创一流”为主题的商业消夏节活动；举办以“信誉服务、满意消费”为主题的2013延庆购物季活动。全年，本县人民商场、中踏广场等13家重点商企业销售额达18.2亿元，同比增长8.4%。其中11家重点商场超市销售额8.3亿元，同比增长9.2%；日上、恒生两大市场交易额9.9亿元，同比增长7.8%。

（段文江）

【深化宣传引导平台，开展电视促销宣传工作】与县电视台联合制作了10期商业直通车栏目，对本县商企业促销活动进行了宣传报道；继续推广延庆十大特色餐饮宣传工作，印制了1 000本宣传荟萃以及2 000册宣传折页，发放到旅游景区、酒店、旅游资讯中心和餐饮企业，最有效、最大化地宣传延庆特色餐饮，为打造本土餐饮品牌助力；组织召开本县餐饮业现状及发展策略研讨会，坚定企业信心，更新经营理念，加强内部管理，优化配置资源，抓好软硬件建设，做好食品宣传推广和卫生安全工作。

（段文江）

【创新农产品流通模式，实现万吨蔬菜进京城】绿富隆公司和绿菜园蔬菜生产合作社采取开办周末菜市、农超、农餐、农校、农社等多种对接形式的流通模式，不断提高延庆蔬菜在京销售的市场占有率，全年共销售各种蔬菜11 699.1吨，销售额达4 704.4万元。特别是，在高档社区、公寓、机关设置时鲜快递智能柜，为在京城的300个外交公寓、使领馆、机关单位、外交学校实施网上订购快递配送业务，提高了延庆有机蔬菜的附加值。

（段文江）

【延伸“一刻钟便民服务圈”，方便居民生活】经与县社会办共同协调推进工作，完成了乐然居、温泉西里、燕水家园、国润家园、双路社区、石河营西、珍珠泉乡社区7社区“一刻钟便民服务圈”建设，更好地服务了居民日常生活。

（段文江）

【规范再生资源回收网络】在康庄、八达岭、永宁、旧县、张山营的千人以上大村新建5个回收站点。制定了《再生资源回收摊点规范化治理工作方案》，指导回收企业做好规范化治理工作，实现环境治理、减少污染、提升城市优美度的目标。

（段文江）

【提规模上档次，开展端午文化节活动】组织协调各部门精心策划了包粽子比赛，吸引了千余名市民亲手体验包粽子的乐趣。小吃展卖区域比上年扩大种类与规模，三天营业收入10万元。此次活动受到了市民的热捧，烘托了端午文化氛围。

（段文江）

【积极参加小吃展卖活动】依托长城森林音乐节、第15届北京国际航空展的举办契机，展卖20余种富有延庆特色的小吃、点心，受到了参观者的好评，对宣传延庆特色餐饮起到了积极作用。

（段文江）

【推进国有企业改革平台】为实现政企分开，从整体上优化资源配置，经县政府研究同意，将北京市延庆医药药材公司整体划转给县商贸总公司，并于5月完成整体划转工作。此次改革，解决了企业经营困难，盘活了全县国有资产存量，保证了国有资产保值增值，有利于促进本县经济持续健康发展，维护政治、社会局面的稳定。

（段文江）

【稳步推进“世葡会”葡萄酒博览会工作】已有109家国际酒庄、118家国内酒庄达成参展意向；通过邀请函、官方网站、专业媒体等渠道，全面推介博览会；初步设计巅峰挑战赛、中外葡萄酒文化展示、产经论坛、主题活动等多个会时活动方案；有效推进与意大利罗马会展中心、国际葡萄与葡萄酒组织（O.I.V.）、意大利图西亚经济特区联合会、法国香槟—阿登大区的友好合作；经招投标确定博览会主场运营、运输代理公司；通过与多个部门对接，研究运输报关、检验检疫、应急保障等会时保障措施。

（段文江）

【全力做好“世葡会”餐饮服务接待工作】制定了“世葡会”餐饮服务方案；新城服务楼、凯思大酒店、新风大酒店和燕春饭店共花费266.2万元对内部环境进行了装修改造。为提供高品质的服务保障，组织304人参加了商业企业管理、餐饮业技能培训。

（段文江）

【强化保障调控体系建设】为做好在自然灾害、战时需求及其他突发事件状态下的商业应急保障，进一步完善了《延庆县生活必需品应急保障预案》《延庆县商业防汛抗灾应急保障预案》；为确保突发情况下全县粮食供应平稳安全、运转高效，制定了《延庆县粮食供给应急预案》，确定了全县粮食应急供应保障网络；为保障商务系统在发生突发事件时能够及时、快速、有序地投入到工作当中，制定了《延庆县商务系统突发事件应急预案》，维护商务系统平稳运行。

（段文江）

【组织宣传教育培训，提高企业安全生产意识】签订2013年度责任书，进一步落实安全生产企业主体责任和行业监管责任。结合“安全生产月”、“119”消防安全宣传周等活动，集中开展安全生产宣传教育活动

8次，通过户外电子显示屏和宣传栏播放、张贴宣传标语850条，向群众发放宣传材料2 000份，组织安全生产、消防安全培训2次，开展燃气安全使用咨询活动4次，督促规模以上企业开展应急演练活动68次。引导安全生产联组建设工作，定期组织各成员单位召开安全生产经验交流、观摩学习和互查活动。推进安全生产标准化创建工作，2013年度完成了京客隆延庆店的安全生产标准化三级评审工作。

（段文江）

【落实行政执法责任，开展各类专项执法检查】重视日常执法检查，对全县规模以上商业零售和餐饮经营单位进行全覆盖检查，同时强化专项执法检查，加强节假日、“两会”及十八届三中全会期间的检查力度，并先后开展了“冬春季火灾防控”“燃气安全大检查”“打非治违”“商市场专项治理”等10余项专项检查和错时夜查行动。完善执法协作机制，配合市督查组对本县进行商务行业安全生产大检查工作，参与区县安全生产互查互访、经验交流活动，积极与县消防、安监、质检、工商、燃气办等部门协调联动，形成执法合力，增强行业安全监管的叠加效应。

（段文江）

【加大执法力度，确保商业安全】全年共出动执法检查人员3 483人次，检查经营单位968家次，下发限期整改通知书43份，立案2起，罚款16 684.5元，涉及安全生产、食品安全、商业流通安全、食盐购销和使用情况、酒类流通管理、粮食管理等重点领域。

（段文江）

【重视信息系统建设，保障商务行业运行平稳】做好商业信息咨询中心延庆分中心工作，目前本县已有52家企业纳入商务部重点流通企业监测系统，21家企业纳入商贸流通业统计信息平台；执行粮油价格及玉米收购价格监测点日报、重点粮油企业经营情况月报等制度；有效运行“12312”商务举报投诉热线、“商务执法业务管理系统”；积极推进外经贸重点联系企业信息管理系统建设。各系统为监测全县重点企业运营、为市商务委统筹全市商务工作提供了可靠依据。

（段文江）

【加强粮油市场监控】圆满完成了社会粮油供需平衡调查、清仓查库、市场监测工作。争取到2万吨市级玉米储备，为农民增加收入400万元。如期完成了5 000吨县级玉米的储备轮换工作。

（段文江）

【做好中心商业区工作】推进金锣湾B座商户返租工作，已有41户签订返租协议；协调解决宝业恒基资金短缺问题；加快金锣湾商业中心招商工作，出租率已达到95%；协调办理区域产权分割和房产证办理工作。

（段文江）

【强化酒类流通管理】全年共办理酒类流通备案登记59户。截至年底，全县共办理酒类流通备案登记1 761家。

（段文江）

【完成消夏露天餐饮审批】最终审核通过33家企业，通过监督企业经营行为，进行联合执法检查，规范消夏露天餐饮经营活动。

（段文江）

【推进典当行业管理】完成了1家新设立典当企业手续办理、7家典当企业检查及年审和管理系统升级培训工作。

（段文江）

【完善盐业配送网络】2013年全县食盐市场供应充足，盐业批发企业共计配送各类盐产品4 830吨。

（段文江）

【开展商业单用途预付卡备案管理工作】全县4家规模发卡企业全部完成备案手续。

（段文江）

对外经贸

【打造外经贸服务平台】组织中材科技、朗兴服饰、河田服饰等多家企业参加第八届进出口政策咨询服务会。实现外贸进出口总额20 000万美元；实际利用外资20 098万美元，合同外资224万美元。

（段文江）

【外资审批工作】全年受理新设、变更业务11件，为17家外贸企业进行了进出口经营权的变更登记，为3家企业办理加工贸易生产能力证明，新办加工贸易合同3份，变更2次。

（段文江）

【组织参与各类展会活动】为更好地服务全县企业，积极协调、安排参与“京交会”“广交会”“科博会”“文博会”活动。尤其是“京交会”上，在“北京馆”的电子翻书中加入延庆葡萄酒庄产业带规划介绍，向外界全面展示了延庆“县景合一”的大环境。

（段文江）

名　录

单位名称：北京市延庆县商务委员会
主　　任：刘瑞成
地　　址：北京市延庆县新城街2号
邮　　编：102100
电　　话：69101551
传　　真：69144243
网　　址：www.bjyq.gov.cn/zwxx/jgzn/zfbm/swjj/

（段文江）

第六部分

统　计　资　料

一、商业流通

1-1　社会消费品零售额

指标名称	2013年（万元）	2012年（万元）	同比增长（%）
社会消费品零售额	83 751 189	77 028 167	8.7
按商品用途分			
吃类商品	16 726 003	16 311 216	2.5
穿类商品	7 273 103	7 200 447	1.0
用类商品	53 677 605	47 278 344	13.5
烧类商品	6 074 478	6 238 160	−2.6
按地区分			
城镇	82 309 534	75 804 004	8.6
乡村	1 441 655	1 224 163	17.8
按消费形态分			
餐饮收入	7 831 232	8 244 337	−5.0
商品零售	75 919 957	68 783 830	10.4

数据来源：北京市统计局

（万薇薇）

1-2　社会消费品零售总额（按功能区分组）

	2013年（万元）	2012年（万元）	同比增长（%）
全　市	83 751 189	77 028 167	8.7
首都功能核心区	16 796 382	15 589 796	7.7
东城区	8 391 646	7 946 396	5.6
西城区	8 404 736	7 643 400	10.0
城市功能拓展区	46 727 447	43 456 402	7.5
朝阳区	19 624 287	18 295 384	7.3
丰台区	8 892 379	8 268 046	7.6
石景山区	2 070 386	1 845 419	12.2
海淀区	16 140 395	15 047 553	7.3
城市发展新区	15 886 344	14 091 481	12.7

（续）

	2013 年（万元）	2012 年（万元）	同比增长（%）
房山区	2 053 499	1 825 262	12.5
通州区	2 689 235	2 392 765	12.4
顺义区	2 973 510	2 541 378	17.0
昌平区	2 972 030	2 804 443	6.0
大兴区及北京经济技术开发区	5 198 070	4 527 633	14.8
大兴区	2 329 602	2 009 018	16.0
北京经济技术开发区	2 868 468	2 518 615	13.9
生态涵养发展区	4 341 016	3 890 488	11.6
门头沟区	489 845	437 062	12.1
怀柔区	1 016 644	898 438	13.2
平谷区	750 214	669 407	12.1
密云县	1 162 461	1 055 614	10.1
延庆县	921 852	829 967	11.1

数据来源：北京市统计局

（万薇薇）

1-3 社会消费品零售额进度表

2013 年	社会消费品零售额（亿元）	同比增长（%）
1 月	—	—
1-2 月	1 361.3	10.2
1-3 月	2 008.8	9.4
1-4 月	2 646.9	10.0
1-5 月	3 295.3	9.1
1-6 月	3 973.3	8.8
1-7 月	4 643.4	8.9
1-8 月	5 316.5	8.7
1-9 月	6 073.3	8.6
1-10 月	6 814.0	8.9
1-11 月	7 558.6	8.8
1-12 月	8 375.1	8.7

数据来源：北京市统计局

（万薇薇）

1-4 限额以上零售企业按业态分组的零售额情况

	2013年（亿元）	同比增长（%）
有店铺零售		
食杂店	4.6	−19.7
便利店	66.3	5.6
折扣店	18.5	−3.9
超市	65.1	21.6
大型超市	661.8	5.3
仓储会员店	9.1	−10.0
百货店	852.7	1.6
专业店	1 906.5	7.5
专卖店	1 656.4	7.0
家居建材商店	82.1	15.7
购物中心	23.7	3.5
厂家直销中心	102.1	−1.8
无店铺零售		
电视购物	12.7	158.3
邮购	5.1	−17.2
网上商店	817.5	38.7
自动售货亭购物中心	0.2	2.3
电话购物	91.7	7.2

数据来源：北京市统计局

（万薇薇）

1-5 限额以上批发零售贸易业企业分类零售额

编号	类值	2013年（万元）	2012年（万元）	同比增长（%）
	类值合计	70 998 484.1	65 009 393.4	109.2
1	粮油、食品、饮料、烟酒类	6 738 525.9	6 304 515.3	106.9
	（1）粮油、食品类 、	5 021 293.8	4 743 758.1	105.9
	（2）饮料类	561 856.4	549 308.1	102.3
	（3）烟酒类	1 155 375.7	1 011 449.1	114.2
2	服装鞋帽、针、纺织类	6 770 139.3	6 847 946.3	98.9
	（1）服装类	5 115 304.9	5 261 078.2	97.2
	（2）鞋帽类	1 281 796.8	1 184 335.6	108.2
	（3）针、纺织品类	373 037.6	402 532.5	92.7

（续）

编号	类值	2013年（万元）	2012年（万元）	同比增长（%）
3	化妆品类	1 547 514.7	1 551 466.0	99.7
4	金银珠宝类	3 948 747.0	3 444 843.5	114.6
	其中：黄金及饰品、铂金饰品类	2 690 200.7	2 273 346.0	118.3
5	日用品类	3 291 850.7	2 817 777.4	116.8
6	五金、电料类	122 784.3	127 809.0	96.1
7	体育、娱乐用品类	998 898.8	902 603.7	110.7
8	书报杂志类	1 140 540.2	1 243 141.0	91.7
9	电子出版物及音像制品	313 537.0	217 620.4	144.1
10	家用电器和音像器材	3 381 959.0	2 711 106.5	124.7
11	中西药品类	7 109 080.0	6 351 703.1	111.9
	其中：西药类	4 885 442.4	4 288 533.5	113.9
	中草药及中成药类	1 287 907.7	1 141 972.2	112.8
12	文化办公用品类	4 615 907.2	3 864 968.5	119.4
13	家具类	941 877.0	829 704.1	113.5
14	通讯器材类	4 702 817.3	3 350 178.0	140.4
15	煤炭及制品类	15 373.9	20 005.2	76.8
16	木材及制品类	0	0	
17	石油及制品类	5 821 048.2	5 965 678.6	97.6
18	化工材料及制品类	0	0	
	其中：化肥类	0	0	
19	金属材料类	0	0	
20	建筑及装潢材料类	250 384.8	219 052.4	114.3
21	机电产品及设备类	529 416.9	670 182.0	79.0
	其中：农机类	0	0	
22	汽车类	17 530 166.5	16 452 613.1	106.5
	其中：汽车配件类	1 039 618.5	826 231.1	125.8
23	种子饲料类	0	0	
24	棉麻类	508.2	1 855.4	27.4
25	其他类	1 227 407.2	1 114 623.9	110.1

数据来源：北京市统计局

（万薇薇）

1-6　批发和零售业商品购进、销售、库存总额

项　　目	2013 年（亿元）	同比增长（%）
购进总额	56 112.4	11.8
市内购进	11 952.4	16.9
市外购进	35 511.2	12.2
进口	8 648.8	4.0
销售总额	59 800.3	11.4
批发额	52 375.5	11.6
市内批发	12 035.6	12.0
市外批发	38 000.1	10.9
出口	2 339.7	23.1
零售额	7 424.8	9.8
期末库存额	5 033.4	0.9

数据来源：北京市经济发展月报

（万薇薇）

1-7　重点商品品牌市场占有率

1-7-1　2013 年服装品牌占有率前 10 名

女装

序号	品牌名称	比重（%）	序号	品牌名称	比重（%）
1	玫而美	2.54	6	宝姿	1.53
2	玛丝菲尔	2.44	7	靓诺	1.45
3	朗姿	1.76	8	哥弟	1.37
4	ONLY	1.67	9	白领	1.26
5	VERO MODA	1.55	10	赛斯特	1.15

男衬衫

序号	品牌名称	比重（%）	序号	品牌名称	比重（%）
1	萨巴蒂尼	4.95	6	康纳利	1.98
2	皮尔卡丹	4.71	7	沙驰	1.79
3	雅戈尔	3.13	8	奥德臣	1.65
4	辛柏林	2.60	9	HUGO BOSS	1.52
5	绅士	2.37	10	BOSSsunwen	1.41

（续）

男西服

序号	品牌名称	比重（%）	序号	品牌名称	比重（%）
1	萨巴蒂尼	6.40	6	雅戈尔	2.65
2	观奇洋服	6.19	7	胜龙	2.34
3	威可多	4.24	8	康纳利	2.33
4	金利来	3.59	9	辛柏林	2.31
5	依文	2.97	10	恺王	2.09

童装

序号	品牌名称	比重（%）	序号	品牌名称	比重（%）
1	阿迪达斯	7.58	6	小猪班纳	2.62
2	水孩儿	6.21	7	ARMANI JUNIOR	2.47
3	耐克	5.73	8	博柏利	2.43
4	派克兰帝	3.85	9	丽婴房	2.37
5	安奈儿	3.69	10	好孩子	1.94

针织内衣

序号	品牌名称	比重（%）	序号	品牌名称	比重（%）
1	舒雅	7.64	6	三枪	4.00
2	爱慕	7.58	7	世王	3.72
3	铜牛	7.11	8	浩沙	2.50
4	小护士	6.34	9	宜而爽	2.49
5	纤丝鸟	6.00	10	埃迪玛	1.90

女士内衣

序号	品牌名称	比重（%）	序号	品牌名称	比重（%）
1	爱慕	18.64	6	曼妮芬	4.91
2	华歌尔	10.75	7	兰卡文	3.85
3	安莉芳	7.04	8	舒雅	2.75
4	黛安芬	6.47	9	古今	2.52
5	欧迪芬	4.92	10	爱美丽	2.23

羊毛衫

序号	品牌名称	比重（%）	序号	品牌名称	比重（%）
1	鄂尔多斯	5.06	6	珍贝	2.63
2	裳衣坊	3.11	7	海尔曼斯	2.59
3	人头鸟	3.01	8	于雁	2.34
4	瑞群	2.72	9	克利雅	2.04
5	歌伊莱	2.70	10	雅佰仕	1.61

（续）

羊绒衫					
序号	品牌名称	比重（%）	序号	品牌名称	比重（%）
1	鄂尔多斯	13.46	6	雪莲	5.78
2	珍贝	12.77	7	皮皮狗	4.91
3	卡帝乐鳄鱼	8.57	8	皮尔卡丹	3.66
4	帕罗	7.03	9	金利来	3.65
5	米皇	5.93	10	鹿王	3.64

1-7-2 2013年化妆品品牌占有率前10名

美容护肤					
序号	品牌名称	比重（%）	序号	品牌名称	比重（%）
1	雅诗兰黛	10.84	6	CHANEL	4.27
2	兰蔻	10.33	7	娇兰	3.88
3	欧珀莱	9.06	8	资生堂	3.48
4	CD	5.43	9	玉兰油	3.45
5	欧莱雅	4.88	10	海蓝之谜	3.33
香水					
序号	品牌名称	比重（%）	序号	品牌名称	比重（%）
1	CHANEL	20.09	6	L'OCCITANE	2.07
2	兰蔻	14.33	7	BURBERRY	2.00
3	CD	13.63	8	海蓝之谜	1.95
4	雅诗兰黛	8.75	9	GUCCI	1.80
5	娇兰	3.26	10	欧珀莱	1.77

1-7-3 2013年鞋类品牌占有率前10名

女鞋					
序号	品牌名称	比重（%）	序号	品牌名称	比重（%）
1	百丽	5.97	6	TATA	3.13
2	ECCO	4.06	7	天美意	3.01
3	接吻猫	3.90	8	圣琪儿	2.98
4	嘉宝	3.88	9	帕翠亚	2.87
5	思加图	3.21	10	24HRS	2.29
男鞋					
序号	品牌名称	比重（%）	序号	品牌名称	比重（%）
1	ECCO	10.46	6	梅尔代格	3.15
2	金利来	4.60	7	凯萨大帝	2.76
3	沙驰	3.84	8	其乐	2.51
4	克雷斯丹尼	3.76	9	骆驼	2.37
5	皮尔卡丹	3.38	10	24HRS	2.31

1-7-4 2013年金银珠宝饰品品牌占有率前10名

黄金					
序号	品牌名称	比重（%）	序号	品牌名称	比重（%）
1	菜百	56.57	6	老凤祥	1.83
2	国华	12.50	7	翠绿	1.22
3	中国黄金	6.30	8	周生生	1.17
4	周大福	5.61	9	明牌	1.13
5	工美	5.24	10	六福	1.08

铂金					
序号	品牌名称	比重（%）	序号	品牌名称	比重（%）
1	菜百	66.02	6	六福	1.46
2	国华	18.42	7	瑞恩	0.93
3	周大福	4.66	8	谢瑞麟	0.61
4	明牌	2.28	9	老凤祥	0.40
5	周生生	2.01	10	周大生	0.39

（万薇薇）

二、对外贸易

2-1 海关进出口商品类别及构成

2-1-1 海关出口商品类别及构成

金额单位：万美元

类别	2013年		2012年		增（减）%
	金额	比重（%）	金额	比重（%）	
总值	**6 324 622**	**100.0**	**5 965 038**	**100.0**	—
初级产品	1 154 372	18.3	948 000	15.9	2.4
工业制成品	5 170 251	81.7	5 017 039	84.1	-2.4
机电产品	3 908 926	61.8	3 739 120	62.7	-0.9
高新技术产品	2 035 377	32.2	1 893 246	31.7	0.5

数据来源：摘自北京海关统计月报

（李 倩）

2-1-2 北京地区海关进口商品类别及构成

金额单位：万美元

类别	2013年		2012年		增（减）%
	金额	比重（%）	金额	比重（%）	
总值	**36 585 711**	**100.0**	**34 826 588**	**100.0**	—
初级产品	21 766 539	59.5	22 544 582	64.7	5.2
工业制成品	14 819 172	40.5	12 282 006	35.3	5.2
机电产品	7 156 881	19.6	7 217 114	20.7	-1.1
高新技术产品	2 921 885	8.0	2 977 190	8.5	-0.5

数据来源：摘自北京海关统计月报

（李 倩）

2-2 海关进出口商品分类金额

2-2-1 海关出口商品分类金额

金额单位：万美元

商品名称	2013年	2012年	同比（±%）
总值	**6 324 622**	**5 965 038**	**6.0**
第1章 活动物	2 474	2 371	4.4
第2章 肉及食用杂碎	367	126	190.3
第3章 鱼及其他水生无脊椎动物	381	1 062	-64.1
第4章 乳；蛋；蜂蜜；其他食用动物产品	749	941	-20.4

（续）

商品名称	2013 年	2012 年	同比（±%）
第 5 章　其他动物产品	3 246	5 608	－42.1
第 6 章　活植物；茎、根；插花、簇叶	403	394	2.2
第 7 章　食用蔬菜、根及块茎	9 113	11 256	－19.0
第 8 章　食用水果及坚果；甜瓜等水果的果皮	1 068	1 267	－15.7
第 9 章　咖啡、茶、马黛茶及调味香料	1 478	2 259	－34.6
第 10 章　谷物	27 887	20 395	36.7
第 11 章　制粉工业产品；麦芽；淀粉等；面筋	646	333	94.0
第 12 章　油籽；子仁；工业或药用植物；饲料	16 468	18 227	－9.7
第 13 章　虫胶；树胶、树脂及其他植物液、汁	5 971	6 734	－11.3
第 14 章　编结用植物材料；其他植物产品	38	18	111.4
第 15 章　动、植物油、脂、蜡；精制食用油脂	680	484	40.3
第 16 章　肉、鱼及其他水生无脊椎动物的制品	10 417	12 864	－19.0
第 17 章　糖及糖食	1 045	900	16.1
第 18 章　可可及可可制品	6 231	4 924	26.5
第 19 章　谷物粉、淀粉等或乳的制品；糕饼	5 349	4 693	14.0
第 20 章　蔬菜、水果等或植物其他部分的制品	26 596	31 016	－14.3
第 21 章　杂项食品	2 856	3 088	－7.5
第 22 章　饮料、酒及醋	1 855	1 072	73.2
第 23 章　食品工业的残渣及废料；配制的饲料	416	1 273	－67.3
第 24 章　烟草、烟草及烟草代用品的制品	301	188	60.3
第 25 章　盐；硫磺；土及石料；石灰及水泥等	22 840	26 064	－12.4
第 26 章　矿砂、矿渣及矿灰	1 042	628	66.0
第 27 章　矿物燃料、矿物油及其产品；沥青等	998 921	784 900	27.3
第 28 章　无机化学品；贵金属等的化合物	54 815	63 898	－14.2
第 29 章　有机化学品	96 013	101 197	－5.1
第 30 章　药品	18 640	16 995	9.7
第 31 章　肥料	138 226	152 025	－9.1
第 32 章　鞣料；着色料；涂料；油灰；墨水等	8 425	6 601	27.6
第 33 章　精油及香膏；芳香料制品化妆盥洗品	3 736	4 019	－7.0
第 34 章　洗涤剂、润滑剂、人造蜡、塑型膏等	6 237	6 248	－0.2
第 35 章　蛋白类物质；改性淀粉；胶；酶	3 010	2 188	37.6

（续）

商品名称	2013年	2012年	同比（±%）
第36章 炸药；烟火；引火品；易燃材料制品	6 214	5 810	7.0
第37章 照相及电影用品	2 910	1 549	87.9
第38章 杂项化学产品	49 858	59 898	−16.8
第39章 塑料及其制品	55 754	55 114	1.2
第40章 橡胶及其制品	43 284	36 524	18.5
第41章 生皮（毛皮除外）及皮革	3	6	−53.7
第42章 皮革制品；旅行箱包；动物肠线制品	7 376	6 807	8.4
第43章 毛皮、人造毛皮及其制品	3 553	3 827	−7.2
第44章 木及木制品；木炭	11 203	12 542	−10.7
第45章 软木及软木制品	9	4	145.3
第46章 编结材料制品；篮筐及柳条编结品	2 769	3 526	−21.5
第47章 木浆等纤维状纤维素浆；废纸及纸板	621	851	−27.0
第48章 纸及纸板；纸浆、纸或纸板制品	4 455	4 235	5.2
第49章 印刷品；手稿、打字稿及设计图纸	8 757	9 044	−3.2
第50章 蚕丝	2 433	2 194	10.9
第51章 羊毛等动物毛；马毛纱线及其机织物	5 597	5 840	−4.2
第52章 棉花	3 850	3 802	1.3
第53章 其他植物纤维；纸纱线及其机织物	135	280	−51.7
第54章 化学纤维长丝	5 936	5 016	18.3
第55章 化学纤维短纤	11 106	8 454	31.4
第56章 絮胎、毡呢及无纺织物；线绳制品等	7 564	6 488	16.6
第57章 地毯及纺织材料的其他铺地制品	10 536	9546	10.4
第58章 特种机织物；簇绒织物；刺绣品等	1 679	1 446	16.2
第59章 浸渍、涂布、包覆或层压的纺织物；工业用纺织制品	4 007	4 636	−13.6
第60章 针织物及钩编织物	1 209	594	103.5
第61章 针织或钩编的服装及衣着附件	62 057	63 884	−2.9
第62章 非针织或非钩编的服装及衣着附件	107 833	106 753	1.0
第63章 其他纺织制品；成套物品；旧纺织品	14 294	15 061	−5.1
第64章 鞋靴、护腿和类似品及其零件	15 019	20 444	−26.5
第65章 帽类及其零件	6 974	5 279	32.1
第66章 伞、手杖、鞭子、马鞭及其零件	169	135	25.1
第67章 加工羽毛及制品；人造花；人发制品	1 133	353	220.7

（续）

商品名称	2013年	2012年	同比（±%）
第68章　矿物材料的制品	11 374	13 089	－13.1
第69章　陶瓷产品	24 045	28 870	－16.7
第70章　玻璃及其制品	25 263	25 384	－0.5
第71章　珠宝、贵金属及制品；仿首饰；硬币	31 172	21 297	46.4
第72章　钢铁	174 676	197 377	－11.5
第73章　钢铁制品	298 930	259 796	15.1
第74章　铜及其制品	4 863	4 593	5.9
第75章　镍及其制品	752	2 213	－66.0
第76章　铝及其制品	30 264	27 802	8.9
第78章　铅及其制品	664	154	330.8
第79章　锌及其制品	294	346	－15.2
第80章　锡及其制品	33	15	121.8
第81章　其他贱金属、金属陶瓷及其制品	5 946	9 527	－37.6
第82章　贱金属器具、利口器、餐具及零件	13 415	13 605	－1.4
第83章　贱金属杂项制品	10 290	8 617	19.4
第84章　核反应堆、锅炉、机械器具及零件	873 820	796 951	9.6
第85章　电机、电气、音像设备及其零附件	1 891 028	1 811 200	4.4
第86章　铁道车辆；轨道装置；信号设备	66 998	149 156	－55.1
第87章　车辆及其零附件，但铁道车辆除外	235 111	213 696	10.0
第88章　航空器、航天器及其零件	87 903	60 344	45.7
第89章　船舶及浮动结构体	263 488	235 830	11.7
第90章　光学、照相、医疗等设备及零附件	245 933	248 556	－1.1
第91章　钟表及其零件	1 227	936	31.1
第92章　乐器及其零件、附件	5 196	5 509	－5.7
第93章　武器、弹药及其零件、附件	905	650	39.4
第94章　家具；寝具等；灯具；活动房	46 417	48 399	－4.1
第95章　玩具、游戏或运动用品及其零附件	10 365	10 579	－2.0
第96章　杂项制品	12 444	12 819	－2.9
第97章　艺术品、收藏品及古物	14 370	931	1 443.7
第98章　特殊交易品及未分类商品	1 200	595	101.5

数据来源：摘自北京海关统计月报

（李　倩）

2-2-2　海关进口商品分类金额

金额单位：万美元

商品名称	2013年	2012年	同比（±%）
合　计	**36 585 711**	**34 826 588**	**5.1**
第1章　活动物	28 406	26 756	6.2
第2章　肉及食用杂碎	67 646	62 060	9.0
第3章　鱼及其他水生无脊椎动物	37 271	33 865	10.1
第4章　乳；蛋；蜂蜜；其他食用动物产品	45 698	25 325	80.4
第5章　其他动物产品	3 086	2 761	11.8
第6章　活植物；茎、根；插花、簇叶	1 389	2 197	-36.8
第7章　食用蔬菜、根及块茎	26 592	19 271	38.0
第8章　食用水果及坚果；甜瓜等水果的果皮	12 874	10 730	20.0
第9章　咖啡、茶、马黛茶及调味香料	1 614	2 168	-25.6
第10章　谷物	235 966	250 539	-5.8
第11章　制粉工业产品；麦芽；淀粉等；面筋	2 039	1 722	18.4
第12章　油籽；子仁；工业或药用植物；饲料	289 443	413 133	-29.9
第13章　虫胶；树胶、树脂及其他植物液、汁	2 895	2 863	1.1
第14章　编结用植物材料；其他植物产品	1 971	3 151	-37.4
第15章　动、植物油、脂、蜡；精制食用油脂	131 747	173 786	-24.2
第16章　肉、鱼及其他水生无脊椎动物的制品	296	171	72.5
第17章　糖及糖食	62 063	143 929	-56.9
第18章　可可及可可制品	11 270	11 657	3.3
第19章　谷物粉、淀粉等或乳的制品；糕饼	9 207	6 333	45.4
第20章　蔬菜、水果等或植物其他部分的制品	9 544	5 843	63.3
第21章　杂项食品	16 148	10 604	52.3
第22章　饮料、酒及醋	26 317	21 308	23.5
第23章　食品工业的残渣及废料；配制的饲料	45 089	41 931	7.5
第24章　烟草、烟草及烟草代用品的制品	141 872	126 548	12.1
第25章　盐；硫磺；土及石料；石灰及水泥等	35 797	48 457	-26.1
第26章　矿砂、矿渣及矿灰	1 248 073	1 599 110	-22.0
第27章　矿物燃料、矿物油及其产品；沥青等	18 779 320	18 792 877	-0.1
第28章　无机化学品；贵金属等的化合物	327 492	284 272	15.2
第29章　有机化学品	152 165	159 105	-4.4
第30章　药品	305 909	250 962	21.9
第31章　肥料	230 856	266 853	-13.5
第32章　鞣料；着色料；涂料；油灰；墨水等	13 560	13 654	-0.7

（续）

商品名称	2013 年	2012 年	同比（±%）
第 33 章　精油及香膏；芳香料制品化妆盥洗品	16 290	12 226	33.2
第 34 章　洗涤剂、润滑剂、人造蜡、塑型膏等	13 207	12 680	4.2
第 35 章　蛋白类物质；改性淀粉；胶；酶	10 864	10 421	4.2
第 36 章　炸药；烟火；引火品；易燃材料制品	2 320	1 576	47.2
第 37 章　照相及电影用品	8 131	7 607	6.9
第 38 章　杂项化学产品	153 781	131 690	16.8
第 39 章　塑料及其制品	177 055	160 639	10.2
第 40 章　橡胶及其制品	69 096	68 941	0.2
第 41 章　生皮（毛皮除外）及皮革	3 794	4 184	－9.3
第 42 章　皮革制品；旅行箱包；动物肠线制品	13 838	11 007	25.7
第 43 章　毛皮、人造毛皮及其制品	5 566	2 063	169.8
第 44 章　木及木制品；木炭	123 396	92 813	33.0
第 45 章　软木及软木制品	632	818	－22.8
第 46 章　编结材料制品；篮筐及柳条编结品	15	7	115.6
第 47 章　木浆等纤维状纤维素浆；废纸及纸板	36 235	49 162	－26.3
第 48 章　纸及纸板；纸浆、纸或纸板制品	42 158	34 365	22.7
第 49 章　印刷品；手稿、打字稿及设计图纸	50 826	41 110	23.6
第 50 章　蚕丝	412	500	－17.5
第 51 章　羊毛等动物毛；马毛纱线及其机织物	34 704	33 589	3.3
第 52 章　棉花	283 975	458 673	－38.1
第 53 章　其他植物纤维；纸纱线及其机织物	8 664	7 536	15.0
第 54 章　化学纤维长丝	4 915	6 434	－23.6
第 55 章　化学纤维短纤	81 657	83 165	－1.8
第 56 章　絮胎、毡呢及无纺织物；线绳制品等	7 877	6 453	22.1
第 57 章　地毯及纺织材料的其他铺地制品	1 589	1 480	7.4
第 58 章　特种机织物；簇绒织物；刺绣品等	1 987	1 836	8.2
第 59 章　浸渍、涂布、包覆或层压的纺织物；工业用纺织制品	4 146	3 638	14.0
第 60 章　针织物及钩编织物	1 799	1 845	－2.5
第 61 章　针织或钩编的服装及衣着附件	12 590	10 309	22.1
第 62 章　非针织或非钩编的服装及衣着附件	21 551	19 331	11.5
第 63 章　其他纺织制品；成套物品；旧纺织品	1 919	1 666	15.2
第 64 章　鞋靴、护腿和类似品及其零件	18 667	12 292	51.9
第 65 章　帽类及其零件	484	344	40.6
第 66 章　伞、手杖、鞭子、马鞭及其零件	125	82	52.9

（续）

商品名称	2013 年	2012 年	同比（±%）
第 67 章　加工羽毛及制品；人造花；人发制品	90	339	−73.4
第 68 章　矿物材料的制品	7 790	4 181	86.3
第 69 章　陶瓷产品	7 149	6 098	17.2
第 70 章　玻璃及其制品	43 531	57 122	−23.8
第 71 章　珠宝、贵金属及制品；仿首饰；硬币	264 468	219 242	20.6
第 72 章　钢铁	93 100	105 712	−11.9
第 73 章　钢铁制品	101 829	94 078	8.2
第 74 章　铜及其制品	168 683	203 563	−17.1
第 75 章　镍及其制品	12 260	19 830	−38.2
第 76 章　铝及其制品	20 793	23 982	−13.3
第 78 章　铅及其制品	590	629	−6.2
第 79 章　锌及其制品	4 401	7 874	−44.1
第 80 章　锡及其制品	5 208	3 785	37.6
第 81 章　其他贱金属、金属陶瓷及其制品	12 601	10 018	25.8
第 82 章　贱金属器具、利口器、餐具及零件	21 671	27 723	−21.8
第 83 章　贱金属杂项制品	20 802	20 195	3.0
第 84 章　核反应堆、锅炉、机械器具及零件	1 430 903	1 364 537	4.9
第 85 章　电机、电气、音像设备及其零附件	1 749 169	1 786 730	−2.1
第 86 章　铁道车辆；轨道装置；信号设备	23 952	21 032	13.9
第 87 章　车辆及其零附件，但铁道车辆除外	2 581 872	2 595 350	−0.5
第 88 章　航空器、航天器及其零件	303 766	434 290	−30.1
第 89 章　船舶及浮动结构体	60 555	41 674	45.3
第 90 章　光学、照相、医疗等设备及零附件	861 894	816 328	5.6
第 91 章　钟表及其零件	9 253	17 333	−46.6
第 92 章　乐器及其零件、附件	1 471	1 474	−0.2
第 93 章　武器、弹药及其零件、附件	469	879	−46.6
第 94 章　家具；寝具等；灯具；活动房	34 207	26 224	30.4
第 95 章　玩具、游戏或运动用品及其零附件	6 252	6 005	4.1
第 96 章　杂项制品	3 807	3 263	16.7
第 97 章　艺术品、收藏品及古物	15 975	2 461	549.2
第 98 章　特殊交易品及未分类商品	5 199 321	2 800 214	85.7

数据来源：摘自北京海关统计月报

（李　倩）

2-3 按洲别（地区）分海关进出口贸易额

2-3-1 北京地区出口到各洲情况一览表

金额单位：万美元

	出口	同比（±%）	占总出口比重（%）
亚洲	3 554 213	11.2	56.2
东盟	959 482	25.7	15.2
中东	493 489	1.9	7.8
欧洲	1 058 941	−0.9	16.7
欧盟（27国）	781 848	−0.5	12.4
非洲	492 928	3.2	7.8
北美洲	636 854	16.4	10.1
拉丁美洲	491 229	−13.7	7.8
大洋洲	90 458	−14.6	1.4

数据来源：摘自北京海关统计月报

（李　倩）

2-3-2 北京地区从各洲进口情况一览表

金额单位：万美元

	进口	同比（±%）	占总进口比重（%）
亚洲	16 018 029	2.2	43.8
东盟	1 021 064	−8.2	2.8
中东	9 384 297	6.8	25.7
欧洲	7 702 069	42.4	21.1
欧盟（27国）	3 320 909	−1.4	9.1
非洲	5 484 810	−2.6	15
北美洲	3 387 214	1.8	9.3
拉丁美洲	2 439 621	−18	6.7
大洋洲	1 548 351	−15.6	4.2

数据来源：摘自北京海关统计月报

（李　倩）

2-4 按国别（地区）分海关进出口贸易额

金额单位：万美元

国别（地区）	进出口	出口	进口
合　计	**42 910 333**	**6 324 622**	**36 585 711**
美国	3 534 803	571 207	2 963 597
瑞士	3 379 415	15 076	3 364 339

（续）

国别（地区）	进出口	出口	进口
沙特阿拉伯	3 179 606	62 086	3 117 520
安哥拉	2 694 300	36 140	2 658 160
德国	1 944 634	125 890	1 818 744
日本	1 695 053	492 391	1 202 661
阿曼	1 649 915	3532	1 646 383
伊拉克	1 626 833	41 716	1 585 118
澳大利亚	1 542 402	59 794	1 482 608
韩国	1 516 036	226 639	1 289 396
俄罗斯联邦	1 037 452	173 152	864 299
香港	1 019 516	607 757	411 760
委内瑞拉	999 512	70 205	929 307
哈萨克斯坦	952 291	87 660	864 631
土库曼斯坦	907 274	21 785	885 489
南非	854 906	52 811	802 095
伊朗	806 308	110 439	695 870
巴西	709 552	81 362	628 190
阿联酋	697 068	71 594	625 474
科威特	688 973	5 041	683 933
卡塔尔	497 532	7287	490 245
刚果（布）	496 101	22 430	473 671
加拿大	488 875	65 494	423 381
英国	470 054	111 975	358 079
印度尼西亚	445 553	202 146	243 407
中华人民共和国	399 755	0	399 755
印度	386 698	215 970	170 728
法国	382 541	81 699	300 841
台湾省	374 100	128 061	246 038
新加坡	335 268	165 020	170 248
越南	322 832	202 844	119 988
马来西亚	298 996	95 737	203 259
哥伦比亚	283 650	19 940	263 711
也门	277 123	6 255	270 869
墨西哥	262 833	64 992	197 841
泰国	259 986	98 016	161 970

（续）

国别（地区）	进出口	出口	进口
意大利	254 813	55 654	199 159
南苏丹共和国	228 357	3 667	224 690
赤道几内亚	198 860	18 434	180 426
阿根廷	198 831	48 278	150 554
苏丹	193 708	14 549	179 158
土耳其	180 741	124 316	56 426
巴基斯坦	174 743	89 523	85 220
阿尔及利亚	168 973	17 125	151 848
乌兹别克斯坦	168 169	40 927	127 242
利比亚	161 721	1 827	159 894
埃及	159 396	17 014	142 382
荷兰	147 029	59 607	87 421
乌克兰	137 312	58 822	78 490
菲律宾	135 008	54 973	80 035
匈牙利	132 355	96 002	36 353
奥地利	117 309	6 738	110 571
尼日利亚	115 405	34 503	80 902
秘鲁	114 825	20 174	94 652
刚果（金）	114 082	17 801	96 281
比利时	108 069	29 936	78 133
瑞典	101 876	35 626	66 250
西班牙	88 621	44 403	44 217
以色列	83 783	25 778	58 005
赞比亚	83 685	16 533	67 152
缅甸	78 748	59 807	18 942
古巴	78 157	44 621	33 535
朝鲜	78 111	71 687	6 423
埃塞俄比亚	68 815	60 115	8 700
老挝	67 678	52 292	15 386
芬兰	66 388	17 349	49 039
蒙古	65 660	15 221	50 439
厄瓜多尔	63 279	24 407	38 873
新西兰	62 865	13 909	48 956
津巴布韦	57 837	3 131	54 707

（续）

国别（地区）	进出口	出口	进口
智利	53 927	27 268	26 659
波兰	53 432	25 629	27 803
白俄罗斯	51 226	17 155	34 071
孟加拉国	50 165	41 307	8 858
捷克	41 659	17 677	23 982
乌拉圭	40 994	4 008	36 987
丹麦	40 311	14 562	25 749
爱尔兰	40 287	4 285	36 002
巴拿马	37 953	37 940	13
毛里塔尼亚	37 456	2 731	34 726
加蓬	37 292	2 812	34 480
挪威	37 054	6 772	30 282
斯里兰卡	36 746	34 535	2 212
加纳	36 242	10 845	25 398
坦桑尼亚	35 129	30 279	4 850
澳门	34 731	34 501	230
柬埔寨	28 543	27 691	852
保加利亚	25 461	4 207	21 254
塞拉利昂	24 168	911	23 257
乍得	23 550	23 548	1
罗马尼亚	22 561	10 359	12 202
利比里亚	22 248	19 489	2 760
巴布亚新几内亚	21 084	7 974	13 110
喀麦隆	19 901	12 310	7 592
多民族玻利维亚国	19 839	13 638	6 201
纳米比亚	16 447	1 205	15 242
约旦	15 345	5 350	9 995
摩洛哥	14 697	4 160	10 537
哥斯达黎加	12 958	2 329	10 629
肯尼亚	12 833	12 695	138
葡萄牙	11 297	4 592	6 705
斯洛伐克	11 181	6 197	4 984
科特迪瓦	11 139	3 573	7 566

（续）

国别（地区）	进出口	出口	进口
特立尼达和多巴哥	10 937	729	10 208
莫桑比克	10 425	6 552	3 873
希腊	8 869	7 253	1 616
贝宁	8 481	2 996	5 485
马耳他	7 965	6 747	1 218
文莱	7 935	958	6 977
马里	7 694	3 199	4 494
安提瓜和巴布达	7 483	7 483	0
阿尔巴尼亚	7 284	280	7 004
布基纳法索	7 271	396	6 874
塞浦路斯	7 237	5 352	1 884
尼日尔	7 184	6 768	416
突尼斯	7 019	2 339	4 680
马达加斯加	6 458	4 601	1 857
危地马拉	6 347	3 426	2 921
爱沙尼亚	5 652	1 822	3 830
国别（地区）不详	5 616	0	5 616
几内亚	5 427	5 406	21
卢旺达	5 366	5 366	0
吉布提	5 186	5 186	0
洪都拉斯	5 151	532	4 619
多米尼加共和国	5 070	2 332	2 738
塔吉克斯坦	4 868	2 234	2 634
斯洛文尼亚	4 609	2 724	1 885
巴拉圭	4 524	4 496	28
塞内加尔	4 465	2 965	1 499
瓦努阿图	4 078	4 078	1
尼泊尔联邦民主共和国	3 822	2 920	902
多哥	3 777	725	3 052
巴林	3 711	3 674	37
尼加拉瓜	3 556	3 537	19
卢森堡	3 338	2 359	978
阿塞拜疆	3 204	2 619	585
阿富汗	3 126	2 696	430
克罗地亚	3 081	1 624	1 457

（续）

国别（地区）	进出口	出口	进口
牙买加	3 049	3 036	13
马拉维	2 989	85	2 904
黎巴嫩	2 885	2 821	64
乌干达	2 727	2 079	648
塞尔维亚	2 699	2 516	183
立陶宛	2 623	1 978	645
拉脱维亚	2 587	1 225	1 362
所罗门群岛	2 421	23	2 398
吉尔吉斯斯坦	2 307	2 307	1
汤加	2 261	2 258	2
巴哈马	2 236	2 236	0
波多黎各	1 786	340	1 446
斐济	1 642	368	1 274
格鲁吉亚	1 640	1 521	119
马绍尔群岛	1 521	1 521	0
毛里求斯	1 234	1 114	120
叙利亚	1 231	1 139	91
摩尔多瓦	1 230	837	393
萨尔瓦多	1 220	1 203	17
中非	1 089	2	1 088
伯利兹	998	998	0
直布罗陀	916	315	601
苏里南	882	616	267
圭亚那	696	581	115
博茨瓦纳	637	637	0
亚美尼亚	622	518	104
波黑	586	549	37
前南马其顿	488	370	118
法罗群岛	452	0	451
几内亚比绍	430	334	96
斯威士兰	426	2	424
布隆迪	424	423	1
索马里	412	51	361
列支敦士登	392	151	241
留尼汪	348	348	0

（续）

国别（地区）	进出口	出口	进口
莱索托	337	263	75
冰岛	336	137	199
格陵兰	236	0	236
厄立特里亚	224	112	111
海地	211	211	1
冈比亚	161	40	121
帕劳	158	158	0
百慕大	154	154	0
圣文森特和格林纳丁斯	146	146	0
佛得角	132	132	0
马尔代夫	131	131	0
塞舌尔	119	119	0
库克群岛	116	114	2
巴勒斯坦	95	95	0
格林纳达	82	82	0
法属波利尼西亚	82	82	0
新喀里多尼亚	81	81	0
拉丁美洲其他国家（地区）	69	0	68
黑山	58	24	34
摩纳哥	31	0	30
科摩罗	29	29	0
大洋洲其他国家（地区）	28	28	0
萨摩亚	24	24	0
基里巴斯	23	23	0
阿鲁巴	18	18	0
多米尼克	16	16	0
社会群岛	15	15	0
巴巴多斯	13	8	5
瓜德罗普	11	11	0
圣马力诺	11	4	7
加那利群岛	9	9	0
英属维尔京群岛	9	1	8
马提尼克	8	8	0
库腊索岛	7	7	0
马约特	7	7	0
法属圭亚那	6	6	0

（续）

国别（地区）	进出口	出口	进口
密克罗尼西亚联邦	6	6	0
圣其茨和尼维斯	5	5	0
圣多美和普林西比	3	3	0
图瓦卢	2	2	0
圣卢西亚	2	2	0
东帝汶	2	2	0
不丹	2	2	0
圣马丁岛	1	1	0
荷属安的列斯群岛	1	1	0
开曼群岛	1	1	0

数据来源：摘自北京海关统计月报

（李　倩）

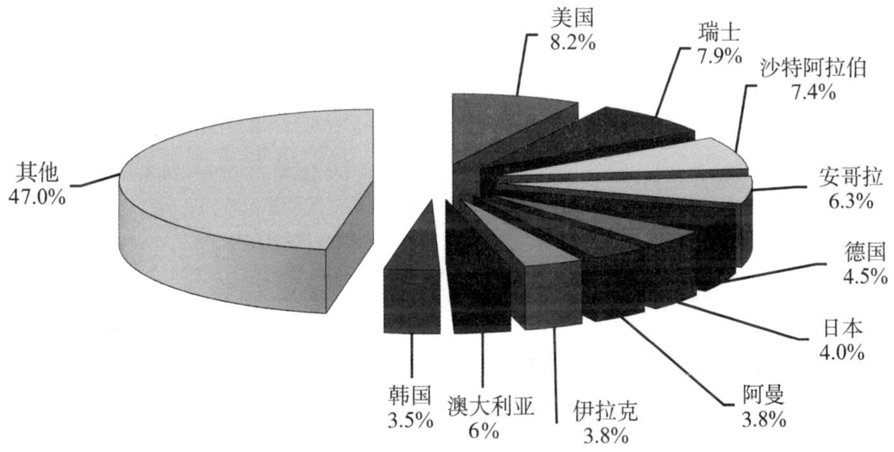

2013 年北京地区企业前十位贸易伙伴

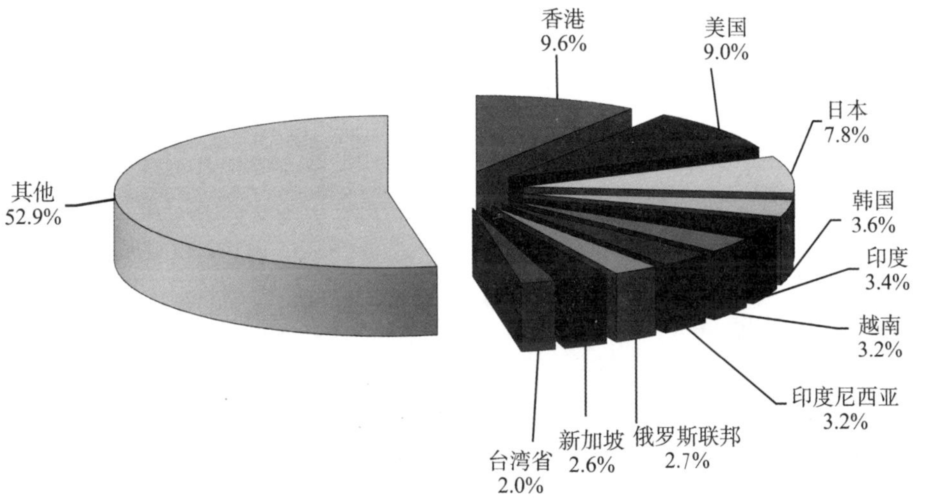

2013 年北京地区企业前十位出口市场

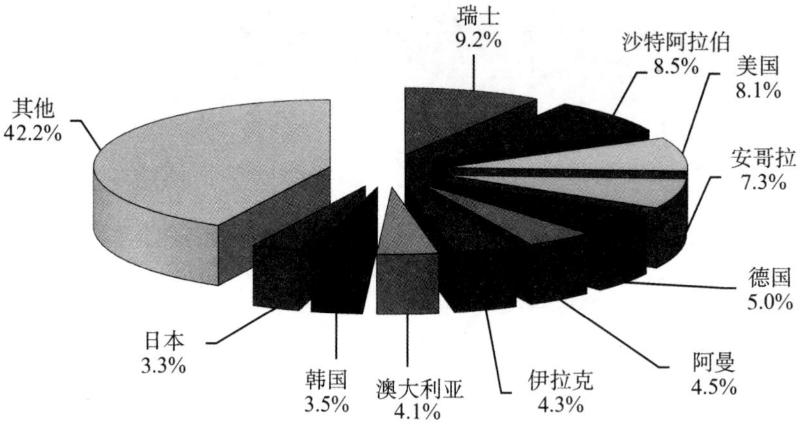

2013年北京地区企业前十位进口市场

（李　倩）

2-5　海关进出口贸易额（分贸易方式）

金额单位：万美元

贸易方式	进出口	出口	进口
合　　计	**42 910 333**	**6 324 622**	**36 585 711**
一般贸易	35 421 543	2 728 651	32 692 892
加工贸易	4 630 812	2 566 082	2 064 730
来料加工	1 991 169	644 246	1 346 923
进料加工	2 639 643	1 921 836	717 807
海关特殊监管区域	1 920 006	343 704	1 576 303
保税监管场所进出境货物	1 637 589	320 985	1 316 604
海关特殊监管区域物流货物	280 178	22 719	257 459
对外承包工程出口货物	656 345	656 345	0
租赁贸易	172 153	221	171 932
外商投资企业作为投资进口的设备、物品	40 719	0	40 719
国家间、国际组织无偿援助和赠送的物资	25 015	23 079	1 936
出料加工贸易	7 300	3 703	3 596
免税外汇商品	2 756	0	2 756
加工贸易进口设备	524	0	524
边境小额贸易	384	0	384
其他捐赠物资	123	0	123
其他贸易	32 653	2 837	29 816

数据来源：摘自北京海关统计月报

（李　倩）

2-6　2013年北京市各区县进出口

单位：亿美元

区　　县	进出口额	同比（%）	出口额	同比（%）	进口额	同比（%）
总　　计	**4 291.03**	**5.14**	**632.46**	**6.06**	**3 658.57**	**4.99**
朝阳区	1 761.60	3.15	149.22	17.85	1 612.38	1.97
西城区	1 291.95	11.62	101.08	−3.74	1 190.86	13.15
海淀区	401.42	−2.53	90.61	−1.44	310.81	−2.84
大兴区	224.59	−2.34	117.25	3.40	107.33	−7.93
其中：北京经济技术开发区	211.76	−3.37	110.30	2.63	101.46	−9.15
顺义区	194.00	11.85	70.72	22.12	123.28	6.71
其中：北京天竺综合保税区	33.75	41.08	5.06	37.70	28.69	41.70
东城区	165.75	−1.80	39.68	12.00	126.07	−5.46
丰台区	146.69	7.53	17.12	−7.96	129.56	9.98
昌平区	37.05	35.09	15.14	6.64	21.91	65.62
通州区	20.61	−0.39	11.48	−4.56	9.13	5.41
密云县	9.55	0.55	3.92	1.38	5.63	−0.02
平谷区	8.67	3.64	1.58	−9.93	7.09	7.25
怀柔区	7.44	0.02	3.50	4.02	3.94	−3.28
石景山区	7.09	13.22	3.45	1.60	3.64	26.97
房山区	7.00	0.62	2.97	−2.56	4.03	3.11
门头沟区	4.39	−6.84	2.43	−7.12	1.96	−6.48
延庆县	2.00	−21.42	1.76	−22.60	0.24	−11.44

注：各区县外贸统计口径按企业实际注册地（税务登记地）统计。

（李　倩）

2-7　2013年北京市进出口进度表

金额单位：亿美元

时间	当月进出口		累计进出口	
	金额	同比（%）	金额	同比（%）
1月	341.5	8.3	341.5	8.3
2月	301.9	−10.5	643.7	−1.4
3月	388.4	6	1 032.4	1.3
4月	367.8	7.1	1 400.3	2.8
5月	366.2	−3.9	1 766.6	1.3
6月	341.5	3.6	2 108.3	1.7
7月	381.4	18.9	2 489.8	4.0
8月	364.9	20.3	2 854.7	5.8
9月	377.6	15.0	3 232.3	6.8
10月	347.8	9.6	3 580.5	7.1
11月	327.1	−6.9	3 908.4	5.8
12月	382.1	−1.2	4 291.0	5.1

（李　倩）

2-8 全国各省市进出口贸易总额

（按经营单位所在地分）

金额单位：亿美元

地　　区	进出口额	出口额	进口额	同比（%）		
				进出口	出口	进口
总　　值	**41 603.3**	**22 100.4**	**19 502.9**	**7.6**	**7.9**	**7.3**
广东	10 915.7	6 364.0	4 551.7	10.9	10.9	11.0
江苏	5 508.4	3 288.6	2 219.9	0.5	0.1	1.2
上海	4 412.3	2 042.0	2 370.3	1.1	−1.2	3.1
北京	4 291.0	632.5	3 658.6	5.1	6.1	5.0
浙江	3 358.5	2 488.0	870.4	7.5	10.8	−1.0
山东	2 671.6	1 345.1	1 326.5	8.8	4.5	13.5
福建	1 693.5	1 065.0	628.5	8.6	8.9	8.2
天津	1 285.3	490.2	795.0	11.2	1.5	18.1
辽宁	1 142.8	645.4	497.4	9.8	11.4	7.8
重庆	687.0	468.0	219.1	29.1	21.3	49.7
四川	645.9	419.5	226.4	9.2	9.1	9.5
河南	599.5	359.9	239.6	15.9	21.3	8.6
河北	548.8	309.6	239.2	8.5	4.6	14.1
安徽	456.3	282.6	173.8	16.2	5.6	38.6
黑龙江	388.8	162.3	226.5	3.4	12.4	−2.2
江西	367.4	281.7	85.7	9.9	12.2	3.2
湖北	363.9	228.4	135.5	13.8	17.7	7.8
广西	328.4	186.9	141.4	11.4	20.9	0.9
新疆	275.6	222.7	52.9	9.5	15.1	−9.1
吉林	258.5	67.6	191.0	5.2	12.9	2.8
云南	258.3	159.6	98.7	22.9	59.3	−10.2
湖南	251.6	148.2	103.4	14.7	17.6	10.7
陕西	201.3	102.2	99.0	36.0	18.2	61.1
山西	158.0	80.0	78.0	5.0	14.0	−2.8
海南	149.8	37.1	112.7	4.6	18.2	0.8
内蒙古	119.9	40.9	79.0	6.5	3.1	8.4
甘肃	102.8	46.8	56.0	15.5	30.9	5.1
贵州	82.9	68.9	14.0	25.0	39.0	−16.4
西藏	33.2	32.7	0.5	−3.1	−2.6	−27.0
宁夏	32.2	25.5	6.7	45.2	55.5	15.6
青海	14.0	8.5	5.6	21.2	16.3	29.5

数据来源：商务部

（李　倩）

2-9　历年进出口总额一览表

（1993—2013 年）

单位：万美元

年度	进出口总额	出口额	进口额
1993	2 826 683	672 105	2 154 578
1994	2 927 427	834 206	2 093 221
1995	3 703 513	1 024 977	2 678 536
“九五”时期	17 417 315	5 010 231	12 407 084
1996	2 931 833	811 975	2 119 858
1997	3 038 852	961 103	2 077 749
1998	3 050 609	1 051 293	1 999 316
1999	3 433 844	989 059	2 444 785
2000	4 962 177	1 196 801	3 765 376
“十五”时期	39 273 900	9 269 879	30 004 021
2001	5 154 131	1 178 687	3 975 444
2002	5 250 870	1 261 464	3 989 406
2003	6 846 262	1 685 173	5 161 089
2004	9 465 509	2 057 493	7 408 016
2005	12 557 128	3 087 062	9 470 066
“十一五”时期	113 900 296	24 818 619	89 081 677
2006	15 817 225	3 797 921	12 019 304
2007	19 294 630	4 892 328	14 402 302
2008	27 171 187	5 745 424	21 425 763
2009	21 476 276	4 836 261	16 640 014
2010	30 140 978	5 546 685	24 594 293
“十二五”时期			
2011	38 949 480	5 902 502	33 046 978
2012	40 791 626	5 965 038	34 826 588
2013	42 910 333	6 324 622	36 585 711

（李　倩）

2-10 1995—2013年北京进出口额在全国各地区的排名

年份	进口	出口
1995	2	3
1996	2	7
1997	2	7
1998	2	5
1999	2	7
2000	2	7
2001	2	7
2002	3	7
2003	4	7
2004	4	8
2005	4	7
2006	3	7
2007	3	7
2008	2	6
2009	2	7
2010	2	7
2011	2	7
2012	2	7
2013	2	8

（李 倩）

三、服务外包与技术贸易

3-1　2013年北京地区服务贸易进出口情况统计表

单位：万美元

项　　目	出　　口		进　　口		贸易总额	
	累计	同比（%）	累计	同比（%）	累计	同比（%）
合　　计	**6 349 350.9**	**15.2**	**6 707 760.9**	**33.9**	**13 057 111.8**	**24.1**
运输	507 800.7	－9.1	1 165 701.3	15.8	1 673 502.0	6.9
旅游	161 129.7	－1.3	1 407 836.6	31.4	1 568 966.3	27.0
通讯服务	122 337.1	－10.0	120 236.4	－4.5	242 573.5	－7.3
建筑服务	440 958.0	－32.4	157 009.8	－19.8	597 967.8	－29.5
保险服务	274 028.1	36.9	140 884.4	11.6	414 912.5	34.6
金融服务	2 562.1	34.4	12 948.2	－63.6	15 510.3	－58.6
计算机和信息服务	516 213.2	5.0	226 450.1	103.5	742 663.3	23.2
专有权利使用费和特许费	38 740.9	－32.3	317 689.2	40.2	356 430.1	25.6
体育、文化和娱乐服务	13 966.3	11.4	58 370.8	24.2	72 337.1	21.5
别处未提及的政府服务	5 883.4	－23.6	53 247.8	27.8	59 131.2	19.8
咨询、法律、会计和公共关系	93 092.6	16.1	93 343.0	12.1	186 435.6	14.1
广告、展览、市场调研	651 666.4	23.0	199 325.5	52.0	850 991.9	28.7
其他商业服务	127 315.1	－0.4	76 002.6	10.7	203 317.7	3.5

数据来源：外管局

（于新成）

3-2　北京地区历年服务贸易进出口情况统计表

单位：亿美元

年　度	出　　口	进　　口	进出口额	顺（逆）差
2003	82.45	79.78	162.24	2.67
2004	121.12	114.58	235.70	6.54
2005	165.81	134.92	300.74	30.89
2006	198.54	194.68	393.23	3.86
2007	252.81	250.25	503.06	2.55
2008	341.69	350.23	691.92	－8.53
2009	331.60	332.50	644.10	－20.90
2010	388.22	401.10	798.32	－21.88
2011	414.99	480.38	895.37	－65.39
2012	445.11	555.09	1 000.20	－109.98
2013	634.94	670.78	1 305.71	－35.84

（于新成）

3-3　北京市2013年服务外包（离岸）外包类别情况

外包类别	2012年执行金额（万美元）	2013年执行金额（万美元）	同比增幅（%）
服务外包（离岸）合计	355 953.30	482 575.57	35.6
其中：			
信息技术外包	252 396.19	303 955.54	20.6
业务流程外包	68 537.38	86 591.15	26.3
知识流程外包	35 019.74	92 028.88	162.8
其他服务产品	—	—	—

（刘树民）

3-4　北京市历年服务外包（离岸）情况

年　　度	合同数（份）	执行金额（万美元）	同比增幅（%）
总　　计	**22 861**	**390 811.0**	
2006	4 240	35 583.2	—
2007	4 742	42 454.2	19.3
2008	3 050	54 176.8	27.6
2009	5 264	104 841.0	93.5
2010	5 565	153 755.9	46.7
2011	5 884	244 880.9	59.3
2012	5 887	355 953.30	45.4
2013	4 586	482 575.57	35.6

（刘树民）

3-5　2013年技术进出口合同登记情况

3-5-1　技术出口合同认定登记情况

一、按合同类型分

合同类型	合同数（份）	合同金额（万美元）	技术费（万美元）
合　　计	**1 146**	**1 072 036.87**	**838 384.95**
技术开发	723	323 076.73	321 980.09
技术转让	17	2 120.35	2 120.35
技术咨询	26	2 477.78	2 477.78
技术服务	380	744 362.01	511 806.72

（巨振乐）

二、按企业类型分

卖方机构	合同数（份）	合同金额（万美元）	技术费（万美元）
合　计	**1 146**	**1 072 036.87**	**838 384.95**
机关法人	0	0.00	0.00
事业法人	28	724.90	724.90
社团法人	0	0.00	0.00
企业法人	1 114	1 069 800.79	836 150.02
自然人	2	27.63	27.63
其他组织	2	1 483.54	1 482.39

（巨振乐）

三、按技术领域分

技术领域	合同数（份）	合同金额（万美元）	技术费（万美元）
合　计	**1 146**	**1 072 036.87**	**838 384.95**
电子信息技术	804	274 319.23	273 236.37
航空航天技术	16	15 896.59	15 896.59
先进制造技术	18	96 001.43	37 104.36
生物、医药和医疗器械	117	24 436.74	24 408.57
新材料及其应用	33	16 745.78	16 744.62
新能源与高效节能	69	35 266.25	35 266.25
环境保护与资源综合利	43	457 555.23	366 119.17
核应用技术	1	24.13	11.06
农业技术	7	44 619.05	19 562.70
现代交通	9	83 183.68	39 615.96
城市建设与社会发展	29	23 988.75	10 419.31

（巨振乐）

四、按国别（地区）分

名　称	合同数（份）	合同金额（万美元）	技术费（万美元）
合　计	**1 146**	**1 072 036.87**	**838 384.95**
阿尔及利亚（DZ）	1	163.78	163.78
埃及（EG）	2	62.33	62.33
爱尔兰（IE）	7	12 440.31	12 440.31
安哥拉（AO）	3	84 120.97	69 678.42
澳大利亚（AU）	36	250.01	250.01
白俄罗斯（BY）	2	98 926.03	24 393.87
百慕大（BM）	13	1 348.92	1 348.92
北美洲其他	1	107.62	107.62

（续）

名　　称	合同数（份）	合同金额（万美元）	技术费（万美元）
比利时（BE）	1	3.74	2.93
玻利维亚（BO）	1	18 076.90	4 792.93
丹麦（DK）	3	1 477.94	1 477.94
德意志联邦共和国（DE）	17	16 556.49	16 556.49
俄罗斯（RU）	6	258.08	258.08
厄瓜多尔（EC）	2	319.10	319.10
法国（FR）	26	6 233.39	6 233.39
菲律宾（PH）	2	22.23	22.23
非洲	1	2 624.28	770.88
芬兰（FI）	6	5 741.50	5 741.50
刚果（CG）	6	46.29	46.29
国（地）别不详的	6	4 614.54	4 614.54
哈萨克斯坦（KZ）	15	5 685.14	5 685.14
韩国（KR）	40	11 348.38	10 374.23
荷兰（NL）	3	0.72	0.72
吉尔吉斯斯坦（KG）	1	11.48	11.48
加拿大（CA）	18	658.68	658.68
加纳（GH）	1	24.13	11.06
柬埔寨（KH）	1	0.82	0.82
喀麦隆（CM）	1	51 411.34	49 354.88
卡塔尔（QA）	1	85 649.74	82 223.75
开曼群岛（KY）	6	1 717.82	1 717.82
科特迪瓦（CI）	2	25.59	25.59
老挝（LA）	1	236.37	236.37
联合国和其他国际组织	1	15.50	15.50
马来西亚（MY）	2	73 659.81	70 715.44
毛里求斯（MU）	1	26.24	26.24
美国（US）	308	191 481.02	191 451.09
蒙古（MN）	2	6 571.04	874.38
孟加拉国（BD）	1	2 792.73	646.07
缅甸（MM）	2	71 482.85	12 888.63
墨西哥（MX）	2	208.71	208.71
纳米比亚（NA）	1	819.11	819.11
尼日尔（NE）	3	295.63	295.63

（续）

名　称	合同数（份）	合同金额（万美元）	技术费（万美元）
挪威（NO）	4	7.49	7.49
葡萄牙（PT）	1	1.94	1.94
日本（JP）	256	23 829.48	23 828.34
瑞典（SE）	20	19 899.17	19 886.92
瑞士（CH）	14	26 360.61	26 360.61
塞拉利昂（SL）	2	1 438.22	1 438.22
沙特阿拉伯（SA）	2	7 494.24	1 523.99
苏丹（SD）	1	39.02	39.02
泰国（TH）	1	5.10	5.10
土库曼斯坦（TM）	4	1 427.08	1 427.08
委内瑞拉（VE）	2	14 534.36	14 534.36
乌兹别克斯坦（UZ）	1	277.76	277.76
西班牙（ES）	5	466.55	466.55
新加坡（SG）	26	15 604.33	15 604.33
新西兰（NZ）	3	122.29	122.29
亚洲	3	153.65	153.65
亚洲其他	17	600.50	600.50
伊拉克（IQ）	2	464.99	464.99
伊朗（IR）	6	93 158.78	49 591.05
以色列（IL）	3	156.44	155.73
印度（IN）	2	8.28	8.28
印度尼西亚（ID）	6	324.16	324.15
英国（GB）	25	1 189.94	1 189.94
英属维尔京群岛（VG）	2	9 349.83	9 349.83
赞比亚（ZM）	4	38.64	38.64
乍得（TD）	4	632.02	632.02
智利（CL）	1	0.74	0.74
中非（CF）	1	199.28	199.28
台湾省	12	156.54	150.31
香港特别行政区	146	96 437.21	92 389.28
澳门特别行政区	15	140.91	89.66

技术出口数据来源：北京市技术市场管理办公室

注：2013 年 12 月 31 日人民币汇率中间价 1 美元＝6.0969 元人民币

（巨振乐）

3-5-2 技术引进合同登记情况

一、按合同类型分

引进方式（合同类别）	合同数（份）	合同金额（万美元）	技术费（万美元）
总　计	**1 067**	**393 126.26**	**350 962.75**
A：专利技术的许可或转让（包括专利申请权的转让）	34	49 610.21	49 610.21
B：专有技术的许可或转让	174	153 681.78	153 597.19
C：技术咨询、技术服务	655	110 480.72	68 591.66
D：计算机软件的进口	194	63 814.27	63 814.27
E：A、B内容之一相关联的商标许可	1	265.21	265.21
F：涉及A、B、C内容之一的合资生产、合作生产等	4	449.65	449.65
G：为实施A至G项内容而进口的成套设备、关键设备、生产线等	2	14 566.38	14 376.52
H：其他方式的技术进口	3	258.04	258.04

（巨振乐）

二、按企业性质分

企业性质分类	合同数（份）	合同金额（万美元）	技术费（万美元）
总　计	**1 067**	**393 126.26**	**350 962.75**
国有企业	411	129 787.45	89 260.27
集体企业	12	2 477.15	2 477.15
外资企业	454	228 019.96	226 440.63
民营企业	184	32 068.87	32 011.87
其他	6	772.83	772.83

（巨振乐）

三、按国民经济行业分

行　业	合同数（份）	合同金额（万美元）	技术费（万美元）
总　计	**1 067**	**393 126.26**	**350 962.75**
农、林、牧、渔业	8	169.93	169.93
农业	4	68.24	68.24
林业	1	6.96	6.96
畜牧业	2	60.00	60.00
农业服务业	1	34.73	34.73
采矿业	92	54 476.35	22 446.71
煤炭开采和洗选业	2	96.24	96.24
石油和天然气开采业	88	53 304.00	22 259.36
其他矿采选业	2	1 076.11	91.11
制造业	370	205 330.92	198 291.59
农副食品加工业	—	17.23	17.23

（续）

行　　业	合同数（份）	合同金额（万美元）	技术费（万美元）
食品制造业	2	1 532.85	1 532.85
纺织业	2	97.92	97.92
皮革、毛皮、羽毛（绒）及其制品业	—	41.61	41.61
家具制造业	2	213.13	213.13
造纸及纸制品业	3	117.34	117.34
石油加工、炼焦及核燃料加工业	26	15 566.82	15 058.78
化学原料及化学制品制造业	21	17 089.70	17 089.70
医药制造业	12	1 814.98	1 814.98
化学纤维制造业	2	1 074.52	1 074.52
橡胶制品业	2	480.54	480.54
塑料制品业	—	328.79	328.79
非金属矿物制品业	3	604.85	604.85
黑色金属冶炼及压延加工业	3	503.39	313.53
有色金属冶炼及压延加工业	5	756.64	756.64
金属制品业	3	302.25	302.25
通用设备制造业	10	3 120.75	3 063.75
专用设备制造业	43	14 968.29	12 606.79
交通运输设备制造业	111	76 361.42	72 438.49
电气机械及器材制造业	16	4 119.96	4 119.96
通信设备、计算机及其他电子设备制造业	74	58 459.01	58 459.01
仪器仪表及文化、办公用机械制造业	15	1 354.67	1 354.67
工艺品及其他制造业	1	824.96	824.96
废弃资源和废旧材料回收加工业	14	5 579.30	5 579.30
电力、燃气及水的生产和供应业	19	8 540.75	6 297.77
电力、热力的生产和供应业	18	8 105.29	5 862.31
燃气生产和供应业	1	364.64	364.64
水的生产和供应业	—	70.82	70.82
建筑业	14	909.32	909.29
房屋和土木工程建筑业	2	222.19	222.19
建筑安装业	6	120.76	120.73
其他建筑业	6	566.37	566.37
交通运输、仓储和邮政业	19	12 771.69	12 770.00
道路运输业	3	569.66	569.66
城市公共交通业	3	296.25	294.57
水上运输业	4	28.43	28.43
航空运输业	9	4 687.34	4 687.33
装卸搬运及其他运输服务业	—	6 364.66	6364.66
邮政业	—	825.35	825.35

（续）

行　　业	合同数（份）	合同金额（万美元）	技术费（万美元）
信息传输、计算机服务和软件业	242	71 950.97	71 950.97
电信和其他信息传输服务业	8	3 717.41	3 717.41
计算机服务业	158	61 923.50	61 923.50
软件业	76	6 310.06	6 310.06
批发和零售业	33	3 521.63	3 521.63
批发业	9	180.24	180.24
零售业	24	3 341.39	3 341.39
住宿和餐饮业	7	1 310.21	1 310.21
住宿业	7	192.53	192.53
餐饮业	—	1 117.68	1 117.68
金融业	23	5 830.45	5 830.45
银行业	16	5 615.32	5 615.32
保险业	4	87.66	87.66
其他金融活动	3	127.47	127.47
房地产业	52	4 835.93	4 835.93
房地产业	52	4 835.93	4 835.93
租赁和商务服务业	18	724.50	724.50
租赁业	11	547.79	547.79
商务服务业	7	176.71	176.71
科学研究、技术服务和地质勘查业	101	16 042.38	16 042.38
研究与试验发展	23	1 743.17	1 743.17
专业技术服务业	73	14 024.70	14 024.70
科技交流和推广服务业	4	226.81	226.81
地质勘查业	1	47.70	47.70
水利、环境和公共设施管理业	4	605.53	377.59
环境管理业	4	605.53	377.59
居民服务和其他服务业	44	4 123.02	4 123.02
居民服务业	12	735.14	735.14
其他服务业	32	3 387.88	3 387.88
教育	12	57.84	57.84
教育	12	57.84	57.84
卫生、社会保障和社会福利业	1	8.10	8.10
卫生	1	8.10	8.10
文化、体育和娱乐业	4	706.08	678.48
广播、电视、电影和音像业	3	698.23	670.63
文化艺术业	1	7.85	7.85
公共管理与社会组织	1	5.00	5.00
群众社团、社会团体和宗教组织	1	5.00	5.00

（巨振乐）

四、按国别（地区）分

国别（地区）	合同数（份）	合同金额（万美元）	技术费（万美元）
总　　计	**1 067**	**393 126.26**	**350 962.75**
美国	169	133 696.74	120 444.63
韩国	135	58 693.63	58 693.63
德意志联邦共和国	94	34 983.19	27 037.98
日本	153	29 007.34	25 880.44
芬兰	7	26 036.83	26 036.83
英属维尔京群岛	17	17 083.65	17 083.65
英国	51	15 143.05	15 129.06
瑞士	23	13 393.90	13 393.89
意大利	16	13 093.63	4 365.41
中国香港	173	11 525.80	10 886.91
法国	27	8 595.73	5 371.88
加拿大	24	7 090.79	2 246.96
爱尔兰	14	6 369.22	6 369.22
荷兰	18	4 394.58	4 142.58
新加坡	20	3 239.80	3 101.30
丹麦	1	1 725.91	1 725.91
中国台湾	35	1 707.90	1 707.90
瑞典	10	1 006.26	1 006.26
马绍尔群岛共和国	1	882.35	882.35
挪威	3	820.60	820.60
澳大利亚	10	722.72	722.72
巴西	1	603.63	603.63
匈牙利	1	536.20	536.20
开曼群岛	2	435.75	435.75
俄罗斯	4	278.52	278.52
以色列	8	276.27	276.27
西班牙	4	261.03	261.03
捷克共和国	1	227.88	227.88
百慕大	—	208.06	208.06
卢森堡	3	195.12	195.12
印度	31	189.74	189.74
奥地利	2	155.35	155.35

（续）

国别（地区）	合同数（份）	合同金额（万美元）	技术费（万美元）
波兰	1	141.16	141.16
巴基斯坦	1	97.68	97.68
阿根廷	1	58.80	58.80
阿拉伯酋长国	1	53.62	53.62
萨摩亚	1	53.43	53.43
伊朗	1	34.85	34.85
巴哈马	—	30.18	30.18
希腊	1	26.21	26.21
罗马尼亚	—	22.50	22.50
塞浦路斯	1	15.00	15.00
比利时	1	11.66	11.66

（巨振乐）

四、利用外资

4－1　按投资方式分外商直接投资情况

投资方式	合同外资			实际外资		
	绝对值（万美元）	同比（%）	比重（%）	绝对值（万美元）	同比（%）	比重（%）
总　　计	**1 109 708**	**－2.3**	**100.0**	**852 418**	**6.0**	**100.0**
中外合资企业	344 884	100.8	31.1	190 667	－0.7	22.4
中外合作企业	14 081	－18.7	1.3	22 887	61.4	2.7
外资企业	666 666	－25.8	60.1	593 258	0.2	69.6
外商投资股份制	84 077	74.2	7.6	45 606	697.0	5.4

（马俊杰）

4－2　按投资产业分外商直接投资情况

产业名称	合同外资			实际外资		
	绝对值（万美元）	同比（%）	比重（%）	绝对值（万美元）	同比（%）	比重（%）
总　　计	**1 109 708**	**－2.3**	**100.0**	**852 418**	**6.0**	**100.0**
第一产业	160	－98.9	0.0	1 717	134.2	0.2
第二产业	186 664	113.2	16.8	149 687	33.3	17.6
第三产业	922 884	－10.7	83.2	701 014	1.4	82.2

（马俊杰）

4－3　按投资行业分外商直接投资情况

行业名称	合同外资			实际外资		
	绝对值（万美元）	同比（%）	比重（%）	绝对值（万美元）	同比（%）	比重（%）
总　　计	**1 109 708**	**－2.3**	**100.0**	**852 418**	**6.0**	**100.0**
农、林、牧、渔业	160	－98.9	0.0	1 717	134.2	0.2
采矿业	855	340.7	0.1	0	－100.0	0.0
制造业	153 303	133.4	13.8	106 848	23.7	12.5
电力、燃气及水的生产和供应业	31 164	55.1	2.8	42 646	68.5	5.0
建筑业	1 342	－15.2	0.1	193	－49.6	0.0

（续）

行业名称	合同外资			实际外资		
	绝对值（万美元）	同比（%）	比重（%）	绝对值（万美元）	同比（%）	比重（%）
交通运输、仓储和邮政业	4 110	－90.1	0.4	24 898	－78.3	2.9
信息传输、计算机服务和软件业	77 847	－38.6	7.0	119 547	－11.5	14.0
批发和零售业	108 470	10.8	9.8	92 739	24.8	10.9
住宿和餐饮业	3 802	66.2	0.3	1 822	－36.7	0.2
金融业（信贷消费业）	142 310	6.4	12.8	76 378	110.1	9.0
房地产业	206 669	－5.4	18.6	148 057	68.8	17.4
租赁和商务服务业	314 366	2.6	28.3	171 079	5.9	20.1
科学研究、技术服务和地质勘查业	61 309	－38.1	5.5	60 341	－13.9	7.1
水利、环境和公共设施管理业	2 024	184.3	0.2	0	－100.0	0.0
居民服务和其他服务业	267	－73.7	0.0	390	－91.3	0.0
教育	26	—	0.0	73	－77.3	0.0
文化、体育和娱乐业	1 684	－61.2	0.2	5 690	128.2	0.7

（马俊杰）

4－4 按投资国别分外商直接投资情况

国别（地区）	合同外资			实际外资		
	绝对值（万美元）	同比（%）	比重（%）	绝对值（万美元）	同比（%）	比重（%）
中国香港	598 628	18.4	53.9	360 481	－18.1	42.3
德国	149 038	19.1	13.4	107 467	317.1	12.6
英属维尔京群岛	50 316	2.0	4.5	51 111	77.0	6.0
日本	33 252	－48.9	3.0	44 781	－24.1	5.3
开曼群岛	24 095	7.4	2.2	43 982	－25.9	5.2
泰国	5 858	－85.7	0.5	41 001	—	4.8
美国	32 381	－10.7	2.9	38 882	84.3	4.6
韩国	54 666	－26.6	4.9	21 029	－70.4	2.5
新加坡	65 045	61.5	5.9	19 383	－38.8	2.3
卢森堡	231	－49.9	0.0	17 139	5 031.4	2.0

（马俊杰）

4-5 2013年1-12月外商投资区县/开发区分布表

区县名称	合同外资			实际外资		
	绝对值（万美元）	同比（%）	比重（%）	绝对值（万美元）	同比（%）	比重（%）
总　计	**1109 708**	**-2.3**	**100.0**	**852 418**	**6.0**	**100.0**
首都功能核心区	118 506	-37.9	10.7	116 194	-6.5	13.6
东城区	62 741	-53.5	5.7	66 149	4.0	7.8
西城区	55 765	-0.2	5.0	50 045	-17.5	5.9
城市功能拓展区	617 420	-10.1	55.6	529 621	7.1	62.1
朝阳区	399 576	-25.1	36.0	342 225	6.9	40.1
海淀区	152 445	10.7	13.7	160 011	6.6	18.8
丰台区	49 194	1 296.4	4.4	18 637	12.1	2.2
石景山区	16 205	35.1	1.5	8 748	12.0	1.0
城市发展新区	343 907	76.6	31.0	140 400	-7.5	16.5
房山区	691	-32.5	0.1	1 014	-87.3	0.1
通州区	90 274	200.2	8.1	12 004	15.7	1.4
顺义区	120 068	178.7	10.8	36 002	-14.4	4.2
其中：综保区	2 080	93.1	0.2	1 097	0.7	0.1
大兴区	103 194	13.9	9.3	81 515	-0.6	9.6
其中：开发区	82 033	18.8	7.4	63 558	-5.0	7.5
昌平区	29 680	-1.1	2.7	9 865	6.2	1.2
生态涵养发展区	29 875	-52.7	2.7	66 203	97.9	7.8
门头沟区	1 319	-94.6	0.1	100	-97.8	0.0
平谷区	8 996	42.3	0.8	7 206	0.1	0.8
怀柔区	12 873	70.0	1.2	37 817	83.1	4.4
密云县	6 463	68.6	0.6	984	67.6	0.1
延庆县	224	-98.9	0.0	20 096	3 720.5	2.4

注：表中比重由于四舍五入的因素，分项之和有可能不等于100%。

（郭亚天）

4-6 2013年北京市外商投资进度表

时间	合同外资		实际外资	
	金额（亿美元）	同比（%）	金额（亿美元）	同比（%）
2013.01	7.6	32.2	8.3	9.3
2013.02	15.3	−10.5	15.5	8.5
2013.03	24.9	−13.8	24.1	12.9
2013.04	30.5	−21.5	32.7	15.2
2013.05	39.0	−16.6	41.4	12.9
2013.06	51.9	−15.4	49.1	10.4
2013.07	61.9	−21.7	58.0	10.6
2013.08	75.0	−11.5	66.8	11.4
2013.09	85.5	−3.4	76.0	11.3
2013.10	89.5	−6.8	79.6	7.3
2013.11	105.4	5.5	83.7	6.9
2013.12	111.0	−2.3	85.2	6.0

（郭亚天）

五、对外经济

5－1　境外投资

金额单位：万美元

年度	企业数（个）	中方协议投资额	中方实际投资额
1979	1	22.00	
1980	4	181.80	
1981	2	25.80	
1982	3	20.80	
1983	2	166.50	
1984	3	210.07	
1985	5	190.30	
1986	4	56.60	
1987	6	213.72	
1988	12	720.70	
1989	6	671.00	
1990	11	396.90	
1991	23	3623.18	
1992	34	819.45	
1993	47	12 562.49	
1994	30	486.68	
1995	25	2 510.86	
1996	22	1 656.70	
1997	20	715.46	
1998	21	550.73	
1999	13	394.58	
2000	20	2 502.29	
2001	20	912.3	
2002	25	5 086.04	
2003	38	63 249.61	

（续）

年度	企业数（个）	中方协议投资额	中方实际投资额
2004	52	20 371.08	13 621.48
2005	52	24 216.24	7 582.08
2006	76	31 654.53	6 980.56
2007	87	36 642.53	9 439.85
2008	103	42 491.15	20 582.28
2009	140	49 958.39	30 580.71
2010	266	177 084.38	69 383.36
2011	237	209 700.08	74 533.75
2012	277	202 133.22	168 855.00
2013	393	468 080.44	413 010.00
总　计	**2 080**	**1 360 278.60**	**814 569.12**

（谢智虹）

5-2 北京市对外承包工程营业额（分国别）

2013 年 1－12 月　　金额单位：万美元

国别名称	完成营业额	新签合同额	派出人数	期末在外人数
合　计	**335 853.59**	**562 440.263**	**12 014**	**16 549**
巴林	83.12	0	0	1
孟加拉	119	1 133.8	0	0
缅甸	845	3	10	19
柬埔寨	1 160	1 423	0	0
朝鲜	1 811	3 955	20	20
中国香港	1 035	0	0	21
印度	3 136	1 845	17	7
印度尼西亚	377.4	330	25	36
伊朗	2 243.8	2 748.5	31	40
伊拉克	1 946	9 594	227	227
以色列	0	341	0	0
日本	47.87	73.68	0	0
科威特	1 228.87	2 920	73	83
老挝	2 896	710	69	69
马来西亚	8 882.2	10 225	1 079	1 084
蒙古	5 769	1 374	476	165
尼泊尔	418	141	0	0
巴基斯坦	4 180	253	18	18
卡塔尔	7 490.31	4 295	39	70

（续）

国别名称	完成营业额	新签合同额	派出人数	期末在外人数
沙特阿拉伯	18 708.64	15 441	764	1 661
新加坡	274	565	10	478
斯里兰卡	8 619	4 685	459	541
叙利亚	1 150	2 366	0	0
泰国	2 359	22 688	6	0
土耳其	85	2 203	0	0
阿拉伯联合酋长国	2 799.58	12 112	3 815	2 612
也门	1 300	11 344	0	0
越南	10 287	25 330	111	158
东帝汶	0	4	0	0
哈萨克斯坦	867	240	8	32
乌兹别克斯坦	513	1 013	0	3
阿尔及利亚	7 643	19 755	487	681
安哥拉	37 650	58 403	1 145	3 427
贝宁	14	78	0	0
博茨瓦纳	57	0	0	0
布隆迪	442.6	560	21	38
喀麦隆	2 770	17 276	6	34
中非共和国	0	510	0	10
乍得	18 984	37 167	98	224
刚果（布）	12 960.54	24 803	478	776
吉布提	0	33 900	0	0
赤道几内亚	3 324.35	7 859.87	5	51
埃塞俄比亚	21 807	29 706	169	326
加纳	2 661	10 930.7	13	32
几内亚	2 513	520	0	33
几内亚（比绍）	112	0	0	0
科特迪瓦	694	1 756	400	110
肯尼亚	4 064	5 272	73	131
马拉维	1 092	1 218	6	6
马里	127	0	0	13
毛里塔尼亚	85	118	0	0
毛里求斯	6 457	825	137	317
莫桑比克	4 197	15 258	29	53
纳米比亚	329	0	0	35
尼日尔	3 226	11 882	52	30
尼日利亚	63 900.08	101 479	734	1 173
卢旺达	2 434	549	349	372
塞内加尔	411	704	32	21

（续）

国别名称	完成营业额	新签合同额	派出人数	期末在外人数
塞拉利昂	379	2 208	18	18
南非	485	3 000	0	0
苏丹	271	285	0	17
坦桑尼亚	3 570	5 233	14	165
多哥	1 431	0	5	5
突尼斯	10	0	0	0
乌干达	569	1 374	0	77
赞比亚	11 127	990	155	291
津巴布韦	1 099	1 006	5	5
南苏丹	1 665	3 210	5	16
刚果（金）	652	4 002	21	27
丹麦	14.56	48.53	0	0
希腊	110	82	0	0
阿尔巴尼亚	37	90	3	3
挪威	32.17	45.67	0	0
瑞典	0	642	0	0
拉脱维亚	350	471	0	0
亚美尼亚	8	8	0	0
白俄罗斯	8 250	0	199	629
俄罗斯联邦	0	1 800	0	0
乌克兰	5 940	5 940	37	0
巴哈马	270	0	12	12
玻利维亚	288	0	0	0
巴西	1 619	1 952	0	0
哥伦比亚	5	17	1	1
多米尼克	9	14	0	0
哥斯达黎加	63	198	0	0
古巴	265	0	4	0
厄瓜多尔	676	676	4	4
格林纳达	0	0	0	7
圭亚那	334	334	0	0
巴拿马	120	0	6	0
秘鲁	391	971.623	0	0
特立尼达和多巴哥	548	0	30	30
加拿大	444	3 666	0	0
美国	4 622	423.89	0	0
澳大利亚	1 519	3 734	0	0
巴布亚新几内亚	95.5	133	4	4

（崔春玲）

5－3　北京市对外劳务合作劳务人员实际收入总额（分国别）

2013 年 1－12 月　　金额单位：万美元

国别（地区）名称	劳务人员实际收入总额	新签劳务人员合同工资总额	派出人数	期末在外人数
合　计	**5 192.2**	**1 942.56**	**4 986**	**5 015**
塞浦路斯	124	0	243	170
中国香港	435.8	186	761	504
以色列	502	488	156	133
日本	1 931.56	709.56	500	1 776
马来西亚	295	0	495	333
蒙古	220	220	332	0
菲律宾	21	0	49	14
新加坡	927	138	1 168	1 336
中国台湾省	222.84	201	423	187
塞拉利昂	0	0	0	7
丹麦	49	0	53	43
英国	188	0	384	221
德国	21	0	13	11
法国	0	0	8	1
希腊	31	0	81	56
挪威	175	0	210	156
加拿大	49	0	110	67

（崔春玲）

六、口岸通关

6－1 北京口岸运营情况

项　　目	12月	同比（±%）	2013年累计	同比（±%）
首都机场空港口岸				
旅客吞吐量（万人次）	657.1	0.2	8 371.2	2.2
进出境旅客（万人次）	163.8	3.8	2 102.5	3.3
其中：进出境外籍旅客（万人次）	65.6	－0.8	822.4	－7.9
其中：旅客过境（人次）	78 859.0	13.5	618 888.0	10.9
其中：72小时过境免签旅客（人次）	1 622.0	—	13 695.0	—
海关监管空运货物（万吨）	4.4	－7.6	50.6	－1.3
海关征收关税及代征税（亿元）	36.2	－4.9	306.6	－8.3
北京西站铁路口岸				
进出境旅客（人次）	8 010.0	－8.4	98 705.0	－15.3
其中：进出境外籍旅客（人次）	525.0	－14.5	7 487.0	0.7
北京丰台货运口岸				
海关监管货物（吨）	1 024.0	13.9	17 642.0	90.5
海关征收关税及代征税（万元）	518.2	－53.0	5 033.0	34.0
北京朝阳口岸				
海关监管货物（标箱）	10 311.0	23.1	120 920.0	－9.0
海关监管货物（万吨）	7.9	53.6	90.1	3.8
海关征收关税及代征税（亿元）	11.7	21.9	117.4	－17.3
北京平谷国际陆港				
海关监管货物量（标箱）	2 721.0	36.1	27 316.0	28.5
海关监管货物（吨）	14 900.0	－5.9	198 261.0	29.7
海关征收关税及代征税（亿元）	1.8	－6.8	20.3	18.7
北京天竺综合保税区				
实际进出口货物（吨）	4 062.0	72.5	40 016.0	28.0
海关征收关税及代征税（亿元）	8.1	36.5	72.0	11.8
北京口岸合计				
进出境旅客吞吐量合计（万人次）	164.6	3.7	2 112.4	3.2
其中：进出境外籍旅客（万人次）	65.6	－0.8	823.1	－7.9
海关监管货物合计（万吨）	13.9	20.0	162.3	5.2
海关征收关税及代征税合计（亿元）	49.8	0.1	444.8	－9.9

注：北京口岸合计不含北京天竺综合保税区数据；北京朝阳口岸、北京平谷国际陆港海关监管货物标箱，均加上属地申报口岸验放标箱数。

第七部分

大　事　记

2013 年大事记

1 季度

2013 年 1 月 1 日

经国务院批准，北京市自 2013 年 1 月 1 日起在北京口岸对美国等 45 个国家持有第三国签证和机票的外国人实行 72 小时过境免签政策。

2013 年 1 月

旧机动车鉴定评估机构设立审批下放到区县商务委。

2013 年 1 月 21 日

市商务委召开行政执法联席会第一次会议，全市商务执法部门通过联席会议机制。

2013 年 2 月 27 日

召开 2013 年北京市商务工作会议。

2 季度

2013 年 4 月

市商务委会同北京海关、北京国检局、北京市国税局、北京外汇管理部和天竺综合保税区确定京东商城和北京邮政快递物流有限公司（EMS）作为北京市启动跨境电子商务试点企业。

2013 年 5 月

我市取消外资企业办理批复延期手续，由企业直接至工商部门办理。

2013 年 5 月 15 日

经中国铁路总公司运输局批准，北京丰台货运口岸铁路专用线自 2013 年 5 月 15 日起正式恢复运行。

2013 年 5 月 28 日至 6 月 1 日

由商务部和北京市人民政府主办的第二届中国（北京）国际服务贸易交易会在京举行。本届京交会达成签约项目 5 415 个，累计签约额 786.9 亿美元，比首届增长 30.9％。

2013 年 5 月 28 日

2013 中国（北京）电子商务大会在京召开，大会现场签约额突破 10 亿元，同比增长 130％。

2013 年 6 月 1 日

在第二届京交会北京日活动上，北京金融街等 8 个园区被授予“北京市总部经济集聚区”称号，北京雁栖经济开发区等 4 个园区被授予“北京总部经济发展新区”称号。首批命名 6 个商务服务业集聚区。

2013 年 5 月 31 日

北京市人民政府印发《北京市人民政府关于促进电子商务健康发展的意见》。

2013 年 6 月 27 日

中国内地首张电子发票在我市诞生。

2013 年 6 月 28 日

市商务委组织召开第一次驻华外国商会座谈会。

3季度

2013年7月3日

首都机场整车进口口岸通过验收。

2013年7月23日

市商务委组织开展党的群众路线教育实践活动，为期半年。

2013年8月7日

市商务委首次发布2012年、2013年北京市引导支持品牌展会名录。

2013年9月

3月至9月，市打击侵权假冒办公室协调市公安局、朝阳区等单位对秀水街市场附近的永安里地下通道市场进行整治并关闭该市场。

2013年9月10日

北京市人民政府印发《关于加快总部企业在京发展的工作意见》。

2013年9月15日

平谷区创建国家级出口食品农产品质量安全示范区通过国家质检总局专家组考核验收。

2013年9月16日

我市北京爱农驿站科技服务有限公司、北京通融通信息技术有限公司、钱袋网（北京）信息技术有限公司、北京银盈通管理咨询有限公司4家支付机构获得全国首批跨境电子商务收付汇试点资格。

4季度

2013年10月23日至24日

第十七届北京·香港经济合作研讨洽谈会在北京成功举办。

2013年12月

全市16个区县全部成立了打击侵权假冒工作领导小组和办公室。

2013年12月

7至12月，开展家具以旧换新活动。活动期间销售指定四类家具20余万件、销售额13.1亿元，带动全市各类家具销售增长13.5%。

第八部分

附　　　　录

北京市商务委员会组织序列

（截至 2013 年 12 月 31 日）

序　号	商务委处室
1	办公室
2	综合处（研究室）
3	法制与公平贸易处（世贸组织事务处）
4	流通规划处
5	流通发展处（电子商务处）
6	流通秩序处
7	市场秩序协调处
8	服务交易处
9	储备调控处（北京市盐务管理办公室）
10	消费促进处（批发业发展处）
11	物流发展处
12	商务服务业发展协调处
13	总部经济发展处
14	外贸运行处
15	外贸发展处
16	机电进出口处（北京市机电产品进出口办公室）
17	服务贸易处
18	对外经济合作处
19	外资发展处
20	外资管理处（对港澳台经济合作处）
21	安全监管处
22	财务处
23	人事处
序　号	**市政府口岸办公室处室**
1	秘书处
2	综合业务处
3	航空港处
4	陆港管理处（北京市人民政府口岸办公室丰台货运口岸管理处、北京市人民政府口岸办公室朝阳口岸管理处）
5	北京西站铁路口岸处

序　　号	市粮食局（部门管理机构）
1	办公室
2	调控处
3	政策法规处
4	储备处
5	监督检查处
6	流通管理处
7	财务处
8	人事处
序　　号	**市商务执法监察大队（直属管理机构）**
1	办公室
2	法制科
3	行政科
4	执法一队
5	执法二队
6	执法三队
7	执法四队

北京市商务委员会领导成员

卢　彦	党组书记、主任
束　为	党组副书记、副主任（2013年1月调出）
闫小彦	党组成员、副主任
程玉华	党组成员、副主任
许　康	党组成员、副主任（2013年7月调出），党组成员（2013年7月任职）
倪跃刚	党组成员、副主任
李广禄	党组成员（2013年7月任职）
宋建明	党组成员、副主任
李薇薇	党组成员、副主任（2013年2月免职学习）
申金升	副主任
武玉民	党组成员、纪检组组长，直属机关党委书记、直属机关工会主席（2013年3月任职）
孙　尧	党组成员、副主任
陈　文	党组成员、副主任（2013年7月任职）
吴　平	副主任（2013年2月结束挂职）
王卫平	委员（正局级）（2013年6月调入）
魏忆京	委员（副局级）
邓洪波	委员（副局级）
晋　斌	委员（副局级）（2013年3月任职）
王洪存	委员（副局级）（2013年8月任职）
刘行苍	副巡视员
赵立宗	副巡视员

北京市人民政府口岸办公室领导成员

王卫平　　党组书记、主任（2013 年 6 月调出）
许　康　　党组书记、主任（2013 年 7 月调入）
吴伯棠　　党组成员、纪检组长
魏登范　　党组成员、副主任
朱　雷　　党组成员、副主任
薛海涛　　党组成员、副主任（2013 年 6 月调入）

北京市粮食局领导成员

李广禄　　党组书记、局长

周爱华　　党组副书记、纪检组长（2013年2月退休）

张　强　　党组副书记（2013年5月任职）、副局长

杨　牧　　党组成员、副局长

徐志坚　　党组成员、副局长，纪检组长（2013年5月任职）

刘　军　　局长助理（2013年11月挂职）